Kohlhammer

Die Autorin

Dr. Avelina Lovis-Schmidt ist Psychologin und als wissenschaftliche Mitarbeiterin mit Forschungsschwerpunkt emotionale Kompetenzen tätig – derzeitig an der Professur für Pädagogische Psychologie und Entwicklungspsychologie der TU Chemnitz. Sie ist Gründerin des Unternehmens »Fühlerei«. Hier bietet sie digitale Übungen zur Steigerung der emotionalen Kompetenz für verschiedene Zielgruppen an. Aktuell arbeitet sie an der Fertigstellung ihrer Habilitation. Sie wohnt mit ihrem Mann Albert, ihren zwei Kindern, Valentin und Leonore, in Berlin, Prenzlauer Berg.

Avelina Lovis-Schmidt

**Fühlen zwischen
Ebbe und Flut**

**Die wundersame Kraft der
emotionalen Kompetenz**

Verlag W. Kohlhammer

Dieses Werk einschließlich aller seiner Teile ist urheberrechtlich geschützt. Jede Verwendung außerhalb der engen Grenzen des Urheberrechts ist ohne Zustimmung des Verlags unzulässig und strafbar. Das gilt insbesondere für Vervielfältigungen, Übersetzungen und für die Einspeicherung und Verarbeitung in elektronischen Systemen. Pharmakologische Daten verändern sich ständig. Verlag und Autoren tragen dafür Sorge, dass alle gemachten Angaben dem derzeitigen Wissensstand entsprechen. Eine Haftung hierfür kann jedoch nicht übernommen werden. Es empfiehlt sich, die Angaben anhand des Beipackzettels und der entsprechenden Fachinformationen zu überprüfen. Aufgrund der Auswahl häufig angewendeter Arzneimittel besteht kein Anspruch auf Vollständigkeit.

Die Wiedergabe von Warenbezeichnungen, Handelsnamen und sonstigen Kennzeichen berechtigt nicht zu der Annahme, dass diese frei benutzt werden dürfen. Vielmehr kann es sich auch dann um eingetragene Warenzeichen oder sonstige geschützte Kennzeichen handeln, wenn sie nicht eigens als solche gekennzeichnet sind.

Es konnten nicht alle Rechtsinhaber von Abbildungen ermittelt werden. Sollte dem Verlag gegenüber der Nachweis der Rechtsinhaberschaft geführt werden, wird das branchenübliche Honorar nachträglich gezahlt.

Dieses Werk enthält Hinweise/Links zu externen Websites Dritter, auf deren Inhalt der Verlag keinen Einfluss hat und die der Haftung der jeweiligen Seitenanbieter oder -betreiber unterliegen. Zum Zeitpunkt der Verlinkung wurden die externen Websites auf mögliche Rechtsverstöße überprüft und dabei keine Rechtsverletzung festgestellt. Ohne konkrete Hinweise auf eine solche Rechtsverletzung ist eine permanente inhaltliche Kontrolle der verlinkten Seiten nicht zumutbar. Sollten jedoch Rechtsverletzungen bekannt werden, werden die betroffenen externen Links soweit möglich unverzüglich entfernt.

Die Abbildungen zu Kapitelbeginn wurden mit Canva erstellt.

1. Auflage 2025

Alle Rechte vorbehalten
© W. Kohlhammer GmbH, Stuttgart
Gesamtherstellung: W. Kohlhammer GmbH, Heßbrühlstr. 69, 70565 Stuttgart
produktsicherheit@kohlhammer.de

Print:
ISBN 978-3-17-045581-8

E-Book-Formate:
pdf: ISBN 978-3-17-045582-5
epub: ISBN 978-3-17-045583-2

Gewidmet meinem Vater: mein Lehrer, mein Freund, mein Anker; meiner Mutter: meine Spielgefährtin, mein Schalk, meine Energie; meinem Mann: mein Begleiter, mein Feuer, mein Frieden; und unseren Kindern: mein Herz, mein Licht, mein Leben. Aber ganz besonderer Dank gilt meiner Hündin, der kleinen Inge, die zum Ende des Buchprojektes starb und damit ein großes Loch in unserer Familie hinterlässt. Inge, du hast damals meinem Leben in der dunkelsten Zeit eine Richtung gegeben und mir gezeigt, was es bedeutet, bedingungslos zu lieben. Du wirst immer einen Platz in unseren Herzen haben!

Inhalt

Wir drei: Du, ich und dieses Buch	**11**
Emotionen: Lästige Biester oder wertvolle Freunde?	**13**
Der fühlende Mensch: Zwischen Ebbe und Flut	14
Wie sind Emotionen?	16
Wie entstehen Emotionen und welchen Nutzen haben sie?	19
Gefühle entstehen aufgrund erfüllter oder frustrierter Bedürfnisse	20
Gefühle entstehen aus Bewertungen und Bedeutungszuschreibungen	25
Gefühle entstehen aus Konstruktionen	28
Natürlich Freunde: Ein Aha über die Bedeutung von Emotionen	34
Die Kraft emotionaler Kompetenz	**35**
Warum nicht emotionale Intelligenz?	37
Das Abenteuer beginnt – Level der emotionalen Kompetenz	41
Level 0: Die Einstellung gegenüber Gefühlen	41
Level 1: Gefühle wahrnehmen	46
Level 2: Gefühle identifizieren und ihren Sinn verstehen	55
Level 3: Gefühle fühlen	63
Level 4: Gefühle ausdrücken	81
Level 5: Auf zum Meister – Gefühle regulieren	103
Unterschiedliche Menschen – unterschiedliche Ziele	111

Inhalt

Über die Entstehung emotionaler Kompetenz 114

Emotionale Entwicklung über die Lebensspanne hinweg 115
Die Rolle der Eltern für die emotionale Entwicklung 118

Die emotionale Kompetenz der Eltern 118
Die Beziehung zwischen Eltern und Kind 119
Die Beziehung zwischen den Eltern und die Umwelt des Kindes 128
Die Bedeutung von Schule und Nachbarschaft 130

Intensive Kontakte mithilfe emotionaler Kompetenz 138

Verbindung von emotionalen und sozialen Kompetenzen 139
Empathie: Emotionale Kompetenz zu zweit 142
Exkurs: Können wir Emotionen induzieren? 145
Ausschluss aus sozialen Gruppen: Wenn das Herz blutet 148
Hilfsbereitschaft, Altruismus und moralische Emotionen 149
Emotional kompetent kommunizieren 152

Was ich sage, was du hörst: die vier Seiten einer Nachricht 153
Weitere Werkzeuge, um emotionale Brücken zu bauen 154
Emotional kompetent Konflikte bewältigen – eine Anleitung 156
Von Wölfen und Giraffen: Wertschätzende Kommunikation nach Rosenberg 158

Gefühle und Denken endlich vereint: über Schule, Beruf, Führung und Politik 170

Fühlen und Denken – wissenschaftliche Erkenntnisse 171

Wahrnehmung und Erinnerung 172
Emotionale Kompetenz und Entscheiden 173

Emotional kompetente Kinder sind besser in der Schule 177

Emotional kompetente Personen sind besser in ihrem
Beruf 179
Berufszufriedenheit durch maximale Erfüllung 179
Emotionale Kompetenz und Produktivität in Teams 181
Emotionale Kompetenz für Führungspersonen 182
Emotionale Kompetenz in der Politik 184
Exkurs: Mit emotionaler Kompetenz der gesellschaftlichen
Spaltung entgegenwirken 186

Gesund bleiben, gesund werden mithilfe emotionaler
Kompetenz **188**

Emotionale Kompetenz und psychische Gesundheit 190
Traumata, Gesundheit und emotionale Kompetenz 191
Der Einfluss emotionaler Prozesse auf die körperliche
Gesundheit 194
Der Mehrwert von Emotionen im Vergleich zu Stress 195
Regulation verschiedener Körpersysteme 198
Indirekte Effekte von emotionaler Kompetenz auf
körperliche Gesundheit 215

Was bedeutet es, emotionale Kompetenz im
Gesundheitssystem zu etablieren? 218
Das wissen wir doch nicht erst seit gestern! 219
Eine konkrete Anwendung emotionaler Kompetenz im
medizinischen Kontext 222
Die Rolle emotionaler Kompetenz in der Psychotherapie 226
Emotionale Kompetenz und Heilung: Interview mit einem
Psychotherapeuten 228

Ein paar Worte zum Schluss **239**

Literatur **242**

Wir drei: Du, ich und dieses Buch

Hallo! Schön, dass du hier bist. Wer oder was hat dich dazu motiviert, dieses Buch aufzuschlagen? Vielleicht war es ein innerer Anstoß oder der Rat einer nahestehenden Person. Vielleicht erlebst du gerade eine Krise? Für viele Menschen ist dies der beste Zeitpunkt für einen großen Aha-Moment und eine emotionale Transformation. Es ist ganz normal, wenn du noch eine gewisse Skepsis fühlst und auch ein paar innere Blockaden, dich wirklich auf emotionale Herausforderungen einzulassen. Sieh dieses Buch als eine Möglichkeit, deinen Horizont zu erweitern, und nimm dir das heraus, was für dich stimmig ist. Meine Inspiration für dieses Buch liegt in der tiefen Überzeugung, dass wir mithilfe der emotionalen Kompetenz alles schaffen können. Sie geht weit hinaus über die bloße Bewältigung von Stress oder das Entwickeln von Resilienz.

Hast du dich schon einmal gefragt, wie es wäre, deine Emotionen besser zu verstehen und zu kontrollieren? Was, wenn du Herausforderungen gelassener angehen und harmonischere Beziehungen führen könntest? Nun fragst du dich vielleicht, wie ein Buch dich davon überzeugen soll, dich wertschätzend mit deinen Gefühlen auseinanderzusetzen, obwohl du es doch dein Leben lang schon auf eine bestimmte Weise gemacht hast. Wir sind oft so sehr an unsere Emotionen und Verhaltensmuster gewöhnt, dass wir kaum bemerken, wie sie unser Leben prägen. Wir haben dabei vermutlich nie hinterfragt, ob es auch anders gehen könnte.

In diesem Buch wirst du wissenschaftliche Studien, Fallbeispiele, Übungen und praktische Tipps finden. Ich forsche zu diesem Thema seit vielen Jahren, stehe mit verschiedenen Experten im Austausch und führe selbst Trainings durch und biete Übungen an. Schon kleine Aufgaben können dir dabei helfen, innezuhalten und einen ersten Schritt zu wagen. Eine solche Aufgabe wäre zum Beispiel, einer nahestehenden Person von diesem Buch zu erzählen. Eine unterstützende Gemeinschaft kann dir helfen, die Inhalte besser zu verinnerlichen und nachhaltig umzusetzen. Dieses Buch ist kein Wunderwerk, das dein Leben auf magische Weise verändert. Es soll dir vielmehr Wissen und Einsichten vermitteln, die du in deinen Alltag integrieren kannst. Ich lade dich ein, dich auf eine Reise der persönlichen Entwicklung zu begeben, auf der du deine emotionale Kompetenz stärken und die vielfältigen Vorteile entdecken kannst.

Bevor wir starten, noch zwei Anmerkungen. Vielleicht hast du dich gefragt, warum ich dich duze (»Kennen wir uns?«). Ich möchte eine warme, einladende Atmosphäre schaffen. Ist es nicht leichter, in einem vertrauensvollen Rahmen die Veränderung zu wagen? Das Siezen würde sich für mich künstlich anfühlen, eine Distanz schaffen, in meinen Augen völlig unpassend, wenn wir uns über Emotionen und Verletzlichkeit unterhalten.

Und dann noch etwas zum Thema »politische Korrektheit«. In diesem Buch verwende ich das generische Maskulinum – es fallen Begriffe wie »Arzt« oder »Ärzte«, »Politiker« oder »Lehrer« – ohne, dass ich damit ein Geschlecht ausschließe. Als Frau und Doktor fühle ich mich durch den Diskurs, zu gendern, weder in meiner Position gestärkt noch in meinem Wert bestätigt. Im Gegenteil: Durch das allgegenwärtige Gendern wird doch die so wichtige Emanzipation der Frau oft als Bedrohung oder als Lächerlichkeit betrachtet und verfehlt dadurch, meiner Meinung nach, ihren eigentlichen Zweck. Um den Lesefluss zu wahren und den Inhalt klar in den Mittelpunkt zu stellen, verzichte ich daher auf Doppelnennungen. Ich hoffe auf Verständnis und wünsche nun viel Spaß beim Lesen!

Emotionen: Lästige Biester oder wertvolle Freunde?

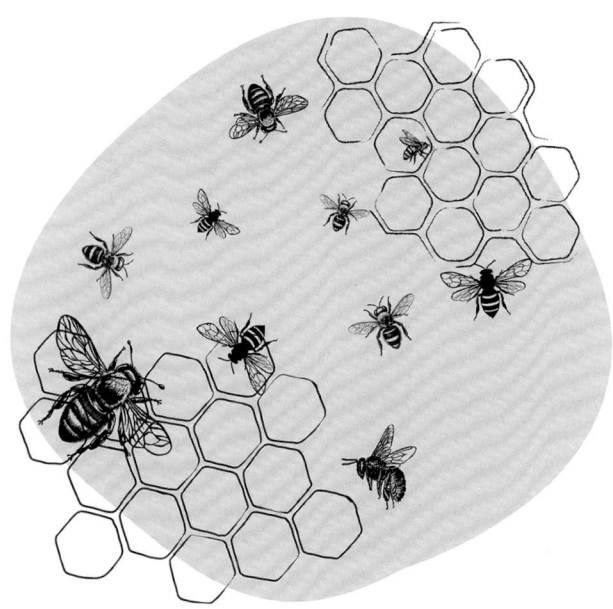

Worum wird es in diesem Kapitel gehen?

* Was sind Emotionen und wozu brauchen wir sie?
* Wie entstehen Emotionen?
* Welche Bedürfnisse gibt es und wie sind sie mit Emotionen verknüpft?
* Konstruktionen, Schemata und Attributionen – klingt kompliziert, ist aber ganz einfach und unendlich nützlich im Alltag.
* Wenn du ein Baum wärst, was wären dann deine Bedürfnisse, deine Gedanken und deine Gefühle?

Emotionen: Lästige Biester oder wertvolle Freunde?

Der fühlende Mensch: Zwischen Ebbe und Flut

Wenn wir gefragt werden, wie es uns geht, denken wir meist an Gesundheit, Beziehungen und beruflichen Erfolg. Gefühle zu benennen, fällt uns oft schwer, da wir selten innehalten und bewusst in uns hineinhören. Doch warum ist das so? Viele Menschen empfinden Unzufriedenheit, die durch unbewusste Emotionen wie Angst oder Wut verursacht wird. Sie haben den Kontakt zu ihren Gefühlen verloren und antworten nur noch mit »Geht so«. Sie haben resigniert, sie akzeptieren ihre Unfähigkeit, Gefühle zu verstehen und sie zu regulieren. Doch das muss doch nicht sein!

Ohne Wertung oder Abwägung von Vorteilen können zwei Personengruppen hinsichtlich der Zugänglichkeit und Regulation von Emotionen unterschieden werden: über- und unterregulierte. Unterregulierte Personen neigen dazu, ihre Emotionen offen nach außen zu tragen. Sie berichten häufig von einem Übermaß an Emotionen und haben Schwierigkeiten, ihre Gefühle vollständig zu kontrollieren. Dies äußert sich in einer hohen Impulsivität und emotionalen Ausdrucksstärke, was mit *Extraversion* zusammenhängt. Extraversion ist eine Persönlichkeitseigenschaft (im Big-5-Persönlichkeitskonzept) und zeichnet sich besonders durch nach außen gerichtete Emotionen, erhöhte Aktivität, Abenteuerlust und Geselligkeit aus. Ein Beispiel für eine solche Person ist Emma. Sie ist aufgeschlossen, kann leicht auf andere zugehen und ist beliebt. Dennoch hat sie Schwierigkeiten in ihrer Liebesbeziehung ihre Emotionen zu kontrollieren, besonders unter Stress. Oft reagiert sie impulsiv mit Wutausbrüchen oder überwältigender Traurigkeit. Doch nicht nur das, sondern auch die darauffolgenden Schuld- und Schamgefühle belasten ihre Beziehung. Aus Angst vor Stigmatisierung hat sie bisher professionelle Hilfe vermieden, weiß aber nicht, wie sie ihre Emotionen in stressigen Situationen allein kontrollieren kann.

Die Überregulierten sind dahingegen etwas zu kontrolliert. Solche Menschen finden oft schwieriger einen Zugang zu Emotionen, was sie selbst als »innere Leere« beschreiben. Sie wirken zurückhaltender

Der fühlende Mensch: Zwischen Ebbe und Flut

und antworten auf Fragen nach ihrem Befinden meist knapp (»Wie geht's?« – »Gut«). Manchmal wird dies von außen als gefühlskalt, distanziert oder gleichgültig wahrgenommen. Im Vergleich zu Extravertierten wirken sie aber auch entspannter und ernsthafter. Ein Beispiel dafür ist Felix. Er ist bekannt für seine ruhige und gelassene Art, doch das bedeutet für ihn auch, dass er dazu neigt, seine Gefühle tief zu vergraben. Er zeigt seine Emotionen nicht, selbst wenn er innerlich von Stress, Angst oder Traurigkeit geplagt wird. So hat er Schwierigkeiten, sich anderen gegenüber zu öffnen und um Hilfe zu bitten. Er fühlt sich oft einsam. Obwohl ihm seine gelassene Fassade gefällt, weiß er, dass die ständige Überregulation seiner Emotionen langfristig unhaltbar ist. Wie kann er seine Gefühle früher erkennen und auch nach außen tragen?

Es steckt keine Bewertung hinter dieser Einteilung – sie dient nur einer sehr groben Einordnung. Meistens sind beide Anteile in einer Person vertreten, variierend zwischen Situationen. Eine Person wird nicht immer sprudelnd überlaufen, sich aber auch nicht gegenüber *allen* Menschen verschließen. Jedoch ist oft eine Persönlichkeitstendenz zu erkennen, situationsübergreifend auf Emotionen zu reagieren, was mit Lebenserfahrung und Kompetenzen einhergeht.

Ich verwende hier in meinem Buch die Metapher von Ebbe und Flut, um das Gleichgewicht von Emotionen zu verdeutlichen. Der optimale Zustand ist in der Metapher irgendwo dazwischen – so wie es eigentlich in sehr vielen Lebensbereichen ist. Die Ebbe repräsentiert dabei Momente der Ruhe und Klarheit, in denen unsere Gefühle zurückweichen. Hier finden wir oft Zeit zum Nachdenken und zur Selbstreflexion. Dann gibt es die Flut, wenn die Wellen hochschlagen und unsere Emotionen intensiv spürbar sind. Diese Momente können überwältigend sein, sie bringen Leidenschaft und Intensität in unser Leben. Doch wenn die Flut zur Sturmflut wird, scheint sie alles einzunehmen und unsere Vernunft zu überschwemmen. Es geht *nicht* darum, Emotionen zu unterdrücken oder zu verdrängen, denn sie sind ein wesentlicher Teil unserer menschlichen Erfahrung. Ebenso sollten wir uns nicht überwältigen lassen, denn das kann unser Urteilsvermögen trüben und ist auf Dauer einfach anstrengend. Beide

Phasen haben ihre Berechtigung und sind ganz natürlich. Das Gleichgewicht zu finden zwischen Ebbe und Flut bedeutet, Emotionen zu akzeptieren und zu verstehen, sie zu fühlen und auszudrücken, aber auch, sie zu regulieren und in einem gesunden Rahmen zu halten. Dieses Mittelmaß ermöglicht es uns, emotionale Tiefe zu erfahren und gleichzeitig die Kontrolle zu bewahren. Es ist der Weg zur emotionalen Kompetenz, der uns hilft, in den turbulenten Gewässern des Lebens stabil zu bleiben.

Bevor wir über emotionale Kompetenz sprechen, müssen wir klären, was Emotionen eigentlich sind. Eine einheitliche Definition, die die Komplexität von Emotionen aufgreift, gibt es in der Forschung nicht. Stattdessen werden meist Arbeitsdefinitionen verwendet, also kurze und auf das Wesentliche reduzierte Beschreibungen, die eher einen ersten Eindruck vermitteln oder mehr oder weniger nur eine Perspektive abdecken. Fortlaufend wird versucht, Emotionen zu definieren, aus verschiedenen Blickwinkeln zu betrachten und auf einen gemeinsamen Nenner zu kommen. Es werden beschreibende Definitionen (wie sind Emotionen?) von funktionalistischen unterschieden (warum haben wir Emotionen?).

Wie sind Emotionen?

Beginnen wir damit, *wie* Emotionen aufgebaut sind. *Eine Emotion ist ein mehrdimensionales Konstrukt,* das sich in fünf Komponenten unterteilen lässt: Gedanken, Qualität, Motivation, Physiologie und Verhalten. Diese Komponenten variieren je nach Situation. Manche Studien zeigen, dass diese Komponenten relativ unabhängig voneinander sind.[1] Auch treffen nicht auf jede Emotion alle Komponenten zu.[2] Gedanken begleiten jedoch jede Emotion, ob bewusst oder unbewusst

---

1 Mitmansgruber (2013)
2 Franken (2004)

Wie sind Emotionen?

– wir schauen uns das gleich genauer an (siehe Kapitel: Gefühle entstehen aus Bewertungen und Bedeutungszuschreibungen). Schauen wir uns vorerst die anderen Komponenten genauer an. Emotionen haben *eine bestimmte Qualität*, durch die sie in angenehme (z. B. Freude, Zuversicht) und unangenehme (z. B. Angst, Hoffnungslosigkeit) Gefühle unterteilt werden. Während »Emotion« ein Oberbegriff ist, bezieht sich »Gefühl« auf diese Qualitätskomponente. Qualität ist subjektiv und variiert stark zwischen Menschen. Statt negativ und positiv wollen wir die Begriffe angenehm und unangenehm verwenden, um die Empfindung zu betonen, statt eine Bewertung vorzunehmen. Manche Gefühle, wie Freude (angenehm) und Angst (unangenehm), sind klarer zuzuordnen als andere, wie Traurigkeit oder Mitgefühl, die je nach Person unterschiedlich erlebt werden. Beispielsweise empfinden es manche als belastend, traurig zu sein und können sich diese Momente kaum genehmigen. Andere wiederum empfinden das Weinen als »reinigend« oder »befreiend«. An diesem Beispiel lässt sich die Komponente der *Motivation* gut erklären: In der Regel sind Menschen bestrebt, für sie angenehme Gefühle aufzusuchen und unangenehme zu vermeiden.

Weiterhin gehen Emotionen mit einer *physiologischen Erregung* einher. Beispielsweise erhöht sich bei Angst kurzfristig die Herzrate, die Schweißdrüsen werden aktiviert und die Muskeln angespannt – der Körper generiert Kräfte, um bestmöglich auf die Emotion einzugehen: durch Flucht. Dies führt uns zur fünften Komponente (*Verhalten*): Emotionen sind aktivierend. Hierzu zählen Handlungen wie Mimik, Haltung, Stimme und Verhaltensweisen. Sie tragen unser Empfinden nach außen und sind nicht erlernt, sondern evolutionär bedingt und hochgradig adaptiv. Auch darauf wollen wir in diesem Buch noch näher eingehen.

Emotionen sind objektgerichtet. Im Kontrast zu einer Stimmung, die eher diffuser Natur ist, ist eine Emotion meist auf etwas gerichtet, wie beispielsweise auf eine Person oder eine Situation. Wichtig zu verstehen ist es, dass eine Emotion in ihrer Ursache (fast ausnahmslos) an einen Gedanken bzw. dessen Bewertung gebunden ist statt an eine Situation selbst. Ein Beispiel: Eine Person bekommt Blumen geschenkt und freut sich über die damit verbundene Aufmerksamkeit: »Ich werde gemocht«. Eine andere Person, die mit den Blumen assoziiert »Die armen Blumen müssen sterben« wird sich weniger über diese freuen. Die Assoziation ist also entscheidend für das resultierende Gefühl.

Emotionen sind zeitlich datiert und unwiederholbar. Jede Emotion ist einzigartig und meist mit dem Kontext verbunden. Eine Emotion kann sich in verschiedenen Situationen ganz unterschiedlich anfühlen. Eine Person könnte sich beispielsweise ärgern, wenn ihr jemand den Parkplatz vor der Nase wegschnappt. Der Ärger könnte jedoch schnell abklingen, wenn die Person die drei quengelnden Kinder im anderen Auto sieht und sie die Handlung der Fahrerin darauf zurückführt, dass sie nicht bemerkt worden ist. Später am Tag könnten beim Zurückdenken an die Situation neue Emotionen wie Mitgefühl auftauchen – so oder so, wird sie nicht den gleichen Ärger erneut empfinden. Daran zeigt sich, dass Emotionen sich schnell ändern können und kontinuierlich ineinander übergehen, sich teilweise sogar überlappen. Emotionen haben einen Anfangs- und einen Endpunkt, auch wieder in Abgrenzung zu Stimmungen, die überdauernder sind, ohne dass eine klare Ursache gefunden werden muss.

Emotionen haben eine Häufigkeit, Intensität und Dauer. Die drei Dimensionen hängen stark mit der Emotionsregulation zusammen. Wir gehen davon aus, dass eine Person – unabhängig von einer Situation – eher zu Emotionalität neigt (hohes Arousal – wir haben bereits gelernt: Unterregulation, Flut-Modus) oder eben eher nicht (niedriges Arousal). *Häufigkeit* gibt an, wie oft ein Gefühl empfunden wird, meist in einem Zeitraum von ein bis zwei Wochen. Die *Intensität* beschreibt die Stärke des Emotionstyps (z. B. leichter Ärger oder starke Freude). Menschen neigen dazu, wie bereits über Unter- und Überregulation beschrieben, situationsunabhängig ähnlich emotional zu reagieren. Die *Dauer* beschreibt, wie schnell eine Emotion anwächst (z. B.: »Ich war von 0 auf 180. So sehr hat mich das geärgert!«) und wie lange sie währt (z. B.: »Ich koche innerlich immer noch«). Hierbei sprechen wir von einem Zeitkontinuum von Minuten (und Stunden) statt von

Tagen und Wochen, was dann eher eine Stimmung charakterisieren würde.

Und nun die erste Frage an dich: Was hast du heute gefühlt? Wie bist du mit deinen Gefühlen umgegangen? Konntest du dir ein bisschen Zeit nehmen, mal hinzuspüren, einfach mal innehalten und fühlen?

Wie entstehen Emotionen und welchen Nutzen haben sie?

Die meisten Emotionstheorien klären nicht, *warum* wir emotionale Wesen sind. Eine aktuelle Überblicksarbeit[3] unterscheidet drei Stränge von Emotionstheorien:

Die (1) phylogenetischen Theorien (auch als »spezifische« Emotionstheorien bezeichnet) stellen den stammesgeschichtlichen und – über verschiedene Kulturen hinweg – universellen Charakter von Emotionen in den Vordergrund. Demnach sind Emotionen überlebenswichtig.

Daneben gibt es (2) klassische Bewertungstheorien (»Appraisal«), die das Menschengemachte fokussieren und Emotionen als Ergebnis von Gedanken sehen.

Die (3) konstruktivistischen Theorien (»Arousal«) ähneln den Bewertungstheorien, integrieren aber auch die Strukturen von Gedanken im Gehirn und die Lebensgeschichte der Person und somit soziale, kulturelle und sprachliche Faktoren.

Die verschiedenen Theorien zu Emotionen widersprechen sich nicht, sondern beleuchten unterschiedliche Aspekte. Emotionen dienen als Signale und Wegweiser, treiben unser Verhalten an und

---

3 Scherer (2022)

geben Auskunft über Bedürfnisse, über die Bedeutung, die wir Reizen geben, über die Lebensgeschichte und Einstellungen.

Gefühle entstehen aufgrund erfüllter oder frustrierter Bedürfnisse

In der Forschung wurde die Rolle der Bedürfnisse bei der Entstehung von Emotionen bisher kaum beachtet. Bedürfnisse sind universell und sichern unser Überleben, wobei sie weit über physiologische Aspekte wie Schlaf und Nahrung hinausgehen. Sie umfassen auch individuelle Bedürfnisse wie Autonomie, Entwicklung, Selbstwirksamkeit sowie soziale Bedürfnisse nach Zugehörigkeit und Nähe. Ihre Erfüllung ist entscheidend für Lebensqualität und Gesundheit.

Das Bedürfniskonzept basiert auf Sigmund Freuds Einzelfallstudien, in denen er die Bedeutung grundlegender Triebe als Ausdruck angestauter Energie betonte. Dieses Bild prägte lange Zeit das Verständnis von Bedürfnissen und Motivation. Viele Theorien folgten diesem Ansatz. Besonders bekannt ist die Bedürfnispyramide von Maslow, auf die wir näher eingehen wollen.[4]

Die hierarchische Struktur der Bedürfnisse nach Maslow

Abraham Maslows Bedürfnispyramide ist ein einflussreiches psychologisches Modell, das menschliche Motivation anhand einer Hierarchie von Bedürfnissen erklärt (▶ Abb. 1). Die fünf Stufen von unten nach oben sind:

1. *Physiologische Bedürfnisse*, wie Nahrung, Wasser, Luft, Schlaf und Wärme, sichern die Existenz.
2. *Sicherheitsbedürfnisse* betreffen die Umgebung und eine gewisse Stabilität im Leben. Dazu gehören Schutz vor Gefahren, finanzielle Sicherheit und Gesundheit.

---

4 Maslow (1962)

3. *Soziale Bedürfnisse* (Zugehörigkeit und Liebe) beziehen sich auf soziale Interaktionen, Beziehungen und Zugehörigkeit zu einer Gruppe. Freundschaft, Liebe, Familie und soziale Bindungen sind hier zentral und haben langfristig auch zum Erhalt der Menschheit beigetragen (Sicherheit, Ressourcenteilen, Fürsorge etc.).
4. *Wertschätzung* und *Anerkennung* betonen nicht nur die Existenz von Kontakten, sondern auch deren Wahrnehmung als bereichernd. Es sind hier Respekt, Erfolg, Ansehen und vieles mehr inkludiert.
5. Die letzte und anspruchsvollste Stufe wird als *Selbstverwirklichung* beschrieben, wonach eine Person nach persönlichem Wachstum strebt, ihr (Kreativitäts-)Potential entfalten möchte, Ziele verfolgt und Träume formuliert.

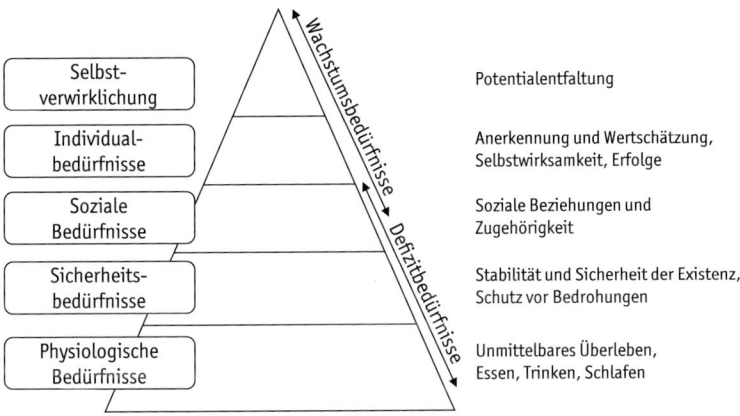

Abb. 1: Bedürfnispyramide nach Maslow (1962)

Maslow argumentierte, dass unsere Bedürfnisse wie eine Treppe funktionieren. Erst wenn wir eine Stufe erklommen haben, können wir uns auf die nächste konzentrieren. Zuerst kümmern wir uns um unsere grundlegenden Bedürfnisse wie Essen und Schlafen, bevor komplexere Bedürfnisse wie Freundschaften oder Selbstverwirklichung wichtig werden. Allerdings basiert Maslows Theorie mehr auf Beobachtungen als auf umfangreichen wissenschaftlichen Untersuchungen. Kritiker bemerken, dass das Leben oft chaotisch ist und die Bedeutung von Bedürfnissen auch von Kultur und Sozialisation abhängt. Studien befassen sich daher mit der Überprüfung von Maslows Theorie über verschiedene Länder und Kulturen hinweg. In kollektivistischen Gesellschaften beispielsweise steht die Gemeinschaft stärker im Mittelpunkt als das Individuum, wodurch individuelle Wachstumsbedürfnisse weniger Einfluss auf die Lebenszufriedenheit haben, als es in individualistischen Kulturen der Fall ist. Auch die Strategien zur Bedürfnisbefriedigung variieren je nach kulturellem Hintergrund.[5]

Aktuelle Bedürfnis-Theorien

Die Selbstbestimmungstheorie zählt zu den einflussreichsten neueren Bedürfnistheorien.[6] Nach dieser Theorie müssen drei psychische Bedürfnisse erfüllt sein – Autonomie, Kompetenz und Zugehörigkeit – damit Wachstum möglich ist, ohne dass sie sich gegenseitig kompensieren können.[7] Das Bedürfnis nach Autonomie beschreibt den Wunsch nach Selbstbestimmung und Kontrolle über das eigene Leben. Es umfasst das Streben nach Unabhängigkeit und Selbstbehauptung. Im sozialen Kontext könnte dies bedeuten, dass eine Person in einer Beziehung eigene Hobbys und Freundschaften pflegen möchte, auch wenn der Partner mehr gemeinsame Zeit wünscht. Wird dieses Bedürfnis durch übermäßige Kontrolle oder Bevormundung verletzt, führt dies meist zu Wut und demnach zu Abgrenzung.

Das Kompetenzbedürfnis beschreibt den Wunsch, wirksam zu sein und Aufgaben erfolgreich zu bewältigen. Es umfasst auch das Streben nach persönlicher Entwicklung und Sinnhaftigkeit. In einem sozialen Umfeld zeigt sich dies, wenn jemand Herausforderungen im Beruf sucht und Freude am Erlernen neuer Fähigkeiten hat. Wird dieses Bedürfnis nicht erfüllt, etwa durch monotone Arbeit, kann es zu

---

5 Tay & Diener (2011)
6 Ryan & Deci (1985)
7 Ryan & Deci (2000)

Wie entstehen Emotionen und welchen Nutzen haben sie?

Frustration und Unzufriedenheit führen, wie bei einem talentierten Mitarbeiter, der unterfordert ist und keine Entwicklungsperspektive sieht.

Das Bedürfnis nach sozialer Zugehörigkeit umfasst den Wunsch nach zwischenmenschlichen Beziehungen und Gemeinschaft. Dies zeigt sich beispielsweise im Aufbau enger Freundschaften oder der Teilnahme an Gruppenaktivitäten. Wird dieses Bedürfnis verletzt, etwa durch Isolation oder Ausgrenzung, führt dies zu Traurigkeit und Einsamkeit.

Welche Emotionen signalisieren welche Bedürfnisse?

Obwohl Bedürfnisse in vielen Emotionsdefinitionen vernachlässigt werden,[8] ergänzen sie die stammesgeschichtliche Funktion zur kognitiven Komponente auf wunderbare Art und Weise.[9] Bedürfnisse sind der Ursprung von Emotionen im evolutionären Sinne und spezifisch mit ihnen verknüpft, was heißt, dass jede spezifische Emotion auf ein Bedürfnis zurückzuführen ist (▶ Tab. 1). Es handelt sich hierbei um einen Versuch, die Begriffe einander zuzuordnen – zurate gezogen habe ich dazu auch andere Ausarbeitungen.[10] Der Kontext und auch die Bewältigungsmuster einer Person spielen eine Rolle, die hier nicht berücksichtigt werden. Es sollte in die Paarung nicht zu viel Gewicht hineingelegt werden – viel eher ist sie ein nützlicher Hinweis, auf welches Bedürfnis dein Gefühl gerade aufmerksam machen möchte, welches sich möglicherweise im Mangel befindet und gestillt werden mag, wie Wut und das Bedürfnis nach Gerechtigkeit oder Trauer und das Bedürfnis nach Trost und Ruhe.

---

8   Scherer (2022)
9   Oelsner (2022)
10 Fritsch (2012)

Tab. 1: Verknüpfung von Bedürfnissen und Emotionen

Emotion	Bedürfnis
Angst	Schutz, Sicherheit
Blockiertheit	Sicherheit, verstehen
Druck	Entlastung
Eifersucht	Wichtig sein, Einzigartigkeit
Einsamkeit	Kontakt, Nähe
Energielosigkeit	Kraft, Lebendigkeit
Enge	Raum, Weite, Freiheit
Leere	Verbindung zu sich oder anderen
Liebe	Nähe, Bindung
Neid	Selbstwert
Rastlosigkeit	Heimat
Scham, Peinlichkeit	Anerkennung, Selbstwert
Schuld	Zugehörigkeit
Skepsis	Vertrauen
Stolz	Wertschätzung, wahrgenommen werden
Stress, Überlastung	Entlastung, Entlohnung
Überraschung	Klarheit, Verlass
Ungeduld	Effektivität, Schnelligkeit
Wut	Gerechtigkeit, Freiheit, Selbstbehauptung

Das Erkennen und Verstehen von Bedürfnissen ist entscheidend, um Emotionen und Verhalten besser zu regulieren. Wenn du weißt, was du brauchst, kannst du gezielt handeln, um dein Wohlbefinden zu steigern. Deine Gefühle können Hinweise auf deine Bedürfnisse geben: Einsamkeit könnte ein unerfülltes Bedürfnis nach sozialer Verbindung anzeigen, während Stress auf den Bedarf nach Ruhe hinweisen kann. Der Umgang mit unseren Emotionen ähnelt dem Umgang mit Bedürfnissen: Schenken wir ihnen Aufmerksamkeit? Können wir sie verstehen? Wie verarbeiten wir Informationen dazu?[11] Manchmal ist es nicht sofort möglich, ein Bedürfnis zu erfüllen. Viele Menschen berichten jedoch, dass allein das Erkennen und Benennen des Bedürfnisses hilfreich sein kann. Statt sich in Einsamkeit zu verlieren, kannst du dir selbst mit Mitgefühl begegnen: »Ich fühle mich einsam, weil mein Bedürfnis nach Nähe nicht erfüllt ist. Das ist eine nachvollziehbare menschliche Erfahrung.«

Die Fähigkeit, kompetent auf Bedürfnisse einzugehen, variiert von Mensch zu Mensch. Der kompetente Umgang mit Bedürfnissen wird bereits in der Kindheit geprägt. Kinder, deren Eltern kompetent auf ihre Bedürfnisse eingegangen sind, sehen Bedürfnisse auch im Erwachsenenalter als nützliche Informationsquelle während Kinder mit eher inkompetenten Eltern hier nie den Sinn erkannt haben und sie auch weiterhin vernachlässigen. Wir kommen darauf später noch zu sprechen (siehe Kapitel: Über die Entstehung emotionaler Kompetenz).

Emotionen hängen jedoch nicht nur von Bedürfnissen ab, sonst hätten wir alle die gleichen Emotionen. Eine rein evolutionäre Betrachtung könnte den Eindruck erwecken, dass wir machtlos und fremdgesteuert von unserer Programmierung sind. Neben Bedürfnissen sind auch unsere *Bewertungen* entscheidend für die Qualität unserer Emotionen.

Gefühle entstehen aus Bewertungen und Bedeutungszuschreibungen

Eine Situation an sich ist nicht emotional; es sind unsere Gedanken und Interpretationen dieser Situation, die das emotionale Erleben

---

11 Dizén, Berenbaum & Kerns (2005)

prägen. Zwei Menschen können auf dieselbe Herausforderung unterschiedlich reagieren: Der eine könnte sich durch die Aussicht auf ein unbekanntes Abenteuer belebt fühlen, während der andere Angst vor dem Unbekannten verspürt. Das ABC-Modell veranschaulicht, wie Bewertungen unsere Emotionen bestimmen. Es besteht aus einer Ausgangssituation (A), gefolgt von einer Bewertung (B) und der daraus resultierenden Konsequenz (C), die oft eine Emotion darstellt.

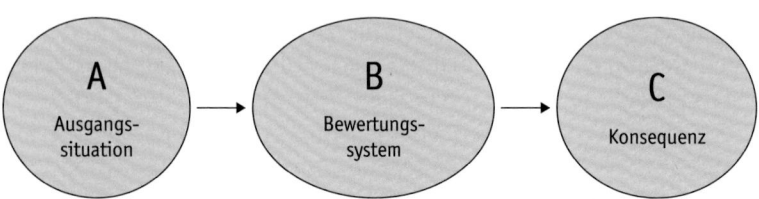

Abb. 2: Das ABC-Modell nach Albert Ellis

Die *Ausgangssituation A* sollte objektiv betrachtet werden. Wir fragen uns, was tatsächlich passiert ist, ohne zu werten. In der Verhaltensanalyse nennt man das *Beobachtung*. Du kannst dich auf die fünf Sinne stützen: Was konntest du sehen, hören, spüren, riechen oder schmecken? Danach werden die Eindrücke bewertet und interpretiert (B), was oft unbewusst geschieht. Schließlich folgen die emotionalen und verhaltensbezogenen Konsequenzen (C). In einer neueren Variante wird auch das *Zielgefühl* oder *Zielverhalten* mit aufgenommen. Hier mal ein Beispiel: Eine Person wird nachts von einem lauten Geräusch geweckt. Die Person könnte unterschiedlich reagieren. Szenario 1: Die Person denkt: »Was war das? War das ein Einbrecher?« Diese Bewertung löst Furcht aus. Die Angst und Ungewissheit halten sie wach. Szenario 2: Die Person beginnt zu grübeln: »Na toll, jetzt bin ich wach. Ob ich dann wohl meinen Vortrag morgen gut über die Bühne bringe?« Die Sorge führt dazu, dass die Person sich weiterhin mit dem Thema beschäftigt, was das Wiedereinschlafen verhindert. Szenario 3: Die Person ärgert sich: »Der Nachbar xy kommt immer so spät nach Hause. Immer ist es so laut hier.« Wut und Frustration halten sie wach. Szenario 4: Die Person bewertet das

Geräusch nicht weiter und schläft ohne eine emotionale Reaktion wieder ein.

Du siehst, dass es nicht das laute Geräusch ist, das darüber entscheidet, ob die Person wieder einschlafen kann oder nicht, sondern die Bewertung des Geräuschs und das darauffolgende Gefühl. Wenn du Kontrolle über deine Gedanken hast, hast du sie größtenteils auch über deine Gefühle und dein Verhalten.

Das weit bekannte Transaktionale Stressmodell[12] zeigt leicht verständlich, wie Stress, aber auch eine jedwede andere Emotion aufgrund von Bewertungen entsteht. Die Person durchläuft zwei schnell aufeinanderfolgende und meist unbewusste Bewertungsprozesse. Betrachten wir folgendes Szenario: Eine Person erfährt, dass ein langjähriger Freund plant, in eine weit entfernte Stadt umzuziehen. Die Bewertung der Situation entscheidet nun darüber, ob sie zurecht traurig ist, sich aber wieder nach einer Weile fängt, oder ob sie in Verzweiflung ausbricht und diese nicht zu kontrollieren vermag. Nun gut. Im ersten Bewertungsprozess schätzt die Person die Bedeutung der Situation ein. Ist die Situation relevant? Ist sie eine Bedrohung oder eine Herausforderung? Wir schätzen mal, die Situation ist eine Bedrohung – schließlich handelt es sich um einen guten Freund, der Sicherheit, Zugehörigkeit und Freude suggeriert. Im zweiten Bewertungsprozess werden die verfügbaren Bewältigungsmöglichkeiten eingeschätzt. Dazu gehören emotionale Kompetenz und Selbstwirksamkeit (»Ich werde das schon schaffen«) oder auch soziale Unterstützung (»Na, da bleiben mir die anderen beiden Freunde«). Basierend auf diesen Bewertungen wählt die Person ihre Bewältigungsstrategien. Diese können *problemorientiert* sein, zum Beispiel regelmäßige Besuche einzuplanen, oder *emotionsorientiert*, um die eigenen Emotionen zu regulieren (»Wie kann ich die Traurigkeit in Hoffnung umwandeln?«). Gespräche mit Freunden oder das Fokussieren auf positive Aspekte der Veränderung sind mögliche Ansätze. Wir lernen dazu später mehr im Kapitel zur kognitiven Umstrukturierung. Das Transaktionale Stressmodell verdeutlicht,

---

12 Lazarus & Folkman (1987)

Emotionen: Lästige Biester oder wertvolle Freunde?

dass Stress nicht allein durch die Situation selbst entsteht, sondern durch die individuelle Wahrnehmung und Bewertung.

> **Kino im Kopf**
> Stell dir vor, dein Gehirn ist wie ein Kino. Deine Emotionen sind die Filme: Ein Actionfilm (Wut) erhöht deinen Puls, während eine romantische Komödie (Liebe) dich entspannt. Ein Horrorfilm (Angst) lässt dich Gefahren vermuten. Du bist nicht nur Zuschauer, sondern auch Regisseur, der entscheidet, welche Filme du abspielst und wie sie dein Denken beeinflussen. Ein Verständnis für diese Prozesse kann vorteilhaft für dich sein.

Gefühle entstehen aus Konstruktionen

Konstruktivistische Emotionstheorien erweitern klassische Bewertungstheorien. Eine Information wird danach nicht nur bewertet, sondern in bereits existierende Kategorien im Gehirn zugeteilt. Emotionen sind also in der Wahrnehmung, Interpretation, Qualität und Intensität von Person zu Person unterschiedlich, abhängig von den Erfahrungen und der Informationsverarbeitung der Person. Interessant sind interkulturelle Herangehensweisen, die Aufschluss darüber geben, was die Personen im Umgang mit Emotionen für Erfahrungen gemacht hat. Ein Beispiel dafür ist der kulturell bedingte Ausdruck von Emotionen wie Traurigkeit und Wut. In vielen westlichen Kulturen wird der offene Wutausdruck als legitime Methode zur Konfliktlösung betrachtet, interpretiert als Zeichen von Dominanz und Entschlossenheit. In vielen ostasiatischen Kulturen hingegen gilt offener Wutausdruck als unangemessen, da hier Harmonie und Selbstkontrolle betont werden, um Konflikte zu vermeiden und den sozialen Frieden zu wahren.

Das Experiment von Schachter und Singer[13] zeigt, dass Emotionen durch eine Mischung aus körperlicher Erregung und deren Interpretation entstehen. Die Versuchspersonen wurden in vier Gruppen eingeteilt. Drei Gruppen erhielten eine Injektion mit Adrenalin, das den Körper ähnlich wie bei starker Aufregung oder Angst erregte, die vierte Gruppe erhielt lediglich eine harmlose Kochsalzlösung (Placebo). Anschließend wurden die Versuchspersonen der Adrenalin-Gruppe unterschiedlich informiert: entweder erhielten die Probanden eine korrekte, inkorrekte oder gar keine Erklärung über die Injektion und damit einhergehende Nebenwirkungen wie Zittern, Herzklopfen oder schnelle Atmung. Die »Placebo«-Gruppe wurde ebenfalls nicht aufgeklärt. Nach der Injektion sollten die Teilnehmer in zwei verschiedenen Situationen mit einer Person interagieren. Sie wussten dabei nicht, dass dies ein Schauspieler war, der in das Experiment involviert war und die Aufgabe hatte, die Versuchsperson emotional zu beeinflussen. In der euphorischen Bedingung verhielt sich der Schauspieler fröhlich und ausgelassen, während er in der anderen Bedingung wütend und frustriert war. Mal am Rande erwähnt, sind solche Experimente heute kaum bis gar nicht mehr möglich, da Ethikkommissionen die Zulässigkeit strenger prüfen. Das oben genannte Experiment würde wahrscheinlich an der Injektion und der Induktion negativer Emotionen (Ärger) scheitern, da viele Teilnehmer ahnungslos waren. Dennoch waren die Ergebnisse bahnbrechend: Die Teilnehmer, die über die Adrenalininjektion und deren Symptome informiert waren, schrieben ihre Erregung den Nebenwirkungen zu und ließen sich weniger von der Stimmung des Schauspielers beeinflussen. Dagegen interpretierten Uninformierte ihre Erregung im Kontext der Situation: Fröhliche Schauspieler machten sie ebenfalls fröhlich, während wütende Schauspieler sie ärgerlich stimmten. Dieses Experiment zeigte, dass Emotionen aus physiologischer Erregung und kognitiver Interpretation entstehen, und revolutionierte unser Verständnis von Emotionen.

---

13 Schachter & Singer (1962)

Im Rahmen der konstruktivistischen Bewertungstheorien haben sich mehrere einflussreiche Ansätze entwickelt, die unser Verständnis der emotionalen Erfahrung erweitert haben. Das Circumplex-Modell der Affekte[14], wie es in der dritten Abbildung zu sehen ist, bietet einen innovativen Ansatz zur Kategorisierung von Emotionen. Dieses Modell ordnet Emotionen auf einer zweidimensionalen »Karte« an, basierend auf ihrer Valenz (angenehm oder unangenehm) und ihrem Erregungsniveau (hoch oder niedrig). Es ermöglicht eine differenzierte Betrachtung emotionaler Zustände; beispielsweise wird »Aufregung« als hocherregend und angenehm gesehen, während »Zufriedenheit« als weniger erregend, aber ebenfalls positiv gilt.

Weitere Forschung dazu zeigte, dass es einige nicht so leicht kategorisierbare Emotionen gibt, wie Ehrfurcht, Langeweile, Verwirrung, Verlangen, empathischer Schmerz, Interesse, Nostalgie oder Erleichterung.[15] Vielmehr sind die Übergänge fließend und die Empfindung auch ambivalent – so kann ein Gefühl angenehm und unangenehm zur gleichen Zeit sein. Dies macht es auch besonders schwierig, Emotionen über Selbsteinschätzungen zu erheben.[16]

Lisa Feldman Barretts neurowissenschaftliche Erkenntnisse[17] unterstützen die enge Verknüpfung von Emotionen und Kognition, die nicht als separate Systeme betrachtet werden sollten. Ein zentrales Konzept in Barretts Theorie sind die emotionalen Schemata, komplexe mentale Strukturen, die unsere Erfahrungen, Erinnerungen und emotionalen Reaktionen organisieren. Sie erklären, warum wir auf bestimmte Reize besonders intensiv reagieren, ein Phänomen, das oft als »getriggert werden« bezeichnet wird.

Diese mentalen Strukturen werden in einigen Konzepten aufgegriffen, wie beispielsweise in der Schematherapie[18] oder auch in niedrigschwelligen Konzepten wie das der Attributionen. Attribu-

---

14 Russell (1980)
15 Cowen & Keltner (2017)
16 Mauss & Robinson (2009)
17 Barrett (2017)
18 Young, Klosko, & Weishaar (2008)

Wie entstehen Emotionen und welchen Nutzen haben sie?

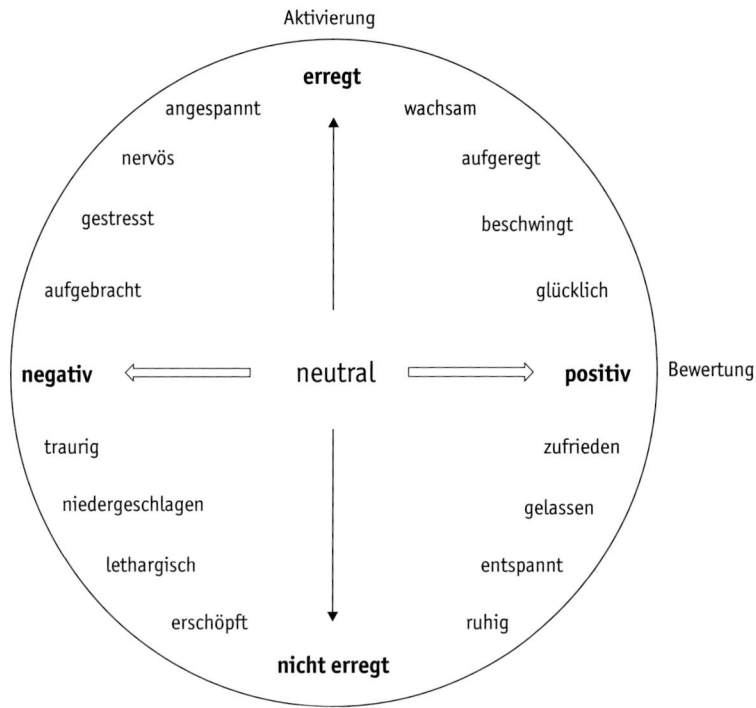

Abb. 3: Gefühle auf der Bewertungs-Aktivierungs-Dimension nach Russell (1980)

tionen sind Ursachenzuschreibungen und bestimmen maßgeblich darüber, wie wir uns die Dinge erklären, die in der Welt passieren. Sie wirken wie eine Linse, die unsere Wahrnehmung prägt, und Skripte, nach denen wir leben. Attributionen können internal (auf uns selbst bezogen) oder external (auf äußere Umstände bezogen) sein. Eine Person wird nicht zu einer Party eingeladen, zu der viele Freunde gehen. Ihre Attribution beeinflusst stark die emotionale Reaktion. Eine interne Attribution könnte lauten: »Ich wurde nicht eingeladen, weil ich langweilig bin.« Dies würde zu Gefühlen von Traurigkeit, Scham und vermindertem Selbstwert führen. Eine externe Attribution hingegen könnte sein: »Die Einladungsliste war wahrscheinlich begrenzt.« Diese Erklärung würde möglicherweise zu weniger intensiven negativen Gefühlen führen und Verständnis für die Situation des Gastgebers hervorrufen.

Fritz Heider[19], Begründer der Attributionstheorie, stellte die Idee vor, dass Menschen als naive Wissenschaftler ihre Umwelt durch Attributionen verstehen, vorhersagen und kontrollieren wollen. Ereignisse werden nicht nur als intern oder extern, sondern auch in Bezug auf Stabilität (dauerhaft vs. vorübergehend) und Kontrollierbarkeit (beeinflussbar vs. nicht beeinflussbar) eingeordnet. Diese Dimensionen beeinflussen unsere emotionalen Reaktionen und zukünftiges Verhalten. In unserem Beispiel könnte die Person, die sich selbst als langweilig ansieht, dies als stabile und unkontrollierbare Eigenschaft wahrnehmen, was zu anhaltenden Gefühlen von Traurigkeit und sozialem Rückzug führen könnte. Im Gegensatz dazu könnte die externe Attribution (begrenzte Gästeliste) in Kombination mit einer variablen und unkontrollierbaren Ursache den Selbstwert steigern und angenehme Gefühle fördern (»Das nächste Mal werde ich wieder eingeladen. Da kann ich nichts machen. Ich nehme mir etwas anderes Schönes vor.«). Wohl eine der stärksten Attributionen ist die Auffassung darüber, ob Menschen per se gut sind oder nicht, inklusive der eigenen Person. Wenn sich beispielsweise eine Person an der Supermarktkasse vordrängelt, könnten wir uns denken: »Die hat es aber eilig« – wir werden wohl keinen Streit vom Zaun brechen. Wir könnten aber auch denken: »Was für ein unhöflicher Mensch« – wohl in der Überzeugung, dass Menschen im Grunde genommen nur ihren eigenen Vorteil im Sinn haben. Wir kommen darauf später nochmal zurück, wenn wir im Kapitel zur Gewaltfreien Kommunikation über Bedürfnisse und Strategien sprechen (siehe Kapitel: Emotional kompetent kommunizieren).

> In einer metaphorischen Darstellung des Menschen als Baum vergleiche ich die verschiedenen Aspekte des emotionalen Seins

---

19 Heider (1958)

Wie entstehen Emotionen und welchen Nutzen haben sie?

mit den verschiedenen Teilen eines Baumes. Schauen wir uns das Ganze von unten nach oben an (▶ Abb. 4).

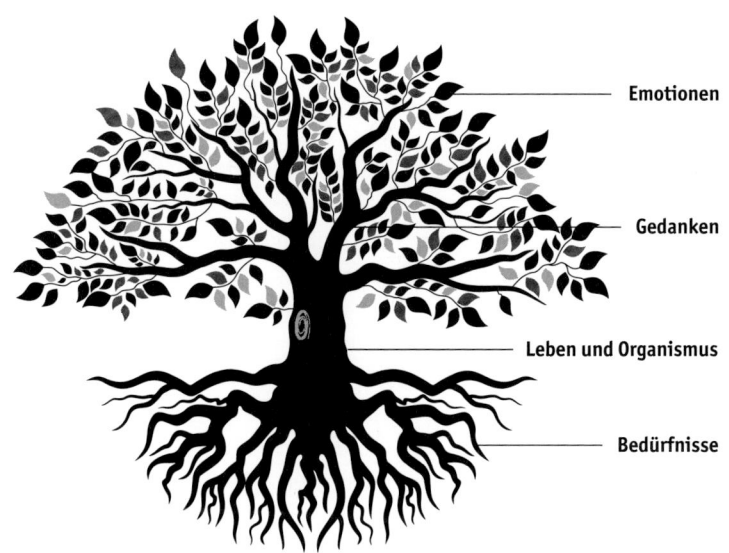

Abb. 4: Der Mensch als Baum

Die Wurzeln des Baumes symbolisieren die tief verwurzelten Bedürfnisse und Motivationen des Menschen, die zwar verborgen, aber entscheidend für Wachstum und Stabilität sind. Alle Menschen haben Bedürfnisse, die in verschiedenen Lebensphasen unterschiedlich ausgeprägt sind und physischer, emotionaler oder sozialer Natur sein können. In der Emotionsforschung wird die Bedeutung dieser Bedürfnisse oft vernachlässigt. Der Stamm des Baumes repräsentiert das Leben des Menschen, gezeichnet von Erfahrungen und Herausforderungen. Die Äste symbolisieren Gedankenkonstruktionen, wobei jeder Ast für einen einzelnen Gedanken steht, der sich verzweigen und neue Ideen hervorbringen kann. Diese Gedanken bilden die Grundlage für Handlungen, Entscheidungen und alltägliche Gefühle. Die Blätter stehen für die

> Vielfalt der Emotionen, von Freude bis Trauer und von Liebe bis Angst. Während wir an den Wurzeln und dem Stamm wenig ändern können, liegt die Veränderung im Geäst und den Ästen, an denen die Blätter wachsen. Wie können wir deinen Baum zum Blühen bringen?

Natürlich Freunde: Ein Aha über die Bedeutung von Emotionen

Um auf die anfängliche Frage einzugehen: Emotionen sind Teil unserer Natur. Auf ganz natürliche Art sind sie unsere Freunde, unsere Wegbegleiter und wertvolle Informationsträger, wenn wir uns nicht vor ihnen fürchten. Sie sind ganz ähnlich wie Bienen: auch wenn sie von manchen Menschen als lästig empfunden werden, sichern sie unsere Existenz. Emotionen erfüllen verschiedene zentrale Signalfunktionen: Sie warnen uns, sie schützen uns, sie zeigen Gesundheit und Krankheit an, sie motivieren uns zu Handlungen und fördern soziale Verbindungen. Oft fällt es schwer, diese Signale zu verstehen und richtig damit umzugehen, da uns Wissen, Übung und Selbstvertrauen fehlen. Emotionen sind dynamisch und können sich schnell verändern, was das Mit-ihnen-Schritt-halten erschwert. Emotionen verbinden unser Inneres mit der Außenwelt und sind essenziell für unser Dasein als fühlende, denkende und sozial eingebettete Wesen.

Die Kraft emotionaler Kompetenz

Wir werden uns im folgenden Kapitel mit diesen Fragen beschäftigen:

* Was ist der Unterschied zwischen emotionaler Kompetenz und emotionaler Intelligenz?
* Aus welchen Facetten besteht die emotionale Kompetenz?
* Warum spüren manche Menschen so viel und andere gar nichts?
* Welche Bedeutung haben verwandte Konzepte wie Achtsamkeit?
* Wie können wir Emotionen regulieren?
* Wie kommen wir an unser Ziel, mehr angenehme und weniger unangenehme Gefühle zu spüren?

Ähnlich wie bei Emotionen ist die Definition der emotionalen Kompetenz erschwert durch verschiedene theoretische Ansätze und verwandte Begriffe, deren Abgrenzung es benötigt. Emotionale Kompetenz wird in einigen Forschungsarbeiten und empirischen Modellen unterschiedlich verstanden.[20,21,22] Doch sie besteht in all den Definitionen stets aus verschiedenen Facetten. Eine erste Arbeitsdefinition könnte lauten: Emotionale Kompetenz ist die Fähigkeit, eigene Emotionen zu erkennen, zu verstehen und effektiv mit ihnen umzugehen, sowie die Fähigkeit, die Emotionen anderer zu erkennen, zu verstehen und darauf angemessen zu reagieren. Doch gerade der letzte Teil kommt dabei deutlich zu kurz – was bedeutet es denn, angemessen mit Emotionen umzugehen? Eine emotional kompetente Person ist in der Lage, positive, also angenehme Emotionen wie beispielsweise Freude, Stolz, Zuversicht, Hoffnung länger aufrechtzuerhalten und negative Emotionen zu regulieren, so dass Stress verhindert werden kann.[23] Sie kann ihre Gefühle in verschiedenen Situationen regulieren und ausdrücken und somit erfolgreiche zwischenmenschliche Beziehungen aufbauen. Es gibt einige Begriffe, die sich in diesem Kontext bereits etabliert haben und sicherlich auch dir mehr oder weniger bekannt sind. Ich spreche von emotionaler Intelligenz, von Achtsamkeit, von Resilienz oder auch Kohärenz, von Stressbewältigung, von Empathie und vielen mehr. Wir werden nun Klarheit in das Begriffschaos bringen.

---

20 Pandey & Choubey (2010)
21 Petermann & Wiedebusch (2016)
22 Saarni (1999)
23 Mikolajczak, Petrides & Hurry (2009)

Warum nicht emotionale Intelligenz?

Möglicherweise bist du bereits mit dem Begriff der emotionalen *Intelligenz* vertraut und fragst dich, ob emotionale Kompetenz und emotionale Intelligenz identisch sind. Es gibt einige bedeutende Unterschiede zwischen diesen beiden Konzepten. Ich habe die Entscheidung für den »Kompetenz«-Begriff anstelle des »Intelligenz«-Begriffs ganz bewusst getroffen. Ich hatte mich zuerst kritisch damit auseinandergesetzt, ob ich das tun sollte – schließlich ist der Begriff der emotionalen Intelligenz weitläufiger und etablierter und demnach werden sich vermutlich auch mehr Menschen davon angesprochen fühlen. Doch mir ist der Kompetenz-Begriff einfach sympathischer – ich erkläre dir gern, wie ich zu diesem Rückschluss komme.

Die Frage ist doch, warum überhaupt unterscheiden und nicht alles in einen Topf werfen? Zumal es ja in der Forschung auch häufig synonym verwendet wird – Forscher sagen emotionale Intelligenz, meinen jedoch genauso Kompetenz und andersrum.[24] Diese Forschungsarbeiten schließen unter Verwendung des Intelligenzbegriffs die emotionale Kompetenz mit ein, also eine sich über die Lebensspanne hinweg veränderbare Fähigkeit, mit eigenen Emotionen und denen anderer umzugehen. Die Unterfacetten überschneiden sich teilweise, also Emotionen wahrzunehmen, zu verstehen, sie zu nutzen, wie auch adäquat auf die Emotionen unserer Mitmenschen einzugehen. Jedoch liegt wohl bei der Intelligenz ein Schwerpunkt auf den kognitiven Komponenten, während die Kompetenz darüber hinaus Regulation und Kommunikation von Emotionen einschließt und damit anwendungsbezogener ist.[25,26]

Was die Verwendung des Intelligenzbegriffs im herkömmlichen Sinne schwierig macht, ist die Assoziation mit der kognitiven Intel-

---

24 Mikolajczak et al. (2015)
25 Boyatzis, Goleman & Rhee (2000)
26 Vaida & Opre (2014)

ligenz, die anstelle eines Fähigkeitsbegriff ein Leistungsmaß abbildet. Daniel Goleman, der den Begriff der emotionalen Intelligenz revolutionierte,[27] meinte vermutlich nichts anderes als das, was ich unter emotionaler Kompetenz verstehe. Goleman argumentierte, dass emotionale Intelligenz im Hinblick auf persönlichen Erfolg und Wohlbefinden genauso wichtig sei wie kognitive Intelligenz. Diese Auffassung hat insbesondere in der Organisationspsychologie viel Zuspruch, aber auch Kritik erfahren. Bei der Gegenüberstellung von kognitiver und emotionaler Intelligenz scheint der Intelligenz-Begriff stimmig. In seinem Ansatz geht es darum, emotionale Prozesse zu verstehen und zu steuern, ähnlich wie kognitive Fähigkeiten genutzt werden, um Probleme zu lösen. Jedoch sieht es in der Forschungspraxis etwas anders aus. Die Uneinigkeit und etwaige Übersetzungsprobleme führen zu Rechercheproblemen nach dem Motto: »Welchen Suchbegriff muss ich denn nun eingeben?«, die eine Vereinheitlichung von Forschungsergebnissen durch Unvollständigkeit erschweren. Gravierender ist das Problem, dass Intelligenz und Kompetenz gar nicht so hoch miteinander korrelieren.[28] Sie bilden also anscheinend durchaus verschiedene Merkmale ab.

Das Forschungsteam um Professorin Mikolajczak[29] griff diese Frage auf und entwarf ein theoretisches Modell. Hierbei wird die emotionale Intelligenz auf drei Ebenen betrachtet: Wissen (Knowledge), Fähigkeit (Ability) und Eigenschaft (Trait). Diese Ebenen stehen in Beziehung zueinander, können jedoch auch unabhängig betrachtet werden. Zunächst beschreibt Wissen das Verständnis über Funktion, Ausdruck, Ursache und Folge von Emotionen. Es geht darum, zu *wissen*, was Emotionen sind, wie sie entstehen und welche Auswirkungen sie haben. Die Fähigkeit bezieht sich hingegen darauf, dieses Wissen in emotionalen Situationen erfolgreich anzuwenden. Es ist das maximale Verhalten der Person. Ein einfaches Beispiel verdeutlicht den Unterschied: Eine Person kann sehr wohl wissen, dass es in

---

27 Goleman (2018)
28 Freudenthaler & Neubauer (2007)
29 Mikolajczak et al. (2015)

Warum nicht emotionale Intelligenz?

der Wut unangebracht ist, zu schreien, doch dies bedeutet nicht zwangsläufig, dass die Person auch dazu fähig ist, sich in solch einer Situation zu beherrschen und ruhig zu bleiben. Die dritte Dimension, die Eigenschaft, bezieht sich auf das typische Verhalten einer Person in emotionalen Situationen. Hier geht es weniger darum, was jemand theoretisch weiß oder tun könnte, sondern vielmehr darum, wie sich diese Person üblicherweise und spontan verhält, wenn sie mit Emotionen konfrontiert wird.

Die ersten beiden Dimensionen, Wissen und Fähigkeit, werden oft über Leistungstests erfasst, die beispielsweise die Fähigkeit zur Emotionserkennung messen. Personen werden verschiedene Gesichtsausdrücke präsentiert, sie müssen angeben, um welches Gefühl es sich handelt. Die Eigenschaftsebene hingegen, die das »klassische« Verständnis von emotionaler Kompetenz beschreibt, wird meist über Einschätzungsverfahren oder Verhaltensbeobachtungen gemessen. In der wissenschaftlichen Praxis kommen häufiger Fragebögen zum Einsatz, die sowohl Selbsteinschätzungen als auch Fremdeinschätzungen beinhalten (bspw. der Emotionale-Kompetenz-Fragebogen[30]). Diese Instrumente erfragen im übertragenen Sinne: »Wie kompetent verhältst du dich in emotional stressigen Situationen?« oder »Wie kompetent verhält sich dein Partner oder deine Partnerin in emotional stressigen Situationen?« und ebenso nach den Unterfacetten (bspw. »Wenn ich traurig bin, vertraue ich mich einer anderen Person an«), mit einer Zustimmung auf einer Skala von 1 (»stimme nicht zu«) bis 5 (»stimme voll und ganz zu«). Die Antworten aus Fragebögen sind leider oftmals etwas verfälscht, da eine emotional inkompetente Person schlecht einschätzen kann, wie kompetent sie tatsächlich ist. Wir sehen deshalb auch nur eine mittelmäßig große Übereinstimmung zwischen den Antworten, die eine Person über sich selbst gibt und den Antworten, die eine nahestehende Person über sie gibt. Abhilfe schaffen könnten Beobachtungsverfahren. Dabei würden wir Stress oder spezifische Emotionen wie Ärger oder Angst bei einer Person auslösen und schauen, wie kompetent sie diese reguliert. Das

---

30 Rindermann (2009)

ist jedoch ethisch oft sehr fragwürdig und solche Verfahren sind bislang nicht wirklich etabliert. Dies in einem natürlichen Setting zu untersuchen, ist recht schwierig. Wir sehen hier also schon einen Unterschied zwischen emotionaler Kompetenz und Intelligenz. Das obige Modell[31] hat weitläufig Anklang gefunden in den letzten 15 Jahren. Die emotionale Kompetenz spiegelt darin das typische Verhalten wider, während Intelligenz wohl eher die maximal mögliche Fähigkeit repräsentiert. Der Fokus soll im Umgang mit Emotionen von der Leistung genommen und stattdessen die Betonung auf die Erlernbarkeit gelegt werden. Wir können aufatmen: Metaanalysen zeigen, dass die emotionale Kompetenz im jungen wie auch im fortgeschrittenen Alter gestärkt werden kann.[32,33]

Im Kontrast zum Intelligenz-Begriff schauen wir uns den Kompetenz-Begriff einmal genauer an. Der Kompetenzbegriff legt den Schwerpunkt eher auf die praktische Anwendung als auf reine Leistungsfähigkeit. Der Begriff der Kompetenz hat seinen Ursprung in der Pädagogik (in den 1960er bis 1970er Jahren) und wurde von Persönlichkeiten wie Robert White, Heinrich Roth und Jürgen Habermas geprägt. Diese betonten die selbstorganisierte Handlungsfähigkeit und Mündigkeit der kompetenten Person und hoben den Prozess nicht nur für das Individuum, sondern auch für die Gesellschaft hervor. Heutzutage wird der Kompetenzbegriff eher psychologisch verstanden. Franz Weinert[34] beschreibt ihn als Repertoire von Fähigkeiten und Fertigkeiten, die eine Person nutzen oder erlernen kann, um in verschiedenen Situationen aufkommende Probleme erfolgreich und verantwortungsbewusst zu lösen. Es geht um selbstorganisiertes, kreatives Handeln, das auch bei unklaren oder fehlenden Zielvorstellungen möglich ist. Kompetenz ist somit eine Disposition, die Personen erfolgreiches Handeln ermöglicht (Performanz), und resultiert nicht nur aus individuellen Anlagen, sondern

---

31 Mikolajczak, Petrides & Hurry (2009)
32 Hess & Bacigalupo (2011)
33 Lovis-Schmidt et al. (2023)
34 Weinert (2001)

vor allem aus Entwicklungsprozessen. Während Kompetenzen im Allgemeinen breit gefasst werden, sich auf soziale Interaktionen (Kommunikation) oder auch die Handwerkskunst beziehen können, beschreibt die *emotionale* Kompetenz Fähigkeiten und Fertigkeiten im Umgang mit Emotionen.

Der Kompetenzbegriff kann somit viel eher die Veränderlichkeit über die Lebensspanne abbilden und das typische Verhalten der Person widerspiegeln, mit unangenehmen Emotionen umzugehen.[35] Wir sprechen also bewusst von Kompetenz statt von Intelligenz – auch deshalb, da der Intelligenzbegriff für kognitive Fähigkeiten reserviert bleiben und nicht überdehnt werden sollte.

Das Abenteuer beginnt – Level der emotionalen Kompetenz

Die emotionale Kompetenz ist ein vielschichtiges Konstrukt, wobei die Emotionsregulation als Resultat einer stressigen Situation wohl die bekannteste Facette abbildet. Andere Unterfacetten wie die Emotionswahrnehmung, deren Identifikation, das Verstehen, das Fühlen und schließlich auch die Kommunikation werden häufig vernachlässigt.

Level 0: Die Einstellung gegenüber Gefühlen

In einer Welt, die zunehmend von Komplexität und rasantem Wandel geprägt ist, gewinnt die Fähigkeit, uns wertschätzend mit unseren Emotionen auseinanderzusetzen, immer mehr an Bedeutung. Viele Jahre unterlagen wir dem Missverständnis, es sei irreführend, sich

---

35 Vaida & Opre (2014)

von Emotionen leiten zu lassen und hoben stattdessen den Verstand empor, ganz nach dem Motto: Wer emotional ist, ist ein Softi. Wenn du deine eigenen Emotionen nicht anerkennst, wie sollst du dann wissen, was du wirklich willst oder brauchst? Unsere Gefühle sind nicht einfach nur flüchtige Zustände oder Störfaktoren, die es zu kontrollieren gilt. Sie sind vielmehr wertvolle Botschafter, die uns wichtige Informationen über uns selbst und unsere Umwelt liefern. Emotionen sind wie ein innerer Kompass oder Spürsinn, der uns durch die vielfältigen und oft turbulenten Landschaften unseres Lebens leitet. Doch was schafft diese Einstellung, dieses emotionale Bewusstsein?

Stellen wir uns vor, unsere Emotionen und unser ganzes emotionales Erleben sei eine weite, unbekannte Landschaft. Emotionale Kompetenz wäre in diesem Bild die Fähigkeit, diese Landschaft zu betrachten, sie auch zu kartographieren, zu verstehen und schließlich in ihr zu navigieren. Wenn du eine offene und wertschätzende Haltung gegenüber deinen Emotionen hast, kannst du diese Karte vor deinem inneren Auge entstehen lassen. Du verspürst eine Art Neugier und Lust, dich mit dieser Karte auseinanderzusetzen. Wie ein kleiner besessener Wissenschaftler schnappst du dir deine Lesebrille und schließt dich in deinen heiligen Kammern ein, um dich voll und ganz deinem Projekt zu widmen. Es bedeutet, die Höhen und Tiefen deiner Gefühle wahrzunehmen, die verborgenen Täler der Traurigkeit zu erkunden, die Gipfel der Freude zu erklimmen und die manchmal stürmischen Gewässer des Ärgers zu durchqueren.

Die Entwicklung der emotionalen Kompetenz ist kein einfacher oder gradliniger Prozess. Es ist eine Entdeckungsreise in das eigene emotionale Erleben, die oft herausfordernd sein kann. Sie erfordert Mut, Ehrlichkeit und die Bereitschaft, sich auch mit unangenehmen oder schmerzhaften Gefühlen auseinanderzusetzen. Mit zunehmender Übung wächst unsere Fähigkeit, Emotionen als Wegweiser für unser Handeln zu nutzen.

Im Mittelpunkt jeder emotionalen Veränderung steht die Person selbst. Wie wir über uns selbst denken, wie wir gegenüber unseren Emotionen eingestellt sind und wie wir auf Herausforderungen re-

Das Abenteuer beginnt – Level der emotionalen Kompetenz

agieren – all das formt unser emotionales Leben. Doch wie ist das denn bei dir? Häufig ist es gar nicht so leicht, Wissen auf die eigene Person anzuwenden. Dieser Prozess wird häufig als Selbsterfahrung bezeichnet. Es ist ein bewusster und lebenslanger Lernprozess, bei dem man sich intensiv mit der eigenen Person auseinandersetzt. Es geht darum, die eigenen Gedanken, Gefühle und Verhaltensweisen zu reflektieren und dabei ein tieferes Verständnis für sich selbst zu entwickeln. Neben kleineren Reflektionsaufgaben, die du allein absolvieren kannst, besteht ein weiterer Weg der Selbsterfahrung im Austausch mit anderen Menschen. Über Volkshochschulen, Universitäten oder andere Einrichtungen werden häufig solche »Selbsterfahrungsgruppen« angeboten, unter Anleitung eines erfahrenen Psychologen.

Wenn wir uns damit auseinandersetzen, wie wir emotionale Kompetenz lernen können, schauen wir uns doch die Menschen an, die das Lernen am allerbesten beherrschen – nein, es sind nicht die Psychologen, es sind Kinder! Wir können von Kindern viel lernen. Sie gehen neugierig durch die Welt, sind voller Mut und erkunden alles mit größtem Tatendrang. Nicht selten nerven sie ihre Eltern mit stundenlangen Wieso-Weshalb-Warum-Fragen – doch ja, genauso soll es sein. Wenn wir uns diese Eigenschaften abschauen und sie auf den Kontext emotionaler Kompetenzförderung übertragen, bedeutet das: Bleib flexibel, stelle Fragen, bewerte die Dinge nicht, sondern beobachte und spreche sie mutig aus, mach Fehler, fühle, bleib neugierig und erkunde dich und die Welt mit Begeisterung!

Gut, doch dann kommt der Alltag und du stellst fest, du bist kein Kind mehr. Du hast Verantwortung für verschiedene Bereiche, auf der Arbeit, für deine Kinder, für deinen Haushalt und natürlich – für deine Gefühle!

Es ist eine weit verbreitete Illusion, dass andere Menschen, Ereignisse oder Umstände Gefühle in uns auslösen. Tatsächlich liegt es jedoch an uns selbst, wie wir auf diese Einflüsse reagieren. Eigenverantwortung bedeutet, sich selbst und die eigenen Emotionen nicht mehr als bloße Reaktion auf äußere Umstände zu sehen, sondern als bewusst wählbare Antworten. Dies kann zunächst einschüchternd wirken, da sie dich mit dem Risiko und der Angst vor der Überforderung und schlimmstenfalls, dem Scheitern konfrontiert. Doch genau hier liegt auch die große Chance: Wenn wir die Verantwortung für unsere Gefühle übernehmen, gewinnen wir gleichzeitig die Macht, unser Leben aktiv zu gestalten. Woran merkst du nun, wie viel Verantwortung du bereits übernimmst? Auf diese Frage lässt sich vermutlich keine so leichte Antwort finden. Es sind ein paar Zwischenschritte notwendig. Hier ein paar hilfreiche Fragen:

- In welchen Situationen erwartest du, dass andere deine Bedürfnisse erfüllen, anstatt selbst aktiv zu werden? Ganz oft ist es so, dass die Menschen herhalten müssen, die dir nah stehen, wie der Liebespartner, Eltern oder sogar Kinder.
- Wann gebe ich anderen die Schuld für meine Gefühle? Welche Personen sind beteiligt?
- Welche meiner Emotionen wiederholen sich regelmäßig und warum könnte das so sein?

Warum gehen wir noch nicht in die Eigenverantwortung und *wie* kann uns das besser gelingen? Häufig ist es so, dass wir nie wirklich gelernt haben, wie man Verantwortung für die eigenen Gefühle übernimmt. Schon als Kinder haben wir uns das Verhalten unserer Eltern abgeschaut, die vielleicht selbst nicht wussten, wie sie ihre Emotionen auf gesunde Weise managen sollen. Wir haben gesehen, wie sie ihre Gefühle unterdrücken oder auf andere projizieren. Da wurde über die Nachbarn geschimpft, die mal wieder das Auto falsch geparkt haben, über die Deutsche Bahn, die eigentlich alles falsch macht, und sogar über das Wetter, das eigentlich gar nicht kontrolliert werden kann, aber wenn man schon mal dabei ist, zu meckern, dann ja – könnte auch das Wetter echt besser sein. Diese Muster haben wir sicherlich anteilig übernommen, wenn auch nicht in Gänze. Das anzuerkennen ist wohl der erste Schritt in die richtige Richtung. Wir haben also nicht gelernt, genau wie unsere Eltern es vermutlich schon nicht gelernt haben und daher nicht vermitteln konnten, die Dinge, die wir nicht beeinflussen können, ruhen zu lassen. Genau hier ist der

Das Abenteuer beginnt – Level der emotionalen Kompetenz

Knackpunkt: Das einzige im Leben, dass du wirklich beeinflussen kannst, bist du selbst! Um diesen Kreislauf zu durchbrechen, hilft es, sich aktiv damit auseinanderzusetzen, wer man ist, warum man so ist, wohin man eigentlich will im Leben und was davon realistisch ist. Das funktioniert über Bildung – so wie du es jetzt gerade tust, indem du dieses Buch liest – und über Interventionen, wie Trainings oder Psychotherapie. *Ich sag dir: Was Hänschen nicht gelernt hat, muss eben Hans lernen.*

Es gibt noch ein paar andere Hürden zu meistern, als nur das elterliche Missverhalten zu reflektieren. Auch die Gesellschaft trägt ihren Teil dazu bei, etwa wenn es sozial angesehen ist, dass wir uns hin und wieder über die Ungerechtigkeiten dieser Welt beklagen und uns darüber mit unseren Mitmenschen verbinden, ganz nach dem Motto: Wir sitzen im selben Boot und haben es nicht leicht. Problem dabei ist auch hier, dass wir die Verantwortung im Außen suchen (»die schlechte Welt«) statt im Inneren (»Was kann ich tun, damit es mir besser geht?«). Um diesem Trend entgegenzuwirken, ist es hilfreich, sich über seine Kommunikation und auch über seine Wirkung auf andere bewusst zu werden. Es ist wichtig, sich vertraute Personen mit ins Boot zu holen und gemeinsam zu reflektieren, wie man alte Muster aufbrechen kann. Anstatt sich nur zu beklagen, könntest du versuchen, Gespräche auf Lösungen und positive Perspektiven zu lenken. Das stärkt nicht nur die Eigenverantwortung, sondern schafft auch eine konstruktivere Atmosphäre.

Gewohnheit spielt ebenfalls eine große Rolle. Oft verharren wir in alten Verhaltensmustern, weil sie uns vertraut und sicher erscheinen, selbst wenn sie uns schaden. Verantwortung für die eigenen Gefühle zu übernehmen, bedeutet, aus diesen Gewohnheiten auszubrechen, was zunächst Angst auslösen kann. Diese Angst, Verantwortung zu übernehmen, ist oft eng mit dem Bedürfnis nach Sicherheit verbunden. Viele Menschen fürchten, die Kontrolle über ihre Gefühle zu verlieren oder überfordert zu sein, wenn sie sich ihnen stellen. Aber genau hier liegt der Schlüssel: Anstatt die Angst zu vermeiden, kann man lernen, ihr mutig zu begegnen. Eine produktive Selbstaufwertung kann durch positive Selbstgespräche, das Setzen realistischer Ziele und die Suche nach Unterstützung in schwierigen Phasen geschehen. Hier ist es wichtig, kleine Schritte zu machen und sich die Erfolge vor Augen zu führen. Man könnte zum Beispiel beginnen, jeden Tag eine Situation bewusst anders zu bewerten und zu beobachten, wie sich das auf die eigenen Gefühle auswirkt. Motivation zur Eigenverantwortung entsteht oft dann, wenn wir die positiven Auswirkungen erkennen. Ein erster Schritt könnte darin bestehen, sich vorzustellen, wie viel Macht wir zurückgewinnen, wenn wir nicht länger auf äußere Umstände warten, um uns besser zu fühlen. Indem wir Verantwortung für unsere Gefühle übernehmen, befreien wir uns von der Abhängigkeit von äußeren Einflüssen. Wir erkennen, dass wir selbst die Schöpfer unseres emotionalen Zustands sind. Du wirst deine Mitmenschen magnetisch anziehen, denn du nimmst ihnen den Druck, sich um deinen Gefühlshaushalt zu kümmern – sind sie doch mit ihrem eigenen überfordert. Begegne dir selbst mit Geduld und Mitgefühl. Eigenverantwortung zu übernehmen ist ein Prozess, der Zeit braucht und nicht immer linear verläuft. Es wird Momente geben, in denen wir uns überfordert fühlen oder Rückschläge erleben. Doch gerade in diesen Momenten ist es entscheidend, sich daran zu erinnern, dass jeder Schritt, den wir in Richtung Eigenverantwortung machen, ein Schritt hin zu mehr Freiheit und innerer Stärke ist.

Ich gehe einfach mal stark davon aus, dass du diese positive Einstellung gegenüber Gefühlen bereits hast, denn sonst stünden wir wohl nicht an der Stelle, an der wir jetzt stehen – du hättest das Buch wohl schon zugeklappt. Hast du dir schon mal ein Feedback eingeholt von jemandem, dem du vertraust? Trau dich doch mal, eine Person zu fragen, wie sie dich in Krisensituationen wahrnimmt oder was sie für deine größte Herausforderung hält. Das kann einem manchmal die Augen öffnen.

Level 1: Gefühle wahrnehmen

Gefühle wahrzunehmen bedeutet, sich bewusst zu sein, welche Emotionen in einem selbst gegenwärtig sind, sei es Freude, Traurigkeit, Angst oder Wut. Doch warum ist das oft so schwer? Nun, aus verschiedenen Gründen. An wohl vorderster Stelle steht, dass du schlichtweg (noch) nicht gelernt hast, deine Gefühle zu beachten, sei es, weil du bisher noch keinen Erfolg damit hattest oder weil es schlichtweg zu schmerzhaft war, dich mit deinen emotionalen Wunden auseinanderzusetzen. Viele Menschen lernen, Gefühle zu unterdrücken oder zu ignorieren, sei es aus Angst vor Ablehnung, aus Scham oder aus dem Wunsch heraus, »stark« zu wirken. Dies kann dazu führen, dass wir den Kontakt zu unseren eigenen Gefühlen verlieren oder sie verleugnen. Unsere persönlichen Erfahrungen, manchmal traumatische Ereignisse, führen dazu, dass wir uns von unseren Gefühlen distanzieren, um uns selbst zu schützen. Zudem sind Emotionen in ihrer Natur oft verwirrend. Manchmal mischen sie sich, sind schwer zu identifizieren oder werden von anderen Gedanken oder äußeren Einflüssen überlagert. Ja, denn auch äußere Faktoren spielen eine wichtige Rolle bei der Wahrnehmung von Gefühlen, wie bspw. der Umgang mit Emotionen in deinem Elternhaus. Laut den Überlegungen von Daniel Goleman scheitern wir oft an der Wahrnehmung unserer Emotionen aufgrund einer unzureichenden Selbstwahrnehmung, einer emotionalen Unterdrückung, kognitiver Verzerrungen oder sozialer und kultureller Faktoren.

Gefühle im Körper

Emotionen manifestieren sich nicht nur in unseren Gedanken und Gefühlen, sondern auch in unserem Körper. Oft sind diese körperlichen Reaktionen subtiler und unmittelbarer als unsere bewussten Gedanken, weshalb sie uns helfen können, unsere Emotionen frühzeitig zu erkennen und besser zu verstehen. Indem wir lernen, diese körperlichen Signale wahrzunehmen, können wir tiefer in unser emotionales Erleben eintauchen, unsere Gefühle differenzierter benennen und so einen achtsameren und gesünderen Umgang mit unseren Emotionen entwickeln. Den meisten Menschen fällt es nicht so schwer, zu beantworten, ob es ihnen gerade gut oder schlecht geht. Doch gerade wenn es um unangenehme Gefühle geht, ist der Handlungsbedarf groß und mitunter die Spezifität der Emotion entscheidend für den Lösungsansatz. In der folgenden Tabelle habe ich beispielhaft ein paar körperliche Empfindungen aufgeschlüsselt, die mit Emotionen einhergehen. Wenn du dir ein bisschen Zeit nimmst und dich mental in eine emotionale Situation zurückversetzt, kannst du ja mal auf deine körperlichen Empfindungen achten – wo genau spürst du eine Veränderung? Das kann sehr aufschlussreich sein.

Tab. 2: Spezifische Emotionen und körperliche Empfindungen

Emotion	Körperliche Empfindung
Wut	Hitze im Gesicht oder im gesamten Körper, schneller Herzschlag, angespannte oder zitternde Muskeln, geballte Fäuste, Gefühl von Druck im Kopf, rote oder heiße Haut, Bedürfnis, sich zu bewegen oder laut zu werden
Traurigkeit	Schwere im Brustkorb oder im Herzen, Kloß im Hals, Tränen in den Augen, Gefühl von Müdigkeit oder Erschöpfung, tiefer Seufzer, zusammengesunkenes Körpergefühl
Angst	Beschleunigter Herzschlag, flache oder schnelle Atmung, zittern oder schwitzen, Kälte in den Gliedern, Gefühl von Enge im Brustkorb, Anspannung der Muskeln, Übelkeit oder Knoten im Magen
Scham	Hitze oder Röte im Gesicht, Gefühl von »Kleinsein« oder »Sich-Zusammenziehen«, gesenkter Blick, gebeugte Haltung, Knoten im Magen oder Unbehagen im Bauch, schwitzende Handflächen
Schuld	Schwere im Brustkorb oder Bauch, Gefühl von Druck oder Knoten im Magen, flache Atmung, Muskelverspannungen, Gefühl von Unruhe oder innerem Unbehagen, niedergeschlagene Körperhaltung

Der Körper wird oft als Ventil für Emotionen verstanden. Angst macht sich deutlich durch einen beschleunigten Herzschlag, durch Schwitzen, kalte Füße und Hände. Ein Forschungsteam untersuchte die Zusammenhänge zwischen Emotionen und dem Körper entlang verschiedener Studien.[36] Ihr Resultat sind Körperempfindungskarten (sogenannte »Bodily Sensation Maps«), die mithilfe von Einfärbungen bestimmter Körperregionen in einem Computerprogramm spezifische Emotionen im Körper anzeigen und den universellen Charakter entlang zwei verschiedener Kulturen bestätigen (west- bzw. nordeuropäisch: Finnland; ostasiatisch: Taiwan). Schau dir die Abbildung doch mal im Internet an (Stichwort: Bodily Sensation Maps) – das ist sehr interessant! Blaue Einfärbungen stehen für Inaktivität der Körperregion, bspw. deutlich durch Kältegefühl, leichte Taubheit oder ähnliche Symptome, während rot eingefärbte Regionen eine Überaktivität widerspiegeln. In fünf Studien mit etwa 800 Versuchspersonen wurden verschiedene Emotionen induziert – bspw. wurden die Personen mit Emotionswörtern, emotionalen Geschichten, Gesichtsausdrücken oder Videos konfrontiert, welche angenehme Gefühle, wie Freude, oder unangenehme Gefühle, wie Trauer, auslösen sollten. Nahezu bei allen Emotionen zeigte sich eine erhöhte Aktivität im oberen Brustbereich und Kopfbereich. Besonders auffällig waren Empfindungen in den oberen Gliedmaßen, die bei auf Annäherung ausgerichteten Emotionen am stärksten waren, wie bspw. Freude und Wut. Wir schließen darauf, dass Wärme, bedingt durch eine erhöhte Blutzirkulation, funktional für die Aktivierung des Körpers ist, bspw. auf jemanden zugehen, sei es, um ihn stürmisch zu umarmen (Freude) oder sei es, um ihn anzugreifen (Wut). Umgekehrt wurden verminderte Aktivitäten der Gliedmaßen als charakteristisch für Traurigkeit identifiziert. Dies geht Hand in Hand mit der Annahme, dass wir bei Traurigkeit weder flüchten noch kämpfen, sondern eher zu Stillstand neigen. Zwischen Angst und Traurigkeit bestand eine hohe Ähnlichkeit: Sie offenbarten ein geringes Maß an Aktivität und eine räumliche Unabhängigkeit im Körper (auch als *nonbasic emotions* bezeichnet). Eine Ausnahme war Angst mit anschließender Fluchtreaktion, bei der schnell hohe Aktivität in den äußeren Gliedmaßen (Hände und Beine) zu verzeichnen ist. Empfindungen im Verdauungssystem und in der Halsregion wurden fast ausschließlich mit

---

36 Nummenma et al. (2013)

Ekel in Verbindung gebracht, klingt auch plausibel, sofern uns diese Emotionen schützen soll vor schädlichen Erregern, die wir beispielsweise über unsere Nahrung aufnehmen.

Alexithymie: die Gefühlsblindheit

Was ist, wenn Menschen gefühlsblind sind? Dann haben sie große Schwierigkeiten, Gefühle wahrzunehmen, folglich können sie sie weder fühlen noch artikulieren. Wir sprechen dabei von der sogenannten *Alexithymie*.[37] Stell dir vor, du sitzt da und spürst, dass etwas nicht stimmt, aber du kannst nicht genau sagen, ob du traurig, wütend oder ängstlich bist. Auch ist die Fähigkeit, sich emotionale Situationen vorzustellen, eingeschränkt. Ein Beispiel: ein Freund erzählt dir von einem aufregenden Erlebnis, und es fällt dir schwer, seine Begeisterung nachzuempfinden oder dir vorzustellen, wie du dich in einer ähnlichen Situation fühlen würdest. Personen mit Alexithymie konzentrieren sich stattdessen eher auf äußere Ereignisse und Fakten. Anstatt über Gefühle zu einem Ereignis zu sprechen, beschreiben sie detailliert den Ablauf oder die konkreten Geschehnisse. Diese Besonderheiten können damit einhergehend soziale Beziehungen beeinflussen. Wenn es Schwierigkeiten gibt, die feinen Nuancen in der Mimik oder Stimmlage des Gegenübers zu deuten, oder die Gefühle nicht klar ausgedrückt werden können, kann das zu Missverständnissen oder Unsicherheiten in der Kommunikation führen. Die Ursachenforschung von Alexithymie ist komplex und steckt noch in den Kinderschuhen. Alexithymie tritt oft in Verbindung mit verschiedenen psychischen Störungen auf, wie beispielsweise posttraumatischer Belastungsstörung (PTBS) oder Autismus-Spektrum-Störungen. Sicherlich ist es auch nicht für alle Menschen hilfreich, in diesen Schubladen zu denken. Stattdessen können wir uns ganz maßgeschneidert darum bemühen, individuelle Abhilfe zu schaffen und somit das emotionale Leben für Menschen mit Defiziten zu erleichtern.

---

37 Tolmunen et al. (2011)

Achtsam sein für Gefühle

Achtsamkeit (englisch: mindfulness) ist ein Begriff, der aus der buddhistischen Tradition stammt. Nach verschiedenen Definitionen ist Achtsamkeit ein erlernter Geisteszustand, der den Fokus auf das wertfreie Beobachten der gegenwärtigen Erfahrungen ermöglicht und dabei die Akzeptanz von inneren und äußeren Vorgängen bewirkt.[38,39] Achtsamkeit ist ein Übungsprozess, der keinen Endzustand kennt. Eine Person ist demnach nicht achtsam oder unachtsam – ja oder nein –, sondern eher mal so, mal so, oder in stetiger Annäherung an einen Wunschzustand. Einige Schlüsselaspekte der Achtsamkeit umfassen:

- *Bewusstsein im Hier und Jetzt:* Achtsamkeit bedeutet, die Aufmerksamkeit auf den gegenwärtigen Moment zu richten. Dies beinhaltet das bewusste Wahrnehmen von Gedanken, Gefühlen, körperlichen Empfindungen und der Umgebung ohne Ablenkung durch die Vergangenheit oder Zukunft.
- *Akzeptanz ohne Urteil:* Achtsamkeit beinhaltet die Akzeptanz der momentanen Erfahrung, ohne sie zu bewerten oder zu beurteilen. Es geht darum, alle Gedanken und Gefühle anzunehmen, ohne sie als »gut« oder »schlecht« zu kategorisieren.
- *Bewusste Atmung und Körperwahrnehmung:* Oft wird Achtsamkeit mit Atemübungen und der bewussten Wahrnehmung des eigenen Körpers in Verbindung gebracht. Die Aufmerksamkeit auf den Atem dient als Anker, um im Hier und Jetzt zu bleiben.
- *Reduzierung von Automatismen:* Durch Achtsamkeit wird versucht, automatische Reaktionen und Gewohnheiten zu durchbrechen. Dies ermöglicht es, bewusstere Entscheidungen zu treffen und effektiver auf Stress und Herausforderungen zu reagieren.
- *Stressreduktion und Wohlbefinden:* Achtsamkeitstraining wird oft als Methode zur Stressreduktion eingesetzt. So wurde in verschiede-

---

38 Baer et al. (2006)
39 Roemer, Williston & Rollins (2015)

nen Metaanalysen festgestellt, dass Meditation und Achtsamkeit verschiedene Formen von Wohlbefinden steigern.[40,41]

Du fragst dich vielleicht, warum wir Psychologen uns so gern Metaanalysen anschauen. Ich erkläre es dir kurz anhand einer Analogie. Stell dir vor, du bist auf einem Jahrmarkt und nimmst an einem Wettbewerb teil, bei dem man das Gewicht eines großen Kürbisses schätzen soll. Jeder gibt seine Schätzung ab, und die Antworten sind ganz unterschiedlich. Manche liegen weit daneben, aber viele sind auch ziemlich nah dran. Wenn man den Durchschnitt aller Schätzungen berechnet, kommt man oft erstaunlich nah an das tatsächliche Gewicht des Kürbisses heran. Das ist die sogenannte *Massetheorie* oder »Weisheit der Vielen«. Die Idee dahinter ist, dass die kollektive Einschätzung einer großen Gruppe von Menschen oft genauer ist als die Meinung eines Einzelnen. Eine Metaanalyse funktioniert ähnlich, aber statt Gewichte zu schätzen, schaut sie sich die Ergebnisse vieler Studien zu einem bestimmten Thema an. Jede Studie liefert eine »Schätzung« – zum Beispiel, ob etwas gut oder schlecht funktioniert. Diese einzelnen Studien sind wie die Schätzungen auf dem Jahrmarkt: manche liegen nah an der Wahrheit, andere nicht so sehr. In einer Metaanalyse wird nun ein Durchschnitt berechnet, um möglichst nah an einen »wahren Wert« zu kommen. Je mehr Studien einbezogen werden, desto genauer die Schätzung. Ganz grob – so weit, so gut.

Achtsamkeit wird in verschiedenen Formen praktiziert, darunter Meditationstechniken wie MBSR (Mindfulness-Based Stress Reduction) und MBCT (Mindfulness-Based Cognitive Therapy). Diese Ansätze integrieren Achtsamkeitsprinzipien, um Menschen zu helfen, einen bewussteren Umgang mit ihrem Denken, Fühlen und Handeln zu entwickeln. Forschungsergebnisse legen nahe, dass Achtsamkeit mit Entspannung und auch mit emotionaler Stabilität einhergeht.[42,43]

---

40 Sedlmeier et al. (2012)
41 Sedlmeier, Loße & Quasten (2018)
42 Baer et al. (2006)
43 Roemer, Williston & Rollins (2015)

Menschen, die Achtsamkeit praktizieren, reagieren weniger impulsiv und sind emotional weniger labil, was bedeutet, dass sie weniger zwischen Gefühlszuständen schwanken. Sie sind demnach weniger gestresst und berichten seltener von stark einnehmenden und unangenehmen Gefühlen wie Ärger oder Eifersucht.

Aber was genau macht diesen Unterschied? Um unangenehme Gefühle auflösen zu können, brauchen wir eine bedingungslos wohlwollende Haltung ihnen gegenüber. Das heißt, wir müssen sie wertfrei wahrnehmen und uns darüber im Klaren sein, dass in ihnen stets eine bedeutsame Botschaft über unsere Bedürfnisse und unsere vorausgegangenen Erfahrungen steckt. Wenn wir es verstehen, sie richtig zu deuten, dann können wir auch das Richtige tun, um ihnen gerecht zu werden.

Das Werkzeug der Achtsamkeit: Meditation

Meditation ist ein Werkzeug zur Achtsamkeit, natürlich aber noch viel mehr – richtig angewandt, ist es ein Kurzurlaub, eine kurze Pause für dein Gehirn. Dieses Werkzeug ist gratis und ja, kann sogar jederzeit angewandt werden, ohne dass du großartig etwas dafür tun musst. Diese jahrtausendealte Praxis erlebt in unserer schnelllebigen Welt eine Renaissance – und das aus gutem Grund. Meditation bedeutet im Kern, deine Aufmerksamkeit gezielt zu lenken, sei es auf deinen Atem, ein Mantra oder einfach den gegenwärtigen Moment. Es gibt verschiedene Meditationsformen, die sich darin unterscheiden, welche geistigen Fähigkeiten sie ansprechen und worauf du deinen Fokus richtest.[44]

Zwei Hauptformen stechen besonders hervor: Bei der *Konzentrationsmeditation* lenkst du deine Aufmerksamkeit auf ein bestimmtes

---

44 Sedlmeier et al. (2012)

Objekt, wie deinen Atem oder ein Mantra. Ziel ist es, dich von den alltäglichen Gedankenströmen zu lösen. Mit der Zeit lernst du, deine Gedanken und Gefühle zu beobachten, ohne sofort darauf zu reagieren. Die *Achtsamkeitsmeditation* hingegen zielt darauf ab, im Hier und Jetzt präsent zu sein, ohne zu urteilen. Du lernst, deine Gedanken nicht in die Vergangenheit oder Zukunft abschweifen zu lassen und Assoziationsketten zu durchbrechen.

Doch wie wirkt Meditation nun konkret auf deine emotionale Kompetenz? Eine umfassende Metaanalyse[45] untersuchte 163 Studien zur Wirksamkeit von Meditation bei gesunden Erwachsenen. Die größten Effekte zeigten sich in der Verbesserung zwischenmenschlicher Beziehungen und der Verringerung unangenehmer Emotionen sowie von Angstzuständen, sowohl für akute als auch für chronische Angst. Eine aktuellere Metaanalyse[46] bestätigte diese Erkenntnisse und zeigte zusätzlich positive Auswirkungen auf Intelligenz, einschließlich emotionaler, fluider und verbaler Intelligenz sowie Kreativität. Durch Meditation trainierst du deine Fähigkeit, deine Aufmerksamkeit zu lenken und deine Gedanken und Gefühle zu beobachten, ohne von ihnen überwältigt zu werden. Du lernst, deine emotionalen Reaktionen besser zu verstehen und zu steuern, was dir in allen Lebensbereichen zugutekommt.

Es ist jedoch wichtig zu beachten, dass die Wirkung von Meditation individuell unterschiedlich sein kann. Studien zeigen, dass Menschen mit bestehenden psychischen Problemen möglicherweise kleinere Effekte erzielen. Wenn du beispielsweise unter Depressionen leidest, kann es anfangs schwieriger sein, Meditation zu erlernen. In solchen Fällen kann es hilfreich sein, unter professioneller Anleitung zu beginnen. *Ziemlich professionell sind schon einige Anleitungen, die du gratis auf Youtube findest (bekannt und erprobt ist beispielsweise Peter Beer).*

---

45 Sedlmeier et al. (2012)
46 Sedlmeier, Loße & Quasten (2018)

Warum probierst du es nicht einfach aus? Schon wenige Minuten täglicher Praxis können einen spürbaren Unterschied machen.

Wir sehen schon, Achtsamkeit ist eine Hilfestellung, unangenehme Gefühle wahrzunehmen und sie aus einer gewissen Distanz zu beobachten.[47,48] Den wenigsten Menschen sollte es gelingen, über eigene Bedürfnisse oder Beweggründe nachzudenken, wenn sie gerade von ihren Gefühlen überwältigt werden. Also erstmal abkühlen, aus einer gewissen Distanz draufschauen: »Was, zum Henker, war denn da mit mir los?« Das »one and only« ist die Achtsamkeit nicht – auf die Gefühlswahrnehmung folgen noch weitere Schritte bis zum Ziel, Gefühle auch entsprechend zu regulieren.

Level 2: Gefühle identifizieren und ihren Sinn verstehen

Emotionen sind komplexe Konstrukte und daher nicht so leicht zu identifizieren. Jede Emotion hat eine Signalwirkung. Wie wir bereits gelernt haben, sind Emotionen mit spezifischen Bedürfnissen verknüpft. Um also eine Emotion aufzulösen, können wir versuchen, uns ein Bedürfnis zu erfüllen. Doch welche konkrete Emotion ist es denn, die den Mangel eines Bedürfnisses anzeigt? Manchmal ist es gar nicht so offensichtlich. Betrachten wir ein Kind, das quengelt. Es könnte hungrig sein, müde und überreizt. Es hat noch nicht gelernt, ein Bedürfnis zu verbalisieren – und mal ehrlich, auch wir Erwachsenen haben damit unsere Schwierigkeiten. Häufig kommt es vor, dass wir uns vor den eigentlichen Gefühlen schützen wollen (Ärger ist wohl leichter auszuhalten als Traurigkeit, da uns Ärger eher aktiviert, anstatt uns zu lähmen). Die Verknüpfung von Emotionen und Bedürfnissen funktioniert, indem wir uns die *primären Emotionen* an-

---

47 Sedlmeier et al. (2012)
48 Sedlmeier, Loße & Quasten (2018)

schauen. Das sind die ursprünglichen, reinen Emotionen, ganz unabhängig von unserem erlernten Verhalten und den Bewältigungsmustern. Ich verdeutliche das am Beispiel der Gefühlszwiebel.

Die Gefühlszwiebel: Unterscheidung von primären und sekundären Emotionen

Die *Gefühlszwiebel* ist ein Modell, welches aus der Gestalttherapie hervorgeht (etwa 1960). Bis heute ist das Konzept weniger bekannt, es erklärt jedoch sehr anschaulich die Komplexität der Emotionsidentifikation und *warum* es Menschen oft schwerfällt, eine Emotion korrekt zu identifizieren. *Vielleicht fragst du dich, was Gefühle und Zwiebeln gemeinsam haben? Was klingt wie der Beginn eines schlechten Scherzes, ist mit nur einem Wort zu beantworten: Schichten. Gefühle haben Schichten, genauso wie Zwiebeln (und das Potential, dich zum Weinen zu bringen).* Im Modell der Gefühlszwiebel teilen sich die Schichten der Gefühle wie folgt auf (▶ Abb. 5): Ganz außen befindet sich die auslösende Situation, aus der die Bewertung resultiert, auf die wiederum die emotionale Reaktion folgt (sekundäre Emotion). Die Annahme des Modells ist, dass die sekundäre Emotion, wie das Wort es schon sagt, nur der Ausdruck einer darunterliegenden Emotion ist (primäre Emotion), die aus verschiedenen Gründen unterdrückt wird. Im Kern befindet sich das Bedürfnis, unmittelbar verknüpft mit der primären Emotion – nicht unbedingt in Zusammenhang mit der sekundären Emotion. Betrachten wir dies anhand eines Beispiels.

Die auslösende Situation

Bereits in der Physik wird beschrieben, dass jeder Aktion eine Reaktion folgt. Bei Gefühlen ist dies nicht anders: Etwas löst sie aus, stößt sie an. Illustrieren wir das Szenario an einem Beispiel: Sven und Karl haben sich vor einer Woche zu einem Kinobesuch verabredet. Sven freut sich schon sehr darauf, denn er hat sich schon lange nicht mehr mit einem Freund verabredet und hat insbesondere Karl schon lange nicht mehr gesehen. Darüber hinaus hat er große Lust, den Film

Das Abenteuer beginnt – Level der emotionalen Kompetenz

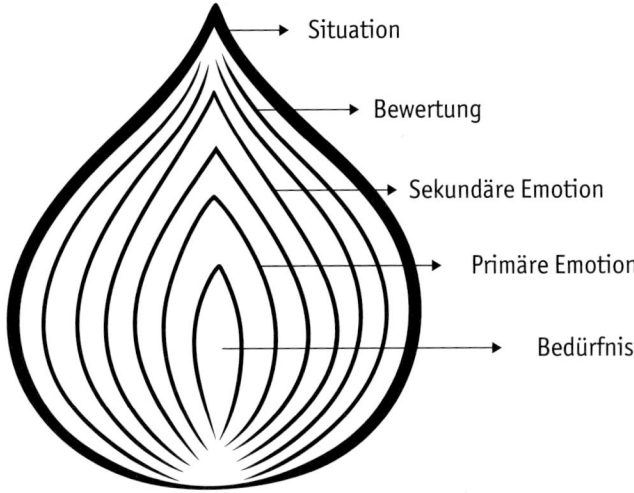

Abb. 5: Emotionszwiebel zur Unterscheidung primärer und sekundärer Emotionen

zu sehen. Nun sagt Karl jedoch kurz vor dem Kinobesuch die Verabredung ab. Die Absage fungiert hier als Auslöser.

Primäre und sekundäre Emotionen

Sven bewertet nun diese Situation für sich einmal (»Das kann doch jetzt nicht sein Ernst sein!«). Als Reaktion auf die Situation und damit auch nach außen sichtbar, folgt die *sekundäre Emotion*, die eng mit der Bewertung zusammenhängt. In dieser Schicht werden häufig andere Personen für die Gefühle verantwortlich gemacht. Sekundäre Emotionen können eine breite Palette von Gefühlen umfassen, wie Ärger, Schuld, Scham, Stolz, Eifersucht und Verlegenheit. Sekundäre Emotionen sind das Ergebnis komplexer kognitiver Prozesse, die über einfache unmittelbare Reaktionen auf äußere Ereignisse hinausgehen. Sie werden oft durch verschiedene Faktoren beeinflusst: Unsere *kognitiven Bewertungen* spielen eine entscheidende Rolle bei der Entstehung sekundärer Emotionen. Wie wir eine Situation interpretieren und bewerten, beeinflusst maßgeblich, *welche* sekundäre Emotion wir erleben. Zum Beispiel kann ein und dasselbe Ereignis bei unterschiedlichen Interpretationen zu unterschiedlichen Emotionen führen. Ebenso beeinflussen unsere *Vorstellungen und Überzeugungen* unsere Reaktionen auf bestimmte Situationen.[49] Unsere individuellen Überzeugungen, Einstellungen und Wertvorstellungen prägen, welche sekundären Emotionen wir in verschiedenen Kontexten empfinden. Maßgeblich dafür sind unsere Lebensgeschichte und die Sozialisierung sowie kulturelle Faktoren.

Stell dir vor, du hättest in der Vergangenheit oft Zurückweisung erfahren. Es wäre verständlich, wenn du nun besonders empfindlich auf soziale Ablehnung reagierst und in solchen Momenten tiefe Scham oder Angst empfindest. Auch deine persönlichen Wertvorstellungen und Einstellungen beeinflussen stark, wie du dich fühlst. Nehmen wir an, du neigst zum Perfektionismus. In diesem Fall könnte es sein, dass du dich bei einem Fehler schnell schuldig fühlst, selbst wenn es sich um eine Kleinigkeit handelt. Nicht zuletzt spielt deine kulturelle Prägung eine wichtige Rolle. In manchen Kulturen wird das Gefühl von Stolz aktiv gefördert und als positive Eigenschaft angesehen. In anderen wiederum gilt es als unangemessen, Stolz offen zu zeigen. Diese kulturellen Normen formen deine emotionalen Reaktionen oft unbewusst mit.

In unserem Beispiel wäre die sekundäre Emotion Ärger. Sven fragt sich, warum Karl immer »in letzter Sekunde absagen muss« und wird wütend auf Karl. Häufig versucht man, sich durch Ärger – der automatisch auf andere Menschen projiziert wird – vor den eigenen wahren (häufig schmerzhaften) Gefühlen zu schützen, was uns zur primären Emotion führt.

Die *primäre Emotion* ist diejenige, welche zeitlich kurz vor der sekundären Emotion aufblitzt (meist unbewusst) und dann von dieser überschattet wird. In dieser Schicht finden sich häufig unangenehme Gefühle wie Hilflosigkeit, Einsamkeit, Verlust und Schmerz, die eng mit Bedürfnissen zusammenhängen und somit bis in die Kindheit führen. Svens Ärger könnte zum Beispiel Enttäuschung, Einsamkeit und Traurigkeit zugrunde liegen, mit den Bedürfnissen nach Ver-

---

49 Greenberg (2002)

bundenheit, Kontakt, emotionaler Nähe, Zugehörigkeit, Zuverlässigkeit und Sicherheit. Doch was folgt nun?

Die Auflösung der Emotion

Schließlich kann ein höheres Maß an *Selbstreflexion und Selbstbewusstsein* dazu beitragen, unsere sekundären Emotionen besser zu verstehen und zu regulieren und die primären Emotionen durch den Fokus auf unsere Bedürfnisse zu identifizieren. Wenn wir uns unserer Bedürfnisse und Gedanken bewusst sind, können wir besser unsere Emotionen erkennen und auf sie eingehen. Diese Selbstkenntnis ermöglicht es uns, sowohl bedürfnisorientiert zu handeln und langfristig zufriedener zu sein als auch unsere Reaktionen bewusst zu steuern und angemessen mit unseren Emotionen umzugehen.

Um herauszufinden, ob es sich bei einer Emotion um eine sekundäre oder eine primäre handelt, können wir uns folgende Fragen stellen: Welches Bedürfnis liegt der Emotion zugrunde? Weiß man, welches Bedürfnis nicht befriedigt ist, kann man gezielt darauf hinarbeiten, die primäre Emotion zu identifizieren. Du findest eine Liste von Bedürfnissen und dazugehörigen Emotionen im ersten Kapitel. Und dann: Hatte ich dieses Gefühl schon einmal? In welcher Situation ist es aufgetreten und an welche Situation muss ich dabei denken? Welches Gefühl habe ich gerade ganz zu Beginn (vielleicht nur kurz) gespürt und wo im Körper habe ich es gemerkt? Was war der Unterschied zum zweiten Gefühl? Auch über das körperliche Empfinden kannst du eine Emotion aufspüren.

Es hilft vielen Menschen bereits, das Bedürfnis zu identifizieren und somit auch Verständnis dem eigenen Gefühl entgegenzubringen. Eine weitere Lösung besteht darin, das Bedürfnis zu kommunizieren, vor allem wenn es sozialer Natur ist. Sven könnte Karl mitteilen, dass er gern Zeit mit ihm verbracht hätte, statt ihm ein patziges »Du mal wieder« entgegenzubringen. Karl kann dann entsprechend reagieren und im besten Fall zukünftige Verabredungen nicht mehr spontan absagen. Heute geht es Sven übrigens wieder gut – durch die Identifikation seines Bedürfnisses (Verbundenheit) ist er zu dem Schluss gekommen, sich vor allem mit Freunden zu verabreden, die dieses Bedürfnis mit ihm teilen.

Auf der abenteuerlichen Suche nach der Ursache unserer Gefühle

»Ich fühle mich so mies, weil es schon den ganzen Tag regnet« – kommt dir das bekannt vor? Häufig suchen wir Ursachen für unsere Gefühle im Außen. Das Finden von Gefühlsursachen und damit die Identifikation eines Gefühls ist eine Herausforderung, da verschiedene Reize aus der Umwelt und eigene körperliche Regungen in Beziehung zueinander gesetzt werden müssen. Doch entscheidet die Ursachenfindung wohl maßgeblich über den Verlauf eines Gefühls und über unseren Handlungsspielraum. *Also zieh dich warm an und kuschle dich auf die Couch: Jetzt wird's interessant!* Ein gutes Beispiel, wie es zu einer falschen Deutung eines Gefühls kommen kann, zeigt das Brücken-Experiment[50]. Das Experiment geht zurück auf die Annahme aus älteren Studien, dass sexuelle Anziehung in Phasen starker Emotionen häufiger auftritt.[51] In dem Brücken-Experiment wurden männliche und heterosexuelle Passanten gebeten, auf einer wackeligen, schwankenden Hängebrücke über einer tiefen Schlucht verschiedene Aufgaben zu bewältigen und Fragebögen auszufüllen. Die Kontrollgruppe hatte die gleichen Aufgaben, nur konnten sie dies auf einer steinernen, breiten und niedrigen Brücke erledigen. In beiden Bedingungen wurden die Männer von einer attraktiven Versuchsleiterin begleitet, welche die Aufgaben stellte. Sie übermittelte anschließend ihre Telefonnummer, zum Zwecke, sich bei Bedarf nach dem Experiment noch mehr darüber auszutauschen. Diese Bedingung war überall gleich – jedoch war das Verhalten der Männer ganz unterschiedlich in den beiden Bedingungen. Von den Männern, die die wackelige Hängebrücke überqueren mussten, riefen 9 von 18 Versuchspersonen die Interviewerin an, von den Probanden auf der Steinbrücke nur 2 von 16. Warum? Die Männer auf der Hängebrücke

---

50 Dutton & Aron (1974)
51 Tezuka et al. (2020)

berichteten von einer starken körperlichen Erregung (Angst!), wie beispielsweise Herzklopfen, schwitzende Hände und ein flatterndes Gefühl im Bauch. Sie hatten es jedoch nicht als Angst gedeutet, sondern ihre Symptome auf die Attraktivität der Interviewerin zurückgeführt. Die Ergebnisse wurden zahlreich in Folgeexperimenten bestätigt, bei denen beispielsweise die Attraktivität der Interviewerin oder das Geschlecht variierte. Wir können daraus schließen, dass wir nicht besonders gut darin sind, unsere körperlichen Reaktionen tatsächlich korrekt zu deuten und sie mit dem passenden Gefühl zu verknüpfen. *Weiterhin kann ich nur jedem empfehlen, beim ersten Date eine Situation aufzusuchen, welche verstärktes Herzklopfen auslöst, um die Einschätzung der eigenen Attraktivität zu steigern und mit ein bisschen Glück zu Verliebtheitsgefühlen beitragen zu können. Achterbahnfahrt liegt nah, aber stelle sicher, dass du schwindelfrei bist. Ob die Ergebnisse wohl auch bestätigt werden können, wenn wir unseren Puls mit mehr Kaffee nach oben bringen?*

Warum ist es so wichtig, Emotionen spezifisch zu betrachten?

Es gibt keine universelle Lösung für die verschiedenen Probleme, die wir in unserem Leben erfahren. Die Art und Weise, wie wir mit Emotionen und den damit einhergehenden Herausforderungen umgehen, kann stark variieren. Das gilt auch für die unterschiedlichen Menschen. Jeder Mensch hat seine eigenen Methoden und Strategien, um mit schwierigen Gefühlen und Situationen umzugehen. Zudem gibt es nicht für alle unangenehmen Gefühle die eine Strategie, um sie zu bewältigen, wie Achtsamkeit oder Ablenkung. Das Beste wird es wohl sein, für jeden Menschen und für jede seiner Emotionen eine dafür passende Strategie zu erkunden. Hier sind einige Beispiele, die den Umgang mit *gegenwärtigen* Emotionen verdeutlichen (anders mag es wohl sein, wenn es um biographische, also nicht aufgearbeitete Emotionen geht, bei denen Ablenkung nicht hilft. Das besprechen wir an späterer Stelle nochmal ausführlicher, siehe Kapitel zu Gesundheit und Psychotherapie).

Wenn ich verwirrt bin, laufe ich oder mache einen Spaziergang, um meinen Kopf frei zu bekommen und Klarheit zu gewinnen. Wenn ich viel zu viel denke, schreibe ich meine Gedanken auf. Dies hilft mir, meine Gedanken zu ordnen und Lösungen zu finden. Wenn ich traurig bin, mache ich langsam und höre ein schönes Lied oder lese einen Text, der Trost spendet. Diese kleinen Momente der Ruhe und Schönheit können meine Stimmung heben und mir helfen, mich besser zu fühlen. Wenn ich erschöpft bin, ruhe ich mich aus und gönne mir eine Pause, um neue Energie zu tanken. Wenn ich wütend bin, mache ich Sport. Die körperliche Betätigung hilft mir, die angestaute Energie und den Frust abzubauen. Wenn ich überfordert bin, hole ich mir Hilfe von Freunden, Familie oder einem Profi, um die Last zu teilen und Unterstützung zu bekommen. Wenn ich einsam bin, plane ich etwas Schönes und verabrede mich mit jemandem, der mir nahesteht. Wenn ich frustriert bin, suche ich mir eine kleine und erfolgsversprechende Aufgabe. Wenn ich Angst habe, lenke ich mich ein bisschen ab: ich schaue einen lustigen Film, ich lese ein schönes Buch oder mache mal was ganz Neues. Wenn ich nervös bin, atme ich tief durch, um mich zu beruhigen. Wenn ich mich schuldig fühle, versuche ich, mir selbst zu vergeben und aus meinen Fehlern zu lernen. Wenn ich gelangweilt bin, suche ich mir eine neue Herausforderung oder ein neues Hobby, um mich zu engagieren und zu inspirieren. Wenn ich gestresst bin, nehme ich mir Zeit für mich selbst und entspanne mich bewusst, sei es durch ein heißes Bad oder das Praktizieren von Yoga. Wenn ich mich unsicher fühle, spreche ich mit jemandem, dem ich vertraue, um Klarheit und Bestätigung zu bekommen. Was machst du?

Es gibt viele Wege, um mit den verschiedenen Emotionen und Problemen umzugehen, die das Leben mit sich bringt. Es ist wichtig, die Methoden zu finden, die für einen selbst am besten funktionieren, und sich die Erlaubnis zu geben, unterschiedliche Ansätze auszuprobieren. Jeder Mensch ist einzigartig und verdient es, seine eigenen Wege zu finden, um mit den Höhen und Tiefen des Lebens umzugehen. Du siehst, ein wichtiger Schritt ist es, das Gefühl erstmal zu identifizieren und zu schauen, was es braucht, statt blind loszulaufen und sich dabei vielleicht noch zu verirren.

Level 3: Gefühle fühlen

Das bloße intellektuelle Verstehen von Emotionen reicht oft nicht aus, um ihre volle Wirkung auf uns zu erfassen. Statt Gefühlskälte, die oft durch das Unterdrücken oder Ignorieren von Emotionen entsteht, ermöglicht der Zugang und das aktive Zulassen des Fühlens ein tieferes Verständnis für sich selbst und andere. Wir müssen uns erlauben, Emotionen zu durchleben. Wer sich dazu mehr belesen will, dem sei das Buch *Gefühle sind zum Fühlen da* empfohlen, in dem die Autorin Safi Nidiaye[52] auf die verschiedenen Gefühlsqualitäten detailliert eingeht. Das Fühlen zu messen, ist uns Forschern leider zu unserem eigenen Verdruss weiterhin nicht möglich, weder über Gehirnscans noch über körperliche Messmethoden können wir spezifische Emotionen valide messen. Es bleiben uns eher Befragungen, nach konkreten Emotionen, nach Verhalten, mithilfe dessen wir auf Emotionen schließen und nach quantitativen Komponenten, wie Intensität und Häufigkeit. Doch kommen wir hierbei schnell an die Grenzen der Emotionsforschung. Wie bereits zuvor erwähnt, sind die meisten Menschen, ob Kinder oder Erwachsene, nicht dazu imstande, konkrete Emotionen anzugeben, es fehlt ihnen der Zugang dazu, es fehlt ihnen das Vokabular, es fehlt ihnen die Zeit und die Übung, um wirklich mal hinzuspüren. In diesem Kapitel werden wir uns demnach weniger mit Forschungsergebnissen befassen. Es wird trotzdem gehaltvoll – und vielleicht gerade deshalb.

Ein kleines Gedankenexperiment ...

Dr. Ratio lebt in einer fernen Zukunft, in der Emotionen als überflüssig angesehen und abgeschafft wurden. Die Menschen kommen

---

52 Nidiaye (2017)

ihren Aufgaben nach. Sie wohnen in kleinen, praktischen Wohnungen, jeder Tag gleich dem anderen. Eines Tages entdeckt Dr. Ratio die Tagebücher von Dr. Emotio, einem Forscher aus einer Ära, in der Gefühle noch existierten. Fasziniert von den lebendigen Beschreibungen menschlicher Emotionen, beschließt Dr. Ratio, ein Experiment zu wagen: für einen Tag zu fühlen. Die Wirkung ist überwältigend. Die Welt erstrahlt in leuchtenden Farben. Freude durchströmt ihn beim Lachen seiner Kollegen. Er spürt die tiefe Verbundenheit von Freundschaft und die Wärme einer Berührung. Mitgefühl drängt ihn, anderen zu helfen. Beim Anblick der Natur stockt ihm der Atem, Tränen der Rührung steigen auf. Über ein wissenschaftliches Problem nachdenkend, spürt er einen Funken der Begeisterung. Ideen sprudeln, angetrieben von einer neuen Leidenschaft, die seine Kreativität beflügelt. Als Dr. Ratio über eine offensichtliche Ungerechtigkeit in einem Forschungsprojekt stolpert, durchfährt ihn plötzlich ein heißer Blitz der Wut. Die Hitze steigt ihm ins Gesicht, sein Herz rast, und er spürt einen unbändigen Drang, etwas zu unternehmen. Zunächst von deren Intensität überrascht, erkennt er dann, wie die Wut ihn motiviert, sich für Fairness und Integrität einzusetzen. Sie verleiht ihm die Kraft, unbequeme Wahrheiten auszusprechen und für seine Überzeugungen einzustehen. Am Ende des Experiments ist Dr. Ratio tief bewegt. Er bedauert, so viele Jahre ohne die Fülle der Emotionen gelebt zu haben. Nun steht Dr. Ratio vor einer großen Herausforderung: Wie kann er seine Mitmenschen überzeugen, Emotionen in ihr Leben zu integrieren – mit all den Höhen und Tiefen, die das emotionale Leben mit sich bringt? Er weiß, es wird nicht leicht sein, doch die Erinnerung an die Intensität seiner Erfahrungen treibt ihn an.

Gefühlsqualitäten: Verschiedene Gefühle und ihre Bedeutung

Es gibt unterschiedliche Forschungsansätze, die sich mit der subjektiven Komponente der Emotionen befassen. Häufig werden die Gefühle in möglichst trennscharfen Gruppen kategorisiert, die Gemeinsamkeiten und Unterschiede in Funktion und im Erleben der

Das Abenteuer beginnt – Level der emotionalen Kompetenz

Emotion abbilden sollen. Paul Ekman[53] unterschied beispielsweise sechs Basisemotionen: Freude, Überraschung, Trauer, Ekel, Wut und Angst, die unabhängig von Kultur und Gesellschaft weltweit erkennbar sind. Sie dienen als grundlegende Bausteine für die Vielfalt komplexer emotionaler Zustände. Natürlich gibt es so viel mehr Emotionen. Ein paar Gefühlsqualitäten und ihre Bedeutung sollen hier aufgeschlüsselt werden.

Angst wird oft als Druckgefühl in der Brust oder als Knoten im Magen empfunden. Dieses Gefühl dient einem wichtigen Zweck: Es ist ein Schutzmechanismus, der uns vor möglichen Gefahren warnt und uns darauf vorbereitet, schnell zu reagieren. Wenn wir Angst haben, liegt dem oft der Gedanke zugrunde, dass eine Bedrohung übermächtig scheint, Tendenz: Flucht. Um diese Angst realistisch einzuschätzen, hilft es, die Situation aus einer distanzierten Perspektive zu betrachten. Fragen wie »Welche Bedrohung liegt vor?« oder »Erfüllt meine Angst ihre Schutzfunktion in der gegenwärtigen Situation – ist sie wirklich konstruktiv?« können helfen, das Gefühl zu relativieren und es angemessen einzuordnen.

Wut kann sich als Spannung im Kiefer, im Nacken oder in den Fäusten manifestieren, begleitet von einem Hitzegefühl im Gesicht. Diese Emotion entsteht häufig, wenn persönliche Grenzen überschritten werden oder Bedürfnisse nach Selbstbehauptung, Respekt und Gerechtigkeit verletzt wurden. Die zugrundeliegenden Gedanken könnten sein: »Das ist unfair« oder »Meine Grenzen wurden verletzt«. Um Wut konstruktiv zu verarbeiten, ist es wichtig, die Emotion anzunehmen und die eigenen Bedürfnisse zu hinterfragen. Mithilfe von »Welche Grenze wurde überschritten?« und »Wie kann ich konstruktiv für meine Rechte eintreten?« lässt sich die Wut in eine produktive Richtung lenken.

Trauer wird oft als Schweregefühl in der Brust oder als Druck auf dem Herzen erlebt. Diese Emotion hilft uns, Verluste zu verarbeiten und emotionale Unterstützung bei anderen zu suchen. Der Gedanke »Ich habe etwas oder jemanden unwiederbringlich verloren« liegt

---
53 Ekman (1989)

der Trauer zugrunde. Konstruktiv mit Trauer umzugehen bedeutet, das Gefühl zuzulassen und sich Zeit für den Heilungsprozess zu nehmen. Es kann hilfreich sein, sich mit anderen auszutauschen oder Erinnerungsrituale zu schaffen. Fragen wie »Brauche ich jetzt Zeit für mich oder möchte ich gemeinsam trauern?« unterstützen diesen Prozess.

Ekel äußert sich häufig als Unwohlsein im Magen oder als starker Drang, sich zurückzuziehen. Er dient dem Schutz vor potenziell schädlichen Substanzen oder Situationen. Der Gedanke »Das ist gefährlich oder unrein« ist oft präsent. Um mit Ekel umzugehen, ist es wichtig, das Gefühl bewusst wahrzunehmen und persönliche Grenzen zu wahren. Fragen wie »Was genau löst meinen Ekel aus?« und »Wie kann ich meine Grenzen schützen?« helfen, Ekel besser zu verstehen und zu handhaben.

Die Erforschung von Ekel als Gefühl hatte ich lange Zeit vernachlässigt, da es mir im Alltag nicht oft begegnet. Doch dann hat mich daran fasziniert, dass manche Menschen einfach häufiger Ekel empfinden als andere und dies nicht immer mit Keimen oder anderen äußeren Einflüssen einhergeht. Spannend finde ich die Perspektive, dass die Tendenz, häufiger Ekel zu empfinden, damit eingeht, in der Kindheit starke Grenzüberschreitungen der Bezugspersonen erlebt zu haben. Diese Grenzüberschreitungen müssen nicht körperlicher Natur sein, auch ein überstülpender Erziehungsstil im Sinne von »Ich mach das für dich«, was ab einem bestimmten Alter deutlich fehlplatziert sein kann, formt die Tendenz über die Lebensspanne hinweg, sich häufiger abgrenzen zu müssen.

Schuld wird oft als ein drückendes Gefühl im Brustkorb oder als Last auf den Schultern empfunden. Diese Emotion erinnert uns daran, soziale Normen einzuhalten und motiviert uns, Verantwortung zu übernehmen und Fehler wiedergutzumachen. Schuld wird häufig von Gedanken begleitet wie »Ich habe etwas falsch gemacht« oder »Ich habe die Erwartungen nicht erfüllt«. Ein konstruktiver Umgang mit Schuld erfordert es, die Verantwortung anzuerkennen und Wege zur Wiedergutmachung zu suchen, wobei Fragen wie »Welche Erwartungen habe ich verletzt?« und »Wie kann ich Verantwortung übernehmen und die Situation verbessern?« hilfreich sein können.

Das Abenteuer beginnt – Level der emotionalen Kompetenz

Die Erfahrung, dass eine andere Person einem verzeiht, was die Schuld reduziert, kann sehr heilsam sein, um auch zukünftig mehr Selbstverantwortung zu übernehmen. Welche Erfahrungen hast du damit gemacht in deinem Leben?

Scham wird oft als Hitze im Gesicht oder als Wunsch, sich zu verstecken, erlebt. Diese Emotion schützt uns vor sozialer Ablehnung und erinnert uns an die Bedeutung der Zugehörigkeit. Der Gedanke »Ich habe eine Regel oder einen Wert nicht erfüllt« liegt dem Schamgefühl zugrunde. Um positiv mit Scham umzugehen, ist es hilfreich, Werte zu reflektieren und zu erkennen, dass Selbstakzeptanz wichtiger ist als Fremdbewertung. Fragen wie »Welche Werte sind mir wichtig?« und »Wie beeinflusst diese Scham mein Selbstbild?« können dabei helfen, die Emotion besser zu verstehen und zu bewältigen.

Eifersucht äußert sich als Engegefühl im Brustkorb oder als innere Unruhe. Sie signalisiert, dass eine wichtige Bindung gefährdet sein könnte, und schützt uns vor dem Verlust bedeutender Beziehungen. Eifersucht wird begleitet von »Ich könnte ersetzt oder übersehen werden«. Ein bewusster Umgang mit diesem Gefühl beinhaltet das Anerkennen von Ängsten der Unzulänglichkeit und die Vermeidung impulsiver Reaktionen. Fragen wie »Welche Ängste stecken hinter meiner Eifersucht?« und »Wie kann ich meine Bedenken konstruktiv äußern?« helfen, Eifersucht zu bewältigen und Vertrauen in die Beziehung zu stärken.

Freude wird oft als leichtes, warmes Gefühl in der Brust oder als kribbelnde Energie im ganzen Körper wahrgenommen. Diese Emotion stärkt soziale Bindungen und motiviert uns, positive Erlebnisse zu wiederholen (»Ich habe etwas Wertvolles erlebt oder erreicht«). Um Freude konstruktiv zu erleben, sollte das Gefühl bewusst genossen und geteilt werden, was Freude auch wieder verstärkt. Fragen wie »Wie kann ich diesen Moment bewahren?« und »Mit wem möchte ich meine Freude teilen?« helfen, das Gefühl vollständig zu erleben.

Flourishing schließlich ist ein ganzheitliches Gefühl von Vitalität, das den gesamten Körper und Geist durchdringt. Es geht über das einfache Wohlfühlen hinaus und beschreibt einen Zustand des Aufblühens und Gedeihens. Der Gedanke »Ich lebe mein Leben in seiner vollen Fülle« charakterisiert diesen Zustand. Flourishing beinhaltet das Streben nach Sinnhaftigkeit, persönlichem Wachstum und dem Wohlergehen anderer. Fragen wie »In welchen Bereichen meines Lebens fühle ich am meisten Zufriedenheit und Leichtigkeit?« und »Welche Ziele verfolge ich aktuell und wie komme ich mit ihrer Erreichung voran?« helfen, diesen Zustand zu reflektieren und bewusst zu fördern.

Erinnerst du dich an unsere »Mensch als Baum«-Metapher vom Anfang des Buches? In dieser Metapher beschrieb ich die Blätter als Emotionen. Ich finde das Bild besonders schön, dass das Gefühl des Flourishings die kleinen Blüten symbolisieren. Deshalb frage ich hier nochmal: Wie können wir deinen Baum zum Blühen bringen?

Ebbe der Gefühle: Warum Menschen ihre Gefühle nicht fühlen...

Tief in deinem Inneren liegt eine Welt voller Emotionen, die dein Leben bereichert und lenkt. Doch manchmal kann diese Welt wie hinter einem dichten Nebel verborgen sein, unerreichbar für dich selbst. Dieses Phänomen, das Wissenschaftler[54] als *Gefühlsleere* oder *emotionale Taubheit* beschrieben, ist mehr als nur eine vorübergehende Stimmung – es ist ein Zustand, der dein gesamtes emotionales Erleben grundlegend verändert.

Woran merken wir, dass wir Emotionen unterdrücken?

Gefühle sind wie Wellen im Meer – sie kommen und gehen in ihrem eigenen Rhythmus. Doch viele von uns haben gelernt, diese Wellen zu bekämpfen oder sie zu ignorieren, anstatt auf ihnen zu surfen. Die Unterdrückung von Emotionen, so verständlich sie in bestimmten Situationen auch erscheinen mag, hat langfristig ihren Preis. Gefühle zu unterdrücken, bedeutet, sich gegen den natürlichen Fluss des eigenen emotionalen Erlebens zu stellen. Das mag kurzfristig Erleich-

---

54 Marin (1991)

terung bringen, aber auf lange Sicht zeigen sich unterdrückte Gefühle auf verschiedene, oft unangenehme Weisen in unserem Leben und wirken sich auf unsere Gesundheit aus.[55] Doch woran merken wir eigentlich, dass wir Emotionen unterdrücken?

Ein deutliches Anzeichen für unterdrückte Gefühle sind immer wiederkehrende Gedanken, die sich gegen dich selbst oder deine Gefühle richten. Ein Beispiel dafür könnte sein, dass du dich ständig dabei ertappst, wie du dir selbst Vorwürfe machst, weil du »zu sensibel« oder »zu schwach« bist. Diese kritischen Gedanken werten deine Emotionalität ab, du redest dir ein, nicht so viel fühlen zu dürfen. Über die Zeit können diese Gedanken zu einem ständigen Begleiter werden, der dich emotional erschöpft und in eine negative Spirale zieht.

Du kannst es auch an körperlichen Symptomen merken, die scheinbar ohne physischen Auslöser auftreten. Wir werden dies im Kapitel »Gesund bleiben, gesund werden« noch genauer ausführen, doch so viel erstmal: unerklärliche Kopfschmerzen, Verdauungsstörungen, Rückenschmerzen, Erkältungen, Allergien und Erschöpfungssymptome bis hin zu Krebs[56] – ja, die Unterdrückung unserer Gefühle kann das Leben ganz schön schwer machen und vielleicht sogar verkürzen. Doch vorab schon einmal gute Neuigkeiten: Emotionen haben auch das Potential, unser Leben zu verlängern und das sogar so, dass wir lange glücklich und gesund leben können.

Ein weiteres Anzeichen für unterdrückte Gefühle ist der Verlust der Kontrolle über das eigene Verhalten. Das kann sich in Form von plötzlichen, scheinbar grundlosen Gefühlsausbrüchen äußern. Vielleicht kennst du eine Person, die sich stets bemüht, ruhig und gelassen zu bleiben, aber plötzlich bei einer kleinen Unannehmlichkeit in Wut ausbricht und ihr Gegenüber anschreit. Oder passiert dir das selbst manchmal? Diese Ausbrüche sind oft ein Ventil für all die aufgestauten Emotionen, die über lange Zeit hinweg unterdrückt wurden und nun keinen anderen Ausweg mehr finden.

---

55 Mund & Mitte (2012)
56 Ebd.

Wenn du feststellst, dass du ungern über deine Gefühle sprichst oder dich von anderen Menschen distanzierst, könnte das darauf hindeuten, dass du deine Gefühle unterdrückst. Nach einer emotionalen Verletzung zum Beispiel beschließen manche Personen, keine Nähe mehr zuzulassen, aus Angst, erneut verletzt zu werden. Sie ziehen sich dann immer mehr zurück, bis sie schließlich das Gefühl haben, emotional isoliert zu sein, und keine echte Verbindung mehr zu anderen Menschen verspüren.

Schließlich zeigt sich das Unterdrücken von Gefühlen in einer tief verwurzelten Unzufriedenheit in verschiedenen Lebensbereichen, in Form von Beziehungsproblemen, beruflicher Unzufriedenheit oder einem allgemeinen Gefühl des Unglücklichseins. Wenn etwa eine Person in ihrer Partnerschaft nicht über ihre wahren Gefühle spricht und stattdessen Konflikte vermeidet, führen diese unterdrückten Emotionen langfristig zu einer wachsenden Distanz und Kälte in der Beziehung, da die wahren Bedürfnisse und Wünsche nicht mehr kommuniziert werden.

Der Weg aus diesem Kreislauf besteht darin, sich bewusst zu machen, wann und warum wir unsere Gefühle unterdrücken, und dann mutig den Schritt zu wagen, sie zuzulassen. Das kann bedeuten, sich den eigenen Ängsten zu stellen, sich Verletzlichkeit zu erlauben und sich selbst die Erlaubnis zu geben, die gesamte Bandbreite der eigenen Emotionen zu erleben. Letztlich geht es darum, auf den Wellen unserer Gefühle zu surfen – sie nicht zu fürchten, sondern sie als natürlichen Teil unseres Daseins zu akzeptieren. Nur so können wir zu einem authentischen und erfüllten Leben finden, in dem unsere Gefühle nicht unsere Gegner, sondern unsere Verbündeten sind.

Warum es dir so schwer fällt, positive Gefühle zu spüren ...

Was dich vielleicht überrascht: Die Unterdrückung von Gefühlen betrifft nicht nur unangenehme Gefühle. Auch angenehme Gefühle wie Freude, Begeisterung oder Liebe können von diesem emotionalen Dämpfer betroffen sein. Stell dir vor, deine liebste Person gesteht dir ihre Liebe, aber in deinem Inneren regt sich nichts. Es ist, als ob dein emotionales Spektrum insgesamt verblasst wäre – sowohl die Tiefen als auch die Höhen deines Gefühlslebens sind abgeflacht. *Wenn ich es mir aussuchen dürfte, hätte ich gern bitte eine breite Palette an angenehmen Gefühlen und nicht ganz so viele unangenehme.* Doch so leicht ist es nicht, denn oft bedingen sich angenehme und unangenehme Gefühle gegenseitig.

Warum fällt es dir manchmal so schwer, Gefühle zuzulassen und (vor allem positive) zu genießen? Die Wurzeln emotionaler Taubheit sind oft tief und vielfältig. Denk mal zurück – war das schon immer so, dass du bestimmte Gefühle oder Gefühle im Allgemeinen nicht so intensiv spüren konntest? Oder vielleicht gab es da einen Anlass, eine große Enttäuschung oder sogar eine traumatische Erfahrung, die dich weniger spüren lässt. Doch immer der Reihe nach – kommen wir erstmal zu Punkt Nummer 1: Fühlen muss gelernt sein!

Den meisten von uns ist der positive Umgang mit Gefühlen leider nicht in die Wiege gelegt worden. Vielleicht haben deine Eltern dir nie gezeigt, wie du das Leben richtig genießen kannst. Na, dann wird es aber höchste Zeit!

Wir werden in einem späteren Kapitel noch genauer darauf zu sprechen kommen (»Entstehung emotionaler Kompetenz«), welche Rolle deinen Eltern zukommt in deiner emotionalen Entwicklung. Hier vorab: Meistens haben unsere Eltern ihre eigenen Unsicherheiten mit ihren Gefühlen und schließlich auch mit deinen. Sie haben dir deshalb nicht vermitteln können, dass Gefühle wertvolle Informationsträger sind. Eltern richten mit Sätzen wie »Nicht böse sein« oder »Sei nicht traurig« oft größeren Schaden an, als es ihnen bewusst ist. Sie vermitteln dem Kind damit, dass Gefühle nichts Gutes sind, sondern eher lästige Begleiter, die uns daran hindern, im Alltag zu funktionieren. Dadurch entsteht beim Kind der Eindruck, dass ein starker emotionaler Ausdruck unerwünscht ist. Viele Eltern werden in emotionalen Situationen mit ihren eigenen Unzulänglichkeiten und ihrer Hilflosigkeit konfrontiert, weil sie befürchten, nicht schnell genug eine Lösung parat zu haben. Ganz nach dem Motto: Das Kind weint – was muss ich tun, damit es aufhört? Gerade in der modernen Gesellschaft geht es viel darum, dass Kinder funktionieren – also keinen Wutanfall an der Supermarktkasse bekommen, sich bei den

Freunden der Eltern höflich und zurückhaltend verhalten oder pünktlich abends einschlafen. Kurzum: Dem modernen Menschen wurde das Fühlen seit seiner Kindheit regelrecht abtrainiert, er hat es verlernt. Dann scheint es auf einmal gar nicht mehr so ungewöhnlich, dass im Erwachsenenalter der »richtige« Umgang mit Gefühlen erst erlernt werden muss. Wie Safi Nidiaye schon durch ihren Buchtitel verrät, sind Gefühle eben zum Fühlen da. Das impliziert, dass Gefühle nichts Schlechtes sind, sie nicht unterdrückt werden sollten, sondern in Maßen und unter Berücksichtigung des Kontextes zum Ausdruck gebracht werden müssen. Der Schlüssel liegt in unserer Einstellung zu diesen Emotionen und in der Art, wie wir mit ihnen umgehen. Dies können wir aktiv beeinflussen und verändern. Auch wenn deine Eltern es dir nicht zeigen konnten, besteht deine Aufgabe als erwachsene Person nun darin, deine Gefühle als wichtige Informationsträger unserer Bedürfnisse und Bewertungen anzuerkennen. Ebenso wichtig ist die Erkenntnis, dass die Verantwortung für unsere Gefühle bei uns selbst liegt. Die Ursachen für unsere Emotionen liegen nur selten im Außen. Diese Verantwortung zu übernehmen, bedeutet, sich bewusst zu machen, dass niemand »schuld« daran ist, wie wir uns fühlen. Wenn wir erkennen, dass unsere Gefühle von unserer inneren Haltung und unseren Überzeugungen geprägt sind, können wir bewusster entscheiden, wie wir auf verschiedene Situationen reagieren wollen. Es geht darum, die eigene emotionale Landschaft zu gestalten, anstatt von äußeren Umständen hin- und hergeworfen zu werden.

Mit der Zeit, und unter Berücksichtigung einiger helfender Faktoren, werden wir positive Erfahrungen mit unseren Emotionen machen, uns im Umgang mit ihnen selbstwirksamer fühlen und tendenziell seltener unangenehme Gefühle empfinden. Zu diesen kleinen Helfern gehört es, dass wir den Mut aufbringen, unsere Emotionen zuzulassen und uns verletzlich zu zeigen. Diese Verletzlichkeit möchte ich anhand einer Situation verdeutlichen, die so oder so ähnlich bestimmt viele Menschen aus ihrem Alltag kennen. Vielleicht hast du dich auch schon einmal missverstanden gefühlt – von einem engen Freund, einem Familienmitglied. Vielleicht wurdest du bevormundet (»So geht das nicht – das musst du so machen«) – im stressigen Alltag passiert das ganz schnell. Anstatt diese Gefühle für dich zu behalten, suchst du nun aber das Gespräch und teilst deine Enttäuschung offen mit – du machst dich also verletzlich. Du sagst vielleicht: »Ich habe in letzter Zeit das Gefühl, dass du meine Wünsche oder Grenzen nicht wirklich siehst oder respektierst. Das macht mich traurig und manchmal werde ich sogar ein bisschen wütend. Ich möchte, dass wir offen darüber sprechen können, weil mir unsere Beziehung sehr wichtig ist.« Diese Offenheit erfordert Mut, denn du riskierst, dass die andere Person deine Gefühle nicht teilt oder nicht versteht. Doch genau diese Verletzlichkeit ermöglicht es, Beziehungen zu vertiefen und Missverständnisse auszuräumen. Doch ich möchte ganz ehrlich zu dir sein: das klingt erstmal leicht, ist es im Alltag aber nicht. Denn es sind insbesondere die herausfordernden Zeiten, die Krisen, die von Stress geprägten Ereignisse, die deine emotionale Kompetenz besonders fordern.

Eine weitere Ursache, weshalb es dir so schwerfällt, angenehme Gefühle im Alltag zuzulassen, ist Stress! Nun hast du vielleicht ursprünglich gelernt, mit Emotionen umzugehen, doch deine Lebensumstände haben sich so verändert, dass du es wieder »verlernt« hast. Neben familiären Verpflichtungen kam vielleicht ein neuer Job dazu und du willst zeigen, dass du motiviert bist und deine Vorgesetzten und Kolleginnen beeindrucken, deshalb bleibst du auch manchmal länger auf der Arbeit. Freunde wollen dich auch hin und wieder sehen, du willst fit bleiben und regelmäßig zum Sport gehen und der Haushalt macht sich auch nicht von allein. Irgendwann bieten Bewegung und Freizeitunternehmungen vielleicht sogar gar keinen Ausgleich mehr, sondern tragen als weiteres »To Do« nur weiter zum Stresslevel bei. Wenn man dann weiter funktionieren will, kann es schwer sein, Gefühle zuzulassen, da vielleicht auch die Angst dahintersteckt, in Traurigkeit oder Erschöpfung abzurutschen, wenn man sich erlaubt, »schwach« zu sein. Das kann in einer zeitlich begrenzten Ausnahmesituation mal funktionieren oder sogar notwendig sein, sollte aber nicht zur Norm werden, um gesundheitliche Folgeschäden zu vermeiden. Unangenehme Gefühle können sehr einnehmend sein.

Die Konzentration darauf, kann so stark sein, dass du angenehme Erfahrungen regelrecht übersiehst. Es ist, als würdest du durch eine dunkle Brille auf die Welt schauen und dabei all die Farben und das Licht übersehen, die tatsächlich vorhanden sind. Dieses Phänomen geht jedoch über eine simple Wahrnehmungsverzerrung hinaus und hat tiefgreifende Auswirkungen auf dein Verhalten und deine Lebensqualität. Unangenehme Emotionen wie Angst, Wut oder Traurigkeit haben evolutionär bedingt oft eine stärkere Handlungstendenz. Sie drängen dich zum Handeln – sei es Flucht, Kampf oder Rückzug. Diese Reaktionen waren in unserer Evolutionsgeschichte überlebenswichtig und sind tief in unserem Nervensystem verankert. In der modernen Welt können sie jedoch dazu führen, dass wir überreagieren oder uns in negativen Gedankenspiralen verfangen. Angenehme Gefühle wie Freude, Zufriedenheit oder Gelassenheit haben oft subtilere Handlungsimpulse. Sie laden eher dazu ein, im Moment zu verweilen, die Erfahrung zu genießen oder sie mit anderen zu teilen. Diese sanfteren Impulse können in einer Welt voller Hektik und Stress leicht übersehen oder unterdrückt werden. Gleichzeitig ist es wichtig zu verstehen, dass es nicht darum geht, unangenehme Gefühle zu vermeiden oder sich ausschließlich auf angenehme zu konzentrieren. Jede Emotion hat ihre Funktion und ihren Wert. Unangenehme Gefühle können uns auf Probleme aufmerksam machen, uns motivieren, Veränderungen anzugehen oder uns vor Gefahren schützen. Angenehme Gefühle können uns Kraft geben und uns mit anderen verbinden.

Um eine gesunde emotionale Balance zu finden, ist es wichtig, beide Arten von Gefühlen wahrzunehmen und wertzuschätzen. Es geht darum, die Aufmerksamkeit bewusst zu lenken und die Fähigkeit zu entwickeln, auch die leiseren Töne der angenehmen Emotionen zu hören. Es folgt hieraus, das Fühlen schrittweise zu lernen und auch in stressigen Zeiten Selbstfürsorge zu praktizieren. Dieser Prozess des emotionalen Umlernens braucht Zeit und Geduld. Es ist normal, dass wir dabei auch Rückschläge erleben. Wichtig ist, dass wir uns selbst mit Mitgefühl begegnen und erkennen, dass jeder Moment eine neue Gelegenheit bietet, unsere Fähigkeit zu Fühlen zu erweitern und zu verfeinern. Und dann ist es eine Frage der Perspektive: Was macht dich denn glücklich?

Das Glücksmodell nach dem Pionier der Positiven Psychologie Martin Seligman kann Abhilfe schaffen bei der Frage nach deinem individuellen Glück. Es dient als eine Orientierungsstütze, welche Schritte wir ausführen sollten, um mehr Glück im Leben zu empfinden. Es wird auch PERMA-Modell genannt, wobei die Buchstaben für die Prinzipien stehen, die verfolgt werden sollen. Positive Emotionen (P) sind der Grundstein für Wohlbefinden. Es geht darum, bewusst Momente der Freude, Dankbarkeit und Zufriedenheit wahrzunehmen und zu genießen. Indem wir uns auf die schönen Aspekte des Lebens konzentrieren, können wir unsere allgemeine Lebenszufriedenheit steigern. Engagement (E) bezieht sich auf den Zustand des »Flow«, in dem wir völlig in einer Tätigkeit aufgehen. Dies kann bei der Arbeit, einem Hobby oder beim Sport auftreten. In diesen Momenten sind wir so vertieft, dass wir die Zeit vergessen und unsere Fähigkeiten optimal einsetzen. Beziehungen (R wie Relationships) spielen eine zentrale Rolle für unser Glück. Der Aufbau und die Pflege bedeutungsvoller Verbindungen zu Familie, Freunden, Kollegen und neuen Bekannten tragen wesentlich zu unserem emotionalen Wohlbefinden bei. Sinn (M wie Meaning) zu finden bedeutet, dass wir unser Leben und unsere Handlungen als bedeutungsvoll empfinden. Es geht darum, einen größeren Zweck in dem zu sehen, was wir tun, und das Gefühl zu haben, dass unser Beitrag wichtig ist. Erfolg und Leistung (A wie Achievement) runden das Modell ab. Das Setzen und Erreichen von Zielen, sei es im persönlichen oder beruflichen Bereich, gibt uns ein Gefühl von Fortschritt und Erfüllung. Diese Erfahrungen des Gelingens stärken unser Selbstwertgefühl und motivieren uns, weiter zu wachsen. Zusammen bilden diese fünf Elemente ein ganzheitliches Konzept für ein erfülltes Leben, das sowohl persönliches Wachstum als auch Zufriedenheit fördert.

Ein Beispiel gefällig? Stell dir vor, Max fühlt sich seit Jahren bekümmert und einsam. Er hat keine enge Familie und seine sozialen Kontakte sind eingeschränkt. Er entscheidet sich, das PERMA-Modell auszuprobieren: Max beginnt, jeden Tag drei Dinge aufzuschreiben, für die er dankbar ist. Das können einfache Dinge sein wie ein schöner Sonnenaufgang, ein nettes Gespräch mit einem Nachbarn oder der Genuss einer Tasse Kaffee (Positive Emotionen). Max entdeckt seine alte Leidenschaft für das Gärtnern wieder und beginnt, auf seinem Balkon Pflanzen zu züchten. Wenn er sich um seine Pflanzen kümmert, vergisst er die Zeit und fühlt sich beruhigt (Engagement). Max tritt einem Buchclub bei und beginnt, an regelmäßigen Treffen teilzunehmen. Er lernt neue Leute kennen, die seine Interessen teilen, und beginnt, neue Freundschaften zu knüpfen (Relationships/Beziehungen). Max engagiert sich ehrenamtlich in einer örtlichen Suppenküche. Er empfindet eine tiefe Befriedigung dabei, anderen Menschen zu helfen und merkt, dass seine Hilfe geschätzt wird (Meaning/Sinn). Max setzt sich kleine, erreichbare Ziele, wie zum Beispiel ein Buch pro Monat zu lesen oder seine Balkonpflanzen erfolgreich zum Blühen zu bringen. Jeder kleine Erfolg motiviert ihn, weiterzumachen (Accomplishment/kleine Ziele und Erfolge).

Diese kleinen Momente des Glücks können sich zu einer Aufwärtsspirale entwickeln. Wenn du zum Beispiel beginnst, täglich positive Emotionen zu erleben – sei es durch Dankbarkeit, kleine Erfolge oder wertvolle Begegnungen – wirst du merken, dass diese positiven Erfahrungen immer häufiger und intensiver werden. Jeder kleine Erfolg, jedes Lächeln, jede wertschätzende Geste kann dazu führen, dass du dich motivierter fühlst und weitere positive Veränderungen in deinem Leben vornimmst. Diese positiven Emotionen ziehen immer größere Kreise, wie in einer Aufwärtsspirale. Jeder kleine Erfolg gibt dir das Selbstvertrauen, größere Ziele anzugehen. Positive Emotionen führen zu positivem Verhalten, was wiederum mehr positive Emotionen erzeugt (Positive Feedback-Schleifen). Mit jeder positiven Erfahrung wächst deine emotionale Widerstandsfähigkeit, und du kannst besser mit Herausforderungen umgehen. Kurz gesagt, beginne mit kleinen Schritten und genieße die kleinen Freuden des Alltags. Diese werden sich summieren und eine Aufwärtsspirale des Wohlbefindens schaffen.

Du erlaubst dir angenehme Gefühle nicht aufgrund unverarbeiteter Traumata

Das Fühlen ist ein Lernprozess, der mal besser und mal weniger gut funktioniert und eine große Portion Mut erfordert. Denn wer weiß schon, was sich hinter den Mauern der Gefühle, die wir uns sorgfältig über unser Leben aufgebaut haben, verbirgt? Werden wir aus dem Tal der Traurigkeit je wieder herauskommen?

Exkurs: Emotionalität und das innere Kind in dir

Das »innere Kind« verkörpert den emotionalen Anteil in uns – eine Seite, die jeder Mensch in sich trägt. Es ist oft ein Spiegel der erfüllten oder unerfüllten Bedürfnisse aus unserer Kindheit. Positive Erfahrungen in der Kindheit, also die adäquate Erfüllung kindlicher Bedürfnisse, was Zufriedenheit und Gesundheit fördert, führen zu einem starken Urvertrauen. Hat das Kind jedoch erfahren müssen, dass seine Bedürfnisse nicht wichtig sind, beispielsweise weil es den Eindruck vermittelt bekommen hat, es wäre nicht so wichtig oder nicht willkommen auf der Welt, kann dies zu tiefen, wenn auch nicht sichtbaren Wunden führen. Diese inneren Wunden können sich in Form von Ängsten, Unsicherheiten und problematischen Verhaltensweisen im Erwachsenenleben manifestieren. In einer Therapie wird versucht, eine Verbindung zu diesen kindlichen Anteilen herzustellen, sie zu verstehen und ihnen liebevoll und mitfühlend zu begegnen. Das Ziel ist, ungelöste Konflikte aus der Kindheit zu bearbeiten und emotionales Wachstum zu fördern. Die Psychotherapeutin Stefanie Stahl hat dieses Konzept in ihrem Bestseller-Sachbuch *Das Kind in dir muss Heimat finden* detailliert aufgearbeitet.[57] Wie sieht dein inneres Kind aus? Spielt und lacht es unbeschwert? Hat es

---

57 Stahl (2015)

Freunde, mit denen es laut und frei die Welt erkundet? Fühlt es sich satt und ausgeruht? Darf es auch weinen, wütend sein, aufstampfen, quengeln und sich ganz bedürftig zeigen, ohne dafür getadelt zu werden? Nur wenige Kinder können so unbeschwert sein. Das liegt nicht zwangsläufig daran, dass Eltern »schlecht« sind – vielmehr haben auch sie ihre eigenen Bedürfnisse, und in der Familie ist es oft eine Herausforderung, alle Bedürfnisse in Balance zu halten. Nun bist du erwachsen. Nun trägst du die Sorge für dein inneres Kind. Was braucht es, damit es sich frei, zufrieden, gelassen und gesund fühlen kann?

Wie wir schon gelernt haben: eine Person fühlt nicht nur angenehme Gefühle ODER unangenehme Gefühle – meistens ist sie eher mehr oder weniger emotional. Ein ausschlaggebender Faktor, warum wir angenehme Gefühle nicht spüren, ist eine emotionale Taubheit, die durch Trauma und unverarbeitete Gefühle entstanden ist. Wenn traumatische Erlebnisse wie ein Sturm über deine emotionale Landschaft hinwegfegen, hinterlassen sie eine Wüste der Empfindungslosigkeit. Diese emotionale Taubheit ist oft ein Schutzmechanismus deines Körpers. In Situationen extremer Belastung oder Gefahr schaltet dein Gehirn auf »Autopilot«, um dich vor Überwältigung zu schützen. Dies kann in akuten Stresssituationen hilfreich sein, wird jedoch problematisch, wenn dieser Zustand anhält. Dafür ist also eine Portion emotionale Aufarbeitung nötig. Doch Hilfe ist in Sicht.

> Stell dir das Meer als Spiegel unserer emotionalen Landschaft vor. An der Oberfläche sehen wir die bewussten Emotionen, die wie Wellen mal sanft, mal stürmisch sind. Darunter liegt die Tiefsee, die für unbewusste Emotionen, alte Wunden und verdrängte Gefühle steht. Diese tiefen Bereiche beeinflussen unser Leben stark, obwohl sie oft nicht zugänglich sind. Die emotionale Aufarbeitung ist eine Reise in diese Tiefen, die Mut erfordert, um die verbor-

genen Gefühle zu erkunden. Es ist ein Prozess, der Zeit, Geduld und oft auch Anleitung benötigt, um die Tiefen unserer Gefühlswelt zu erforschen und das, was wir dort finden, in unser Bewusstsein zu integrieren. Indem wir uns mit unseren tiefsten Emotionen auseinandersetzen, gewinnen wir ein tieferes Verständnis für uns selbst und können beginnen, alte Muster aufzulösen und Heilung zu finden.

Schauen wir uns spezifische Gefühle genauer an. Wenn du dich schuldig fühlst – vielleicht hast du selbst Fehler gemacht und sie dir nie verzeihen können, vielleicht ist dein Fehlverhalten nur eine Illusion und die Schuld liegt gar nicht bei dir – könntest du denken, du hättest etwas Besseres nicht verdient. Diese Schuldgefühle flüstern dir zu, dass du kein Recht auf angenehme Gefühle hast, und so verwehrst du dir selbst den Zugang zu ihnen. Wenn du in der Vergangenheit oft enttäuscht wurdest, kann sich eine Art emotionaler Schutzschild entwickeln. Manchmal ist die Angst vor Enttäuschung so groß, dass sie dich daran hindern kann, angenehme Gefühle vollständig zu erleben. Du hältst angenehme Gefühle auf Abstand, um dich vor möglichen zukünftigen Enttäuschungen zu schützen. Es ist, als würdest du sagen: »Wenn ich mich nicht zu sehr freue, kann ich auch nicht so tief fallen.«

Oft ist es so, dass sich die traumatischen Erlebnisse wie ein Schatten auf deinen Selbstwert legen. Ein von unangenehmen Erfahrungen geprägtes Selbstbild wirkt wie ein Vergrößerungsglas für unangenehme Emotionen und gleichzeitig wie ein Filter, der angenehme Gefühle ausblendet. Wenn du tief in dir drin glaubst, dass du es nicht verdienst, angenehme Gefühle zu erleben, wirst du unbewusst Situationen und Erfahrungen suchen, die dieses Selbstbild bestätigen. Vielleicht hast du in deiner Vergangenheit gelernt, dass es »nicht angemessen« ist, zu viel Freude zu zeigen. Diese tief verwurzelten Überzeugungen wirken wie unsichtbare Fesseln, die dich davon abhalten, auch angenehme Emotionen frei auszudrücken. Es ist, als hättest du einen inneren Kritiker, der dir ständig zuflüstert:

»Sei nicht zu fröhlich, das gehört sich nicht.« Angenehme Erlebnisse werden als »nicht zu dir passend« abgetan oder gar nicht erst wahrgenommen. Eng damit zusammen hängt auch eine starke Identifikation mit unangenehmen Emotionen. Wenn du dich lange Zeit als »der traurige Typ« oder »die Pessimistin« definiert hast, kann das Erleben von Freude oder Optimismus wie ein Verrat an deiner Identität erscheinen. Du hältst an den unangenehmen Gefühlen fest, weil sie dir vertraut sind und dir ein Gefühl von Sicherheit und Beständigkeit geben, auch wenn es eine schmerzhafte Sicherheit ist.

Emotionale Aufarbeitung, auch als Biografiearbeit bezeichnet, ist ein entscheidender Prozess zur Förderung des Fühlens und deshalb oft Bestandteil von Psychotherapie. Zentraler Bestandteil der emotionalen Aufarbeitung sind weniger die Situationen, sondern eher die unverarbeiteten Gefühle und die verletzten Bedürfnisse. Es ist oftmals die Art und Weise, wie wir die Ereignisse interpretieren und in unser Leben integrieren als die Ereignisse selbst. Durch eine intensive Auseinandersetzung mit der eigenen Lebensgeschichte können tief verwurzelte emotionale Blockaden erkannt und überwunden werden, um dann nicht nur den unangenehmen Gefühlen ihre Macht zu nehmen, sondern sich auch Positives wieder erlauben zu können.

Die Überwindung der Gefühlsleere ist keine einfache Aufgabe, aber sie ist möglich. Das A und O ist, dass wir langsam beginnen, in unserem eigenen Tempo und dann stückweise Erfolge zu erleben. Wir haben eine Panikattacke und lernen, uns wieder zu beruhigen; wir weinen ganz fürchterlich und merken, dass die Tränen auch wieder versiegen und dann ein Zustand der Ruhe einkehrt; wir sind ganz schrecklich aufgebracht, erzählen einer vertrauten Person davon und bekommen ein aufmerksames Ohr. Es ist ein Weg der kleinen Schritte der Geduld und manchmal auch der Rückschläge. Doch mit jedem Schritt, mit jeder wiederentdeckten Emotion, öffnest du die Tür zu einer reicheren, lebendigeren Erfahrung deines Daseins.

Level 4: Gefühle ausdrücken

Emotionsausdruck bezieht sich auf die Art und Weise, wie Menschen ihre Emotionen durch verbale und nonverbale Sprache, Gesichtsausdrücke, Körpersprache und Verhalten ausdrücken. Die Forschungsarbeiten von Charles Darwin um 1875 spielten eine wegweisende Rolle in der Emotionspsychologie[58], da sie erklären, wie Emotionen entstehen und welche Funktion der Emotionsausdruck hat. Emotionsausdrücke sind eng an bestimmte Verhaltensweisen geknüpft und haben sich als überlebenswichtig erwiesen: Wer etwa Zorn im Gesicht seines Gegenübers erkennt, kann flüchten, bevor ein Angriff erfolgt. Mit seinem Prinzip der Antithese erklärte Darwin zudem, warum entgegengesetzte Emotionen auch entgegengesetzte körperliche Signale erfordern. So steht aufrechtes Auftreten, Blickkontakt und das Zeigen von Zähnen in der Körpersprache für Dominanz, während Unterwerfung durch gekrümmte Haltung und gesenkten Blick signalisiert wird. Diese deutlichen Gegensätze erleichtern die Kommunikation und helfen, Missverständnisse zu vermeiden.

Der Ausdruck von Gefühlen im Verhalten: Mobilisierung für Kampf und Flucht

Emotionen werden in verschiedenen Kontexten als Energien beschrieben, die uns bewegen (»E« wie *Energie* und »Motion« aus dem Englischen für *Bewegung*). Wie der Buchtitel suggeriert (»Kraft«), teile ich diese Auffassung voll und ganz. Emotionen bewegen uns also zu einer bestimmten Handlung, die mit dieser Emotion übereinstimmt. In der folgenden Tabelle habe ich ein paar Beispiele mitgebracht, die diesen Zusammenhang verdeutlichen sollen.

---

58 Darwin (2023)

Tab. 3: Biologische Verankerung des Gefühlsausdrucks im Körper und im Verhalten

	Körperliche Funktion	Verhalten
Furcht/Angst	Aktivierung des sympathischen Nervensystems, Freisetzung von Stresshormonen wie Adrenalin.	Kampf- oder Fluchtreaktion, Erhöhung der Wachsamkeit, Auslösen von körperlichen Reaktionen wie beschleunigter Herzschlag und gesteigerte Atmung.
Freude	Freisetzung von Endorphinen und Dopamin im Gehirn.	Positive soziale Interaktionen, Annäherung an angenehme Stimuli, körperliche Aktivität und Lächeln.
Überraschung	Schnelle Aktivierung des sympathischen Nervensystems gepaart mit einer Freisetzung von Neurotransmittern wie Adrenalin. Vorbereitung des Organismus, mit unerwarteten oder potenziell bedrohlichen Situationen umzugehen.	In sozialen Kontexten kann Überraschung zu Handlungen wie dem Ausdruck von Staunen, einem offenen Mund oder einem erstaunten Blick führen. Diese sozialen Signale dienen dazu, die Aufmerksamkeit von anderen auf das Unerwartete zu lenken und ermöglichen einen gemeinsamen Austausch über die unvorhergesehene Situation.
Ärger/Wut	Aktivierung des sympathischen Nervensystems, Freisetzung von Stresshormonen.	Vorbereitung auf Konflikt, Energie für aggressive Reaktionen, mögliche physische Verteidigung oder Ausdruck von Unzufriedenheit.
Trauer	Ausschüttung von Neurotransmittern wie Serotonin.	Verarbeitung von Verlust oder Trauer, soziale Unterstützung suchen, emotionale Rückzugstendenzen.
Ekel	Aktivierung des vegetativen Nervensystems, möglicher Schutzmechanismus vor potenziell schädlichen Substanzen.	Vermeidung von abstoßenden oder potenziell gefährlichen Objekten, Rückzug vor unangenehmen Gerüchen oder Geschmack.

Emotionen fungieren als Anpassungsmechanismus und sie dienen dazu, unser Verhalten so zu steuern, dass es den Anforderungen der jeweiligen Situation gerecht wird. Emotionen als Motivatoren, Erreger, Richtungslenker helfen uns dabei, uns für eine Handlung zu motivieren, diese Handlung auf ein spezifisches Ziel zu richten und das Ziel aufrechtzuerhalten. Befinden wir uns beispielsweise in einer Situation, die wir als Gefahr interpretieren (Bewertung), entsteht Angst (Emotion) und wir ergreifen die Flucht (Handlung). Wir suchen einen sicheren Ort auf (Ziel), ohne auf halbem Wege stehenzubleiben (Aufrechterhaltung). Die Vielfalt unserer Gefühle und Gefühlsnuancen ist unendlich. Es gibt viele ablehnende/negative (Wut, Angst, Trauer), zustimmende/positive (Freude, Begeisterung, Zufriedenheit) und neutrale (Gleichmut) Emotionen. Dabei streben wir Menschen zumeist danach, angenehme Gefühle aufrechtzuhalten und unangenehme Gefühle zu vermeiden und ihr Verhalten demnach auszurichten. Es gibt also nicht wenige Menschen, die Situationen vermeiden, welche unangenehme Gedanken und Gefühle hervorrufen könnten, wie beispielsweise ein Konfliktgespräch. Vor allem die Angst ist eine große Herausforderung und zwingt uns, manchmal Um- oder Abwege zu gehen, statt dem Bauchgefühl zu folgen. Langfristig kann die Vermeidung solcher Situationen wohl keine Lösung sein. Wer bereits die Erfahrung gemacht hat, wie gut es sich anfühlen kann, eine Konfliktsituation erfolgreich gemeistert zu haben (Stolz, Freude, Entspannung), der wird womöglich zukünftig selbstbewusster im Aufsuchen auch solcher Situationen werden.

Der universelle Emotionsausdruck im Gesicht

Auf den Erkenntnissen von Darwin aufbauend, untersuchten Ekman und Friesen im Jahr 1975 Emotionen an einem sozial und räumlich isolierten Stamm in Neuguinea, um die Universalität von Gesichtsausdrücken zu erforschen. Die Mitglieder dieses Stammes zeigten, trotz ihrer räumlichen und sozialen Abgeschiedenheit, ähnliche Gesichtsausdrücke für grundlegende Emotionen wie Menschen anderer Kulturen. Die Erkenntnisse trugen erheblich dazu bei, die Annahme zu stützen, dass bestimmte emotionale Ausdrücke eine gemeinsame biologische Basis haben und nicht ausschließlich auf kulturellen

Einflüssen beruhen. Dabei steht im Vordergrund, dass der Mensch durch seinen Gesichtsausdruck seine Gefühle nicht nicht kommunizieren kann (vielleicht kennst du das von Paul Watzlawick?). Der Mensch trägt seine Emotionen im Gesicht, auch wenn es sich um noch so kurze Momente handelt und unabhängig davon, ob die Emotion bewusst ist oder nicht.

Mikromimik, ein Begriff, der ebenfalls auf Ekman zurückgeht, ist dieser feinste, oft kaum wahrnehmbare Gesichtsausdruck, der in Bruchteilen von Sekunden (0.05 Sekunden) als emotionale Reaktion auftritt, unbewusst und nicht kontrollierbar.[59] In den feinen Nuancen eines Gesichtsausdrucks, in den tiefen Linien der Stirn oder den sanften Kräuselungen um die Augen lesen wir die Botschaften der Emotionen, noch bevor unser Gegenüber ein einziges Wort ausspricht. Demnach könnten wir mithilfe ihrer Entschlüsselung den »echten« vom »falschen« Emotionsausdruck unterscheiden,[60] was oft im Rahmen von kriminologischen Befragungen und zur Detektion von Falschaussagen genutzt wird. Die Mimik eines Menschen ist wie eine lebendige Landkarte seiner Gefühlslandschaft, die uns Einblicke in seine innersten Empfindungen gewährt. Die Augen, oft als Fenster zur Seele beschrieben, können Glanz und Lebendigkeit ausstrahlen oder von einer Schwere getränkt sein, die Worte nicht zu erfassen vermögen.

Manchen Menschen fällt es leichter als anderen, Mikromimik zu erkennen und korrekt zu deuten. Neuere Studien[61] zeigen, dass Menschen mit Gewalt-Erfahrungen (bspw. Kinder von gewalttätigen Eltern oder von Eltern mit starken Stimmungsschwankungen) Mikromimik besonders kompetent entschlüsseln. Vor allem, wenn sich aversive Emotionen andeuten (»Mein Vater zeigt erste Anzeichen des Zorns«), machte das möglicherweise einen starken Schutzreflex unabdingbar (»Ich mache mich lieber frühzeitig aus dem Staub«).

---

59 Ekman & Friesen (1975)
60 Ekman (2016)
61 Bérubé et al. (2023)

Das Abenteuer beginnt – Level der emotionalen Kompetenz

Emotionen sind somit weit mehr als individuelle Reaktionen auf innere Erlebnisse – sie erfüllen eine wichtige soziale Funktion und bilden das Grundgerüst unserer zwischenmenschlichen Verbindungen. Bereits Neugeborene sind in der Lage, elterliche Emotionen, sei es über Gesichtsausdruck, Stimmlage oder über Muttermilch vermittelte Hormone, wahrzunehmen und darauf zu reagieren. Als Schutzmechanismus kann ein Neugeborenes das ihm bereits zugängliche Mittel »Schreien« aktivieren, worauf die Mutter (in der Regel) instinktiv reagiert. Wir müssen also nicht erst lernen, wie wir Emotionen ausdrücken, sondern können das bereits von Geburt an. Dieser grundlegende Austausch von emotionalen Signalen und Reaktionen bildet den Anfang eines komplexen sozialen Wechselspiels, das im Laufe des Lebens an Tiefe und Nuancen gewinnt, etwa indem wir lernen, empathisch zu sein, tiefere Beziehungen einzugehen und verschiedene soziale Bedürfnisse zu befriedigen. Emotionen beeinflussen, wie wir anderen gegenübertreten und wie diese uns wahrnehmen. Ist man gerade glücklich, begegnet man anderen mit einem Lächeln. Wut zeigt man durch zugekniffene Augen und vielleicht eine ruppige Art, was zumeist Distanz des Gegenübers fördert (Flucht) oder auf eine Gegenkraft stößt (Angriff), die Konflikte begünstigt. Später werden wir genauer auf dieses faszinierende Zusammenspiel von Emotionen und sozialen Beziehungen eingehen (siehe Kapitel: Intensive Kontakte mit emotionaler Kompetenz) und die bedeutende Rolle beleuchten, die Emotionen in unserem sozialen Gefüge spielen.

Hier ein Beispiel: Es ist heiß, mehrere Menschen tummeln sich an einer Badestelle, darunter auch Kinder und Hunde – ausgelassene Stimmung. Da kommt ein Familienvater mit seiner angeleinten und mittelgroßen Hündin zur Badestelle und beginnt, ihr Stöckchen zu werfen. Aus seiner Perspektive ist das in Ordnung – der Hund muss sich abkühlen im Wasser, die Kinder spielen weiterhin ausgelassen und niemand ist in (realer) Gefahr. Doch eine Frau am Strand sieht das ganz anders: sie hat große Angst vor Hunden, traut sich aber nicht, den Mann um Einhalt zu bitten. Eine außenstehende Person beobachtet das Schauspiel. Sie sieht sowohl die Bedürfnisse des Mannes nach Ausgelassenheit und Spiel als auch die Bedürfnisse der Frau nach Sicherheit. Kurzerhand beschließt sie, den Mann um Einhalt zu bitten. Etwas später bedankt sich die vorher ängstliche Frau bei ihr. Sie erzählt, dass sie große Angst vor Hunden habe, die ihr regelrecht im Gesicht geschrieben stand. An diesem Beispiel können wir verschiedene Dinge illustrieren: Rücksicht ist wichtig – schließlich soll sich jeder an öffentlichen Badestellen wohl fühlen, auch wenn das bedeutet, Kompromisse zu finden oder seine eigenen Bedürfnisse mal zeitweise zurückzustecken. Es zeigt jedoch auch, dass eine gewisse Distanz wichtig ist, um Gefühle und Bedürfnisse zu erkennen. Ist man zu stark involviert, auch emotional, fällt eine rationale Entscheidung im Sinne aller schwer. So sind es häufig die kleinen Situationen des Alltags, die zeigen, wie emotional kompetent wir reagieren. Fällt dir eine ähnliche Situation aus deinem Alltag ein?

Spiegelneurone und Imitation von Gesichtsausdrücken

Mit der Entdeckung der Spiegelneuronen begann der wissenschaftliche Konsens darüber, wie Empathie in unserem Gehirn funktioniert. Der Begriff Spiegelneurone beschreibt schon sehr gut, um was es sich handelt. Es sind Neuronen in unserem Gehirn, welche zusätzlich zu ihrer eigentlichen Aufgabe (uns bei der Handlungsausführung zu unterstützen) die Eigenschaft haben, bei der Beobachtung einer Handlung aktiv zu werden. Spiegelneurone sind Nervenzellen in unserem Gehirn, welche bei der reinen Beobachtung einer Handlung das gleiche Aktivitätsmuster aufzeigen, wie bei der tatsächlichen Ausführung der Handlung – das Aktivitätsmuster wird also »gespiegelt«.

Als die Spiegelneuronen entdeckt wurden, war dies ein bloßer Zufall.[62,63] Eine Forschungsgruppe wollte die für die Motorik verantwortlichen Neuronen bei Makaken, einer Affenart, untersuchen. Hierfür wurde die Gehirnaktivität überprüft, während der Makake die Aufgabe hatte, nach Gegenständen zu greifen. Durch Zufall wurde dann entdeckt, dass die Neuronen im prämotorischen Kortex nicht nur aktiv waren, wenn der Affe selbst tätig war, sondern schon, wenn

---

62 Rizzolatti et al. (1999)
63 Premack & Woodruff (1987)

er einer Person oder einem anderen Affen bei der Bewegung zusah.[64] Der Ansatz, die Spiegelneurone auch im Kontext der Empathie und des emotionalen Empfindens zu untersuchen, ist noch relativ neu, jedoch intuitiv gut nachvollziehbar. Spiegelneurone unterstützen uns bei der Nachempfindung von Emotionen. Aussagekräftige Forschungsergebnisse gibt es bereits für die Emotion *Ekel*. Bei einer Person werden Teile der Insula aktiviert, wenn sie etwas Ekelhaftes riecht und wenn sie ein angewidertes Gesicht betrachtet. Die Insula ist ein Bereich im Gehirn, etwa auf Schläfenhöhe, der für die Verarbeitung von Emotionen und körperlichen Empfindungen zuständig ist. Die Testpersonen erwiderten den angewiderten Gesichtsausdruck, obwohl sie selbst keinem Ekel ausgesetzt waren. Es gibt Hinweise darauf, dass bei Personen mit einer autistischen Störung die Spiegelneurone gehemmt sind und somit das Erkennen und Nachempfinden von Emotionen verhindert wird.[65] Wie genau die Spiegelneuronen mit verschiedenen konkreten Emotionen zusammenhängen, wird derzeit noch untersucht.

Eng mit den Spiegelneuronen verbunden, beschreibt faziales Gesichtsmimikry die Imitation von Gesichtsausdrücken. Interessanterweise funktioniert diese Form der Mimikry selbst dann, wenn die Emotion des Gegenübers nicht bewusst wahrgenommen wurde. Dies kann auf das Fehlen von Emotionswissen oder eine sehr kurze Wahrnehmungszeit zurückzuführen sein.

Studien[66] haben gezeigt, dass faziales Mimikry durch bestimmte Faktoren verstärkt wird. Eine entscheidende Rolle spielt dabei die wahrgenommene Gruppenzugehörigkeit. Wir Menschen tendieren dazu, Gesichtsausdrücke von Personen aus unserer eigenen sozialen Gruppe stärker zu imitieren als die von Personen außerhalb dieser Gruppe. Dies weist auf die soziale Dimension der Mimikry hin und betont, wie stark Gruppenzugehörigkeit unsere zwischenmenschliche Kommunikation und unseren Emotionsausdruck beeinflussen kann.

---

64 Rizzolatti et al. (1999)
65 Iacoboni & Dapretto (2006)
66 Bourgeois, & Hess (2008)

Ebenfalls signifikant ist die Einstellung gegenüber Personen und die Sympathie.[67] Wenn wir eine positive Einstellung gegenüber einer anderen Person haben, ist die Wahrscheinlichkeit höher, dass faziales Mimikry verstärkt auftritt. Dies deutet darauf hin, dass nicht nur soziale Gruppen, sondern auch individuelle zwischenmenschliche Beziehungen einen Einfluss auf die Nachahmung von Gesichtsausdrücken haben können.

Wie Gesicht und Körper unsere Emotionen beeinflussen: Einmal andersrum gedacht

Nicht nur Emotionen modulieren den Gesichtsausdruck, sondern auch der Gesichtsausdruck hat einen Einfluss auf unsere Emotionen (*Facial-Feedback-Hypothese*). Der Gesichtsausdruck oder auch die Anspannung der jeweils beteiligten Gesichtsmuskeln führe dazu, dass kongruente Emotionen schneller erzeugt werden.[68] Demnach fühlen wir beim Lachen unweigerlich Freude statt Trauer – eigentlich ganz logisch. Ein prominentes Beispiel hierfür ist das Konzept des Lachyogas, bei dem absichtliches Lachen als Mittel zur Förderung von Freude und Wohlbefinden eingesetzt wird. Lachyoga, in den 1990er Jahren in Indien eingeführt, unterliegt der Annahme, dass der Körper nicht zwischen echtem und stimuliertem Lachen unterscheiden kann. Kurse für Lachyoga finden meist in Gruppensettings statt, da Lachen bekanntlich ansteckend ist. Lachen stimuliert die Ausschüttung von Endorphinen, die ein Gefühl von Wohlbefinden erzeugen, und zugleich wird die Produktion von Stresshormonen wie Cortisol reduziert. Obwohl »falsches« Lachen nicht so effektiv ist wie authentisches, kann man schätzungsweise in einer Dosis von 1 zu 10 ähnliche Erfolge erzielen – bspw. 10 Minuten »falsches« Lachen am Tag ersetzen eine Minute authentisches Lachen. Vera Birkenbihl[69], eine herausragende Persönlichkeit im Bereich Coaching und Training um

---

67 Seibt et al. (2015)
68 Coles et al. (2022)
69 Birkenbihl (2010)

die 2000er Jahre, postuliert in ihren Vorträgen, man müsste nicht unbedingt in einen Kurs gehen, um zu lachen, man könne sich gleichermaßen über den Tag verstreute Zeiten blockieren, um auch mal ganz allein nur für sich zu lachen – am besten in sein Spiegelbild – während man im Auto an der roten Ampel steht, während man sich die Hände wäscht oder auch kurz vor dem Schlafengehen als Zu-Bettgeh-Routine.

Eng mit dem Gesichtsausdruck verbunden, ist das Power Posing. Power Posing ist ein Konzept, das durch die Forschung von Sozialpsychologin Amy Cuddy bekannt wurde. Es basiert auf der Idee, dass die Haltung unseres Körpers unsere Gedanken und Emotionen beeinflussen kann. Durch das Einnehmen bestimmter »Machtposen« oder »Power-Posen« können wir unser Selbstbewusstsein steigern und unser Stresslevel reduzieren. Power Posing basiert auf der Theorie, dass offene und expansive Körperhaltungen das Gefühl von Macht und Kontrolle fördern, während geschlossene und zusammengesunkene Haltungen das Gegenteil bewirken. Studien haben gezeigt, dass das Einnehmen von Power-Posen vor stressigen Situationen wie Vorstellungsgesprächen oder Präsentationen das Selbstvertrauen erhöhen, das Stresslevel senken und die Leistungsfähigkeit verbessern kann.[70]

Anleitung zum Power Posing

1. Suche dir einen Ort, an dem du dich ungestört fühlst und für ein paar Minuten entspannen kannst.
2. Wähle eine Power Pose: Es gibt mehrere effektive Power Poses. Zwei der bekanntesten sind: der Sieger (breitbeinig, Arme in V-Form ausgestreckt nach oben und den Kopf leicht nach hinten

---

70 Carney, Cuddy & Yap (2010)

geneigt) oder Wonder Woman (breitbeinig, Hände in die Hüfte gestemmt und den Kopf aufrecht).
3. Bleibe für mindestens zwei Minuten in der gewählten Pose. Atme tief ein und aus, während du die Haltung beibehältst. Während du die Pose hältst, stelle dir eine bevorstehende Herausforderung vor und visualisiere, wie du sie erfolgreich meisterst.
4. Beende die Pose und gehe selbstbewusst und gestärkt in die Situation!

Ausdruck von Emotionen in der Sprache

Emotionale Sprache ist ein mächtiges Werkzeug, das tief in unsere Kommunikationsweisen eingreift und unser tägliches Leben stark beeinflusst. Sie umfasst nicht nur die Worte, die wir wählen, sondern auch die Art und Weise, wie wir diese ausdrücken. Stimmlage und Tonfall, Körpersprache und die Kontextualisierung unserer Botschaften spielen eine wichtige Rolle, indem sie emotionale Nuancen vermitteln. So kann beispielsweise eine fröhliche Sprachfärbung auf Freude hinweisen, während ein gedämpfter Tonfall Traurigkeit oder Ernsthaftigkeit ausdrückt. Die verwendete Sprache formt nicht nur unseren Gefühlsausdruck, sondern bringt auch Emotionen hervor, indem sie diffuse Empfindungen in klar benannte Emotionen wie »Wut«, »Ekel« oder »Freude« übersetzt und ihnen damit Bedeutung verleiht.[71]

Wie präzise wir Emotionen ausdrücken, hängt auch von unserem Emotionsvokabular ab. Ein reicher Wortschatz erlaubt es uns, spezifische Gefühle differenziert zu benennen und damit klarere und nuanciertere emotionale Botschaften zu vermitteln. Anstatt nur »glücklich« oder »traurig« zu sagen, könnten wir »begeistert«, »erleichtert«, »enttäuscht« oder »betrübt« verwenden. Dies fördert nicht nur die eigene emotionale Klarheit, sondern erleichtert auch anderen das Verständnis der mitgeteilten Gefühle. Eine bewusste

---

71 Lindquist et al. (2012)

Das Abenteuer beginnt – Level der emotionalen Kompetenz

Erweiterung unseres emotionalen Vokabulars ist somit ein wichtiger Schritt auf dem Weg zu größerer emotionaler Kompetenz. Wir wollen mit der folgenden Abbildung einen Versuch wagen. Hier siehst du eine Wortwolke, die ein breites Spektrum an Emotionswörtern in deutscher Sprache darstellt. Diese visuelle Darstellung dient zwei Hauptzwecken: Sie bietet einen Überblick über die Vielfalt des emotionalen Vokabulars und vermittelt gleichzeitig einen Eindruck von der relativen Häufigkeit oder Bedeutung einzelner Emotionsausdrücke.

Abb. 6: Wortwolke zu häufig verwendeten Emotionswörtern in deutscher Sprache (erstellt mit ChatGPT)

Die Größe der Wörter in der Wortwolke korrespondiert mit ihrer Häufigkeit oder Bedeutsamkeit im emotionalen Diskurs. Zentrale, großformatig dargestellte Begriffe wie »Liebe«, »Freude« und »Wut« repräsentieren fundamentale Emotionen, die in unserer Alltagssprache und unserem Erleben eine dominierende Rolle spielen. Sie bilden gewissermaßen das Grundgerüst unseres emotionalen Ausdrucks. In mittlerer Größe finden sich Emotionen wie »Trauer«,

»Angst«, »Glück« und »Eifersucht«. Diese Begriffe beschreiben komplexere emotionale Zustände, die ebenfalls häufig erlebt und kommuniziert werden, jedoch eine Nuance spezifischer sind als die Grundemotionen. Die kleineren Wörter in der Abbildung, wie »Überraschung«, »Ekel«, »Zufriedenheit« oder »Hoffnung«, erweitern das Spektrum und ermöglichen eine präzisere Beschreibung emotionaler Erfahrungen. Am Rand der Wolke, in der kleinsten Darstellung, finden sich sehr spezifische oder nuancierte Emotionsbegriffe wie »Euphorie«, »Melancholie«, »Gelassenheit« oder »Nostalgie«. Diese Wörter bereichern unser emotionales Vokabular und erlauben eine feinere Abstufung in der Beschreibung komplexer Gefühlszustände. Die räumliche Anordnung der Wörter folgt keinem strengen Schema, suggeriert aber teilweise inhaltliche Zusammenhänge zwischen benachbarten Begriffen.

Kommunikation ohne Worte nach Astrid Steinmetz

In einer Welt, in der Worte oft als primäres Kommunikationsmittel dienen, stehen Gesundheitsfachkräfte häufig vor der Herausforderung, Patienten zu verstehen und zu unterstützen, die sich nicht klar ausdrücken können. Aus dieser Notwendigkeit heraus entwickelte Dr. Astrid Steinmetz den Ansatz »Kommunikation ohne Worte« (KOW).[72] Nonverbale Signale sagen oft mehr über die Bedürfnisse und Gefühle eines Menschen aus als Worte allein. KOW zielt darauf ab, Gesundheitsfachkräfte darin zu schulen, Körpersprache, Mimik, Gestik und Stimmklang bewusst wahrzunehmen und darauf einfühlsam zu reagieren, was sich besonders in der Pflege von Menschen mit Demenz, in Palliativsituationen und bei Patienten mit kognitiven Einschränkungen als wertvoll erwiesen hat.

---

72 Steinmetz (2016)

Was bedeutet das in der Praxis? Ein Fallbeispiel

Die Stimme des 82-jährigen Ludwig Ottos hallt durch die Gänge des St. Marien-Krankenhauses: »Hallo, Mama!« Herr Otto hat fortgeschrittene Demenz und ist nur ein Patient von vielen. Das Pflegepersonal steht tagtäglich vor der Herausforderung, darauf adäquat zu reagieren und ist im Umgang mit der Krankheit oft verunsichert. Pflegerin Franziska hat kürzlich einen Kurs in »Kommunikation ohne Worte« besucht. Sie tritt nun ruhig an das Bett von Herrn Müller. Anstatt Fragen zu stellen, stellt sie Blickkontakt her und sagt: »Ich bin da«. Herr Otto verstummt und scheint überrascht von ihrer ruhigen Präsenz. Franziska bemerkt seine Tränen und spricht Herrn Otto darauf an. Herr Otto drückt seine Einsamkeit aus. Mit sanfter Berührung und Atemübungen hilft Franziska ihm, sich zu beruhigen. Diese kurze Interaktion reduziert seinen Stress erheblich und stärkt das Gefühl der Verbundenheit.

Angesichts der Tatsache, dass schätzungsweise 40 % der Krankenhauspatienten über 65 Jahre kognitive Beeinträchtigungen erleben und zwei Drittel der Ärzte sich von Symptomen wie wiederholtem Rufen überfordert fühlen, bieten diese Techniken ein wirkungsvolles Instrument zur Verbesserung der Patientenversorgung und zur Reduzierung von Stress beim Personal. Indem wir Gesundheitsfachkräfte darin schulen, die Sprache des Körpers – einschließlich Körperhaltung, Gestik, Mimik, Stimmklang und Blickverhalten – zu verstehen und darauf zu reagieren, können wir mitfühlendere und effektivere Pflegeumgebungen schaffen, insbesondere für unsere verletzlichsten Patienten.

Auch über den Gesundheitskontext hinaus bietet der Ansatz wertvolle Einblicke in die Wahrnehmung und Deutung von Emotionen im Alltag. Denn wie oft stehen wir vor der Herausforderung, dass Worte manchmal fehlen oder nicht ausreichen? Wie oft begegnen wir Menschen, die sich aus verschiedenen Gründen – sei es Unvermögen, Krankheit oder emotionale Blockade – nicht klar ausdrücken können? Tatsächlich kommunizieren wir ständig weit mehr, als wir mit Worten allein ausdrücken könnten. Unsere Blicke, unsere Gestik und unsere gesamte Körpersprache senden kontinuierlich Botschaften aus, die oft aussagekräftiger sind als das gesprochene Wort. Die Fähigkeit, diese nonverbalen Signale bewusst wahrzunehmen und einfühlsam darauf zu reagieren, kann unsere zwischenmenschlichen Beziehungen in allen Lebensbereichen bereichern.

Die Sprache mit uns selbst: Selbstmitgefühl, Glaubenssätze und Affirmationen

Im Buddhismus ist Mitgefühl sehr wichtig und wird als eine Quelle für wahres Glück angesehen (»Karuna«). Wenn wir mitfühlend handeln, tun wir dies selbstlos, mit klarem Verstand und in einer Weise, die moralisch richtig ist. Das bedeutet zum Beispiel, dass wir anderen helfen, ohne dafür eine Gegenleistung zu erwarten, oder dass wir bereit sind, etwas zu opfern, um das Leiden anderer zu lindern.[73] Nun stell dir vor, wie es wäre, wenn du dies gegenüber dir selbst praktizierst und nichts dafür tun musst, außer ein paar Feinheiten in deiner Sprache zu beachten. Das, was ich meine, nennt sich Selbstmitgefühl. Selbstmitgefühl ist eine Form der emotionalen Kompetenz, die uns hilft, uns selbst in schwierigen Momenten auf mitfühlende und unterstützende Weise zu begegnen. Es bedeutet, dass wir uns selbst in Zeiten von Schmerz, Misserfolg oder Frustration nicht verurteilen oder herabsetzen. Kristin Neff[74], die Pionierin auf diesem Gebiet, beschreibt Selbstmitgefühl als einen dreiteiligen Prozess: Selbstfreundlichkeit, geteilte Menschlichkeit und Achtsamkeit. Selbstfreundlichkeit bedeutet, dass wir uns selbst in schwierigen Zeiten die gleiche Wärme und Fürsorge entgegenbringen, die wir einem guten Freund schenken würden. Es geht darum, unsere eigenen Schwächen und Unzulänglichkeiten anzuerkennen, ohne sie zu verurteilen. Es ist wichtig, sich bewusst zu machen, dass Selbstmitgefühl nicht Selbstmitleid bedeutet. Es geht *nicht* darum, sich in Gefühlen zu suhlen oder

---

73 Stöber (2003)
74 Neff (2003)

Verantwortung abzulehnen.[75] Ein Beispiel könnte sein: »Ja, das war ein harter Tag, aber ich verdiene es, mich jetzt zu entspannen und gut zu mir selbst zu sein.« Die zweite Komponente, die geteilte Menschlichkeit, hilft uns zu erkennen, dass wir nicht allein sind in unserem Leid oder mit unseren Fehlern. Jeder macht Fehler, jeder erlebt Rückschläge – das gehört zum Menschsein dazu. Anstatt zu denken »Warum passiert das immer mir?« könnte man sich sagen: »Schwierige Zeiten gehören zum Leben dazu, und ich bin nicht allein damit.« Diese Perspektive kann das Gefühl von Isolation mindern und uns daran erinnern, dass wir alle auf irgendeine Weise verbunden sind. Achtsamkeit, die dritte Komponente, erfordert, dass wir unsere Gefühle und Gedanken bewusst wahrnehmen, im gegenwärtigen Moment bleiben und uns selbst die Erlaubnis zu geben, unsere Emotionen zu spüren, ohne uns von ihnen überwältigen zu lassen. Ein achtsames Selbstgespräch könnte so klingen: »Ich merke, dass ich gerade sehr traurig bin. Das ist in Ordnung, und ich gebe mir jetzt die Zeit, das zu fühlen.«

Doch manchmal sind es gar nicht nur die herausfordernden Zeiten, die uns zu schaffen machen – viel mehr ist die gesamte Sprache mit uns selbst geprägt von Vorwürfen, Verurteilungen und alten Verletzungen. Ich spreche von der zerstörerischen Kraft der Glaubenssätze – die natürlich, genauso andersrum, auch unglaublich heilsam sein können.

Glaubenssätze sind tief verankerte Überzeugungen über uns selbst, andere Menschen und die Welt. Sie zeigen sich oft in Form von inneren Aussagen wie »Ich bin...«, »Ich darf...« oder »Ich kann...«. Sie beeinflussen, wie wir über uns selbst sprechen und unser Leben wahrnehmen. Sie wirken wie eine leise Grundmelodie im Hintergrund und beeinflussen unsere Wahrnehmung, unsere Gefühle und die Erfahrungen, die wir machen. Ein positiver Glaubenssatz wie »Ich bin liebenswert« kann uns offener und vertrauensvoller in soziale Interaktionen gehen lassen, während ein negativer Glaubenssatz wie

75 Stöber (2003)

»Ich bin nicht gut genug« Gefühle von Scham und Unsicherheit auslösen kann. Glaubenssätze entwickeln sich häufig bereits in der frühen Kindheit. Eltern und wichtige Bezugspersonen vermitteln durch ihre Worte und Verhaltensweisen Botschaften, die das Kind aufnimmt und als Überzeugungen verinnerlicht. Ein Kind, das regelmäßig ermutigt wird, kann den Glaubenssatz »Ich bin fähig und kompetent« entwickeln. Dagegen können wiederholte Kritik oder abwertende Aussagen zur Überzeugung »Ich bin nicht gut genug« führen. Neben diesen frühen Erfahrungen formen genauso unsere weiteren Erfahrungen unsere emotionale Architektur. Ich spreche von einschneidenden Erlebnissen, wie Trauma, aber auch von Erfolg, und genauso spreche ich von sich wiederholenden Erlebnissen, die viel niedrigschwelliger und schwieriger zu identifizieren sind. Ein Kind, das regelmäßig für seine Kreativität gelobt wird, könnte den Glaubenssatz »Ich bin kreativ« entwickeln. Diese Wiederholungen stärken neuronale Verbindungen im Gehirn und stärken das Belohnungszentrum. Mit zunehmendem Alter beeinflusst das soziale Umfeld außerhalb des Elternhauses, wie Freunde, Lehrer und Kollegen, unsere Überzeugungen und die Art, wie wir uns Dinge erklären und somit, wie wir mit uns selbst sprechen. Der Wunsch nach Zugehörigkeit kann dazu führen, dass wir Glaubenssätze aus unserer Peer-Group übernehmen, selbst wenn sie früheren Überzeugungen widersprechen. Dies zeigt, dass Glaubenssätze, obwohl oft tief verwurzelt, veränderbar sind. Auch der kulturelle Kontext, in dem wir aufwachsen, beeinflusst unsere Glaubenssätze erheblich. In leistungsorientierten Gesellschaften könnte sich beispielsweise der Glaubenssatz »Ich bin nur wertvoll, wenn ich erfolgreich bin« entwickeln, während in kollektivistischen Kulturen eher Glaubenssätze wie »Das Wohl der Gemeinschaft ist wichtiger als mein eigenes« entstehen können. In der heutigen digitalisierten Welt üben auch Medien einen starken Einfluss auf unsere Glaubenssätze aus. Filme, Bücher, soziale Medien und Werbung transportieren Botschaften, die unsere Überzeugungen formen. Die ständige Konfrontation mit dem scheinbar perfekten Leben in sozialen Medien kann zu Glaubenssätzen wie »Ich muss immer glücklich und erfolgreich sein« führen. Glaubenssätze sind jedoch nicht unveränderlich. Indem wir uns unsere Glaubenssätze bewusstmachen, können wir hinderliche Überzeugungen durch hilfreichere und weniger zerstörerische ersetzen und so einen positiveren, mitfühlenderen Umgang mit uns selbst fördern. Die Veränderung der Glaubenssätze ist meist Aufgabe von Psychotherapie, insbesondere in der Verhaltenstherapie wird mit diesem Konzept gearbeitet, doch auch darüber hinaus können Glaubenssätze positiv verändert werden. Häufig werden zu diesem Zweck sogenannte *Affirmationen* empfohlen. Affirmationen sind positive Aussagen oder Sätze über uns selbst, wie bspw. »Ich bin ein wertvoller Mensch«, die im Alltag wiederholt werden sollen, um so negative Gedankenmuster zu durchbrechen und das Gehirn umzuprogrammieren – hin zu einem neuen und positiveren Selbstbild. Doch ist es so einfach? Eine Studie[76] ergab, dass positive Selbstaussagen nicht für jeden gleichermaßen vorteilhaft sind. Überraschenderweise können sie bei Menschen mit niedrigem Selbstwertgefühl sogar kontraproduktiv sein. Der Grund dafür liegt in der Art und Weise, wie wir Informationen über uns selbst verarbeiten. Wir vergleichen jedes Feedback automatisch mit unserem bestehenden Selbstkonzept und akzeptieren es nur dann, wenn es einigermaßen damit übereinstimmt. Für Menschen mit niedrigem Selbstwertgefühl kann eine Affirmation wie »Ich bin ein liebenswerter Mensch« zu weit von ihrer Selbstwahrnehmung entfernt sein. Statt die positive Botschaft anzunehmen, könnte ihr Unterbewusstsein mit Gedanken wie »Aber ich weiß, dass ich nicht so liebenswert bin, wie ich sein könnte« reagieren. Dies kann dazu führen, dass eine Abwehrreaktion entsteht und die negative Selbstwahrnehmung sogar verstärkt wird. Eine Folgestudie[77] zeigte jedoch, dass Affirmationen auch kontextabhängig sind und in stressigen Situationen auch Menschen mit niedrigem Selbstwert davon profitieren. Wenn du Affirmationen

---

76 Wood, Perunovic, & Lee (2009)
77 Cristea, Tătar & Lucacel (2014)

nutzen möchtest, ist es wichtig, sie so zu gestalten, dass sie für dich glaubwürdig sind. Statt sehr allgemeiner Aussagen könntest du spezifischere Affirmationen verwenden, die näher an deiner aktuellen Selbstwahrnehmung liegen. Zum Beispiel: statt »Ich bin eine großzügige Person« besser »Ich wähle gute Geschenke für andere aus«. Letztendlich ist der Schlüssel, einen Ansatz zu finden, der für dich persönlich funktioniert. Experimentiere mit verschiedenen Formulierungen und Techniken und beobachte, wie du dich dabei fühlst. Ich möchte dir gern eine kurze Übung an die Hand geben.

Übung: Glaubenssätze erkennen und verändern

Glaubenssätze wirken oft unbewusst und sind schwer zu identifizieren. Sie äußern sich häufig als diffuse Einstellungen oder Gefühle, nicht als klare Formulierungen. Sie werden oft als absolute Wahrheiten wahrgenommen, obwohl sie subjektive Überzeugungen sind, die nicht korrigiert wurden. Um einen negativen Glaubenssatz zu erkennen und zu verändern, ist es hilfreich, einen differenzierten Prozess zu durchlaufen. Anstatt einfach das Gegenteil des Satzes zu formulieren, ist das Ziel, eine neue Überzeugung zu finden, die wirklich stimmig ist und zu deinem Selbstwert passt.

1. Den Glaubenssatz identifizieren: Beginne damit, dich selbst zu beobachten und festzustellen, in welchen Situationen du wiederkehrende Emotionen empfindest, wie Traurigkeit (»Ich bin nicht wertvoll«) oder Wut (»Ich komme zu kurz«). Mit welchem Satz könntest du den Grundgedanken festhalten, der hinter dem Gefühl steht.
2. Nach Gegenbeweisen suchen: Suche bewusst nach Situationen in deinem Leben, in denen dieser Glaubenssatz nicht zutreffend war. Vielleicht gab es eine Aufgabe, die du gut bewältigt, oder eine

Herausforderung, die du mit Erfolg gemeistert hast. Diese Momente sind Beweise dafür, dass der Glaubenssatz nicht absolut wahr ist und auch Ausnahmen kennt. Zum Beispiel erinnerst du dich an eine Präsentation, die dir gut gelungen ist und für die du positive Rückmeldungen erhalten hast.

3. Einen realistischen, positiven Glaubenssatz formulieren: Nun geht es darum, eine neue Überzeugung zu entwickeln, die auf deinen persönlichen Stärken und bisherigen Erfahrungen beruht. Anstatt ins völlige Gegenteil zu gehen (»Ich mache nie Fehler«), formuliere einen Satz, der für dich realistisch ist und deinen Selbstwert stärkt. In unserem Beispiel könnte das heißen: »Ich habe bereits bewiesen, dass ich Herausforderungen erfolgreich meistern kann.« Dieser neue Satz berücksichtigt deine Fähigkeiten und ermöglicht es dir, ihn wirklich zu glauben.

4. Den neuen Glaubenssatz festigen: Wiederhole den neuen Satz regelmäßig in Situationen, in denen der alte, negative Glaubenssatz aktiviert wird. Je öfter du ihn dir bewusstmachst und in der Praxis erprobst, desto mehr wird er zu einem festen Bestandteil deines Denkens und ersetzt nach und nach die alte Überzeugung. Aufgegriffen wird dieses Phänomen im *Mere-Exposure-Effekt*, auch als bloßer Darbietungseffekt bekannt. Dieser Effekt besagt, dass allein die wiederholte Präsentation eines Reizes dazu führt, dass dieser Reiz als angenehmer oder positiver wahrgenommen wird, auch wenn dieser Prozess für die Person selbst nicht bewusst stattfinden muss. Um deine potentielle Partnerin oder deinen Partner von dir zu überzeugen, solltest du also häufig »unverhofft« an denselben Orten auftauchen. Aber auch beim Training emotionaler Kompetenz kann dieses Wissen angewandt werden. So besagt der Mere-Exposure-Effekt doch eigentlich nichts anderes, als dass die häufige Berührung mit Reizen, Personen und Situationen zu Lernen führt, umgangssprachlich: Übung macht den Meister. Lese dieses Buch also so oft du nur kannst und du wirst es von Mal zu Mal besser finden. Bezogen auf die Übung mit den Glaubenssätzen solltest du deinen neuen Glaubenssatz möglichst häufig in dein

Blickfeld rücken, bspw. als Handyhintergrund, als nette Postkarte auf dem Schreibtisch, als Notiz am Badezimmerspiegel.

Exkurs: Emotionales Schreiben

Menschen, die sozial gut vernetzt sind, suchen häufig den Austausch mit anderen, wenn es um die Verarbeitung von starken oder häufig wiederkehrenden Gefühlen geht. Doch nicht jeder hat Zugang zu solch unterstützenden Beziehungen oder empfindet es als leicht, seine Gefühle in Worte zu fassen. Manche Menschen haben Schwierigkeiten, ihre Emotionen zu artikulieren, was Schamgefühle verstärken kann und die Hürde noch höher werden lässt. Andere befürchten, dass ihre emotionale Öffnung zu negativen Konsequenzen führen könnte, etwa zu Konflikten oder dem Verlust nahestehender Personen. Diese Hemmungen können dazu führen, dass unangenehme Gefühle chronisch werden und sowohl die psychische als auch die körperliche Gesundheit beeinträchtigen. Um diesem Dilemma zu begegnen, bietet sich eine alternative Methode zum verbalen Austausch an: das emotionale Schreiben. Aber was genau verbirgt sich hinter diesem Ansatz? Emotionales Schreiben ist eine Form des freien, unzensierten Schreibens über emotionale Themen oder Ereignisse, ohne dass die Inhalte bewertet werden. Rechtschreibung, Grammatik und Struktur sind dabei irrelevant, wodurch Scham- und Schuldgefühle minimiert werden. Diese Methode ist niedrigschwellig, effizient und natürlich: gratis. Sie ist damit besonders für (Online-)Therapien und als Ergänzung zu traditionellen Therapieformen geeignet. Der Ursprung des emotionalen Schreibens geht auf James W. Pennebaker zurück, der 1986 mit seinem Forschungsteam zeigte, dass das Schreiben über traumatische Erlebnisse den gesundheitlichen Zustand verbessern kann.[78] In den folgenden Jahren wurden zahlreiche Studien durchgeführt, die diese Annahme bestätigten und verfeinerten. Aufgabe war es, über wenige Minuten (meistens zwi-

---

78 Pennebaker & Beall (1986)

schen 2 und 20 Minuten) unter Verwendung möglichst vieler Emotionswörter über vergangene, manchmal traumatische und nie zuvor berichtete Erlebnisse zu schreiben. Die Kontrollgruppe sollte ebenfalls schreiben, jedoch über eher nüchterne Themen, wie den Tagesablauf oder eine Einkaufsliste. In den meisten Experimenten zeigte sich kurz nach dem Schreiben eine negative Stimmung oder ein erhöhter Blutdruck nach der Äußerung unangenehmer Gefühle, verständlich unter Berücksichtigung der emotionalen Intensität. Nach einer gewissen Zeit, meistens ein paar Stunden oder Tage nach der Schreibintervention, beruhigte sich dieser Zustand, körperliche Beschwerden gingen zurück, angenehme Emotionen nahmen Überhand an. Diese Personen waren langfristig weniger auf Arztbesuche und Medikamente angewiesen. Sogar sehr kurze Schreibinterventionen, etwa 2-Minuten-Sitzungen, konnten nachweislich positive Effekte auf die Gesundheit zeigen.[79] Ein paar Grenzen sind hier jedoch auch deutlich geworden. So sind Schreibinterventionen wohl nicht für alle Menschen per se geeignet. Personen, denen der emotionale Ausdruck bereits vor der Schreibintervention leichter fällt, profitieren stärker davon.[80] Wie eine umfangreiche Metaanalyse zeigte, profitieren Personen mit Depressionen und Angststörungen weniger von der Schreibintervention, insbesondere diejenigen, denen es schwerfiel, negative Gedankenwiederholungen zu unterbrechen.[81] Das Schreiben ohne zusätzliche therapeutische Unterstützung ermöglicht keine äußere Begrenzung und Personen mit psychischen Störungen profitieren vermutlich eher von einer konkreten Anleitung. Die Metaanalyse ergab weiterhin, dass emotionales Schreiben effektiver ist, wenn es über eine längere Zeitspanne hinweg, mit spezifischeren Themen und in einer strukturierten Form durchgeführt wird.

Nun gut, aber für alle anderen: Wie kann das Schreiben konkret im Alltag angewandt werden? Setz dich hin und beginne, deine tiefsten

---

79 Burton & King (2008)
80 Niles et al. (2014)
81 Reinhold, Bürkner & Holling (2018)

Gedanken und Gefühle über ein emotional bedeutendes Thema niederzuschreiben. Das Thema kann mit Beziehungen, deinem beruflichen oder privaten Leben, vergangenen Ereignissen oder zukünftigen Ängsten verbunden sein – was dir gerade durch den Kopf geht. Du schreibst für dich selbst – niemand wird deine Worte lesen. Die einzige Regel ist, dass du deine Gedanken frei fließen lässt, ohne dir Sorgen über Form oder Inhalt zu machen. Für den Anfang kann es hilfreich sein, sich eine Zeit von beispielsweise fünf Minuten zu setzen und diese Zeit auch zu nutzen.

Nun hat sich gezeigt: das emotionale Schreiben wirkt nicht nur beruhigend, auch hat es nachweislich positive Effekte auf die Gesundheit. Eine Theorie zu dessen Erklärung sagt, unterdrückte Gefühle erhöhen die mentale und körperliche Anspannung, was durch das Schreiben – also den Ausdruck von Emotionen – verringert werden kann (*Inhibitionstheorie*).[82] Die *Expositionstheorie* geht davon aus, dass das wiederholte Schreiben über eigene unangenehme und im Alltag oft vermiedene Gefühle eine Art Gewöhnung (Habituation) bewirkt. Indem man sich diesen Gefühlen immer wieder aussetzt, lernt man, dass die befürchteten negativen Konsequenzen oft nicht eintreten, was die Intensität negativer emotionaler Reaktionen reduziert.[83] Laut der *Kognitiven Verarbeitungstheorie* hilft das Schreiben beim Ordnen, Verarbeiten und bei der Bedeutungszuschreibung. Dies führt zu Klarheit, was die Regulierung dieser Gefühle erleichtert.[84] Alle drei Theorien bedingen sich und könnten für sich stehend zutreffen.

Doch auch positive Emotionen haben eine nachhaltige Wirkung auf unsere Gesundheit, so zeigt es die Dankbarkeits-Forschung[85,86]. In einer Studie hatten etwa 300 an Depressionen oder Angststörungen leidende Erwachsene die Aufgabe, Dankbarkeit in einem Tagebuch

---

82 Pennebaker & Beall (1986)
83 Sloan & Marx (2004)
84 Meichenbaum (1977)
85 DeWall et al. (2012)
86 Wood, Perunovic, & Lee (2009)

über drei Wochen zu Ausdruck zu bringen. Ihre Symptomatik und die Belastung im Alltag reduzierte sich maßgeblich nicht nur einen Monat nach den Schreibaufgaben, sondern auch noch drei Monate danach.[87] Wir rechnen mit noch höheren Effekten bei routinierten Abläufen (»Wir üben Dankbarkeit konsequent über mehrere Jahre«) oder auch spezifischen Instruktionen.[88] Wir lernen also durch Dankbarkeit stückweise, uns auf das Positive zu konzentrieren und die kleinen Dinge wertzuschätzen. Große Erfolge feiert, auf diesen Erkenntnissen aufbauend, das Dankbarkeitstagebuch. *Es ist so simpel: Jeden Abend vor dem Schlafengehen in ein kleines Büchlein schreiben, zwei bis sieben Minuten lang, wofür du heute dankbar bist, zuklappen, schlafen – fein!* Natürlich sind da noch weitere Möglichkeiten, um Dankbarkeit im Alltag zu praktizieren. Eine ganz naheliegende Methode ist das laute Aussprechen und ein einfaches und herzliches »Danke« an dein Gegenüber. Dies kann, neben deinem eigenen Wohlbefinden übrigens auch die Beziehungen stärken – sei es in der Familie, unter Freunden oder Kollegen.

Level 5: Auf zum Meister – Gefühle regulieren

Emotionsregulation bezeichnet den Prozess, durch den du deine Gefühle beeinflusst, modulierst und steuerst. Dieser Prozess wird oft auch als alleinstehend statt als Teilkomponente der emotionalen Kompetenz betrachtet. Hier in unserer Definition spiegelt die Emotionsregulation den Endzustand wider, durch den das emotionale Gleichgewicht langfristig hergestellt werden kann. Das bedeutet jedoch nicht, dass du keine unangenehmen Emotionen mehr empfinden wirst – viel eher weißt du, wie du mit ihnen umgehen kannst.

---

87 Wong et al. (2016)
88 Reinhold et al. (2018)

Emotionsdiversität und emotionales Gleichgewicht

Wir gehen davon aus, dass der Mensch an einem Tag in seinem normalen Alltag, der von Arbeit, Familie, Freunden, anderen Mitmenschen, Kindern und Haushalt geprägt ist, mit ganz unterschiedlichen Emotionen konfrontiert wird. Dieser Prozess kann als *Emotionsdiversität* bezeichnet werden. Die Person wird traurig sein, wenn sie ihr Haustier verliert, sie wird wütend sein, wenn man ihr den Parkplatz vor der Nase wegschnappt, und sie wird ängstlich sein, wenn sie sich in Gefahr glaubt. Unweigerlich werden im Alltag Bedürfnisse verschoben oder ignoriert, etwa, weil es gerade nicht passt oder aus anderen Gründen keinen Raum findet. Kurzfristig mag das daraus resultierende Problem weniger groß sein – die Person wird sich dem Bedürfnis zu einem späteren Zeitpunkt widmen –, das Gefühl wird sich lösen können. Kommt es jedoch langfristig zu einem Mangel der Bedürfnisbefriedigung, bspw. nach Ruhe, nach Leichtigkeit und Entspannung, werden diese Bedürfnisse immer lauter und penetranter und führen so zu einem Ungleichgewicht des emotionalen (und oft auch körperlichen) Systems. Bemerkbar macht sich dies an verschiedenen psychischen Auffälligkeiten, wie bspw. Angstzuständen, Depressionen oder Sucht oder körperlichen Krankheitssymptomen, wie bspw. Migräne oder wiederkehrenden Rückenschmerzen. Es geht weniger darum, möglichst selten unangenehme Gefühle zu empfinden, sondern vielmehr darum, situationsübergreifend angemessen auf emotionale Reize zu reagieren. Angemessen bedeutet in diesem Zusammenhang kurz gesagt: Je größer die Krise bzw. je katastrophaler die Ausmaße einer Situation, desto intensiver darf auch die emotionale Reaktion ausfallen, stets eingebettet in einen Rahmen von Intensität (die Person verliert nicht ihren Verstand) und Zeit (die Gefühle ebben wieder ab). Emotional kompetente Personen erfahren eine breitere Palette von Emotionen, da sie mit Emotionen behafteten Situationen nicht aus dem Weg gehen.

Ähnlich wie bei der physiologischen Homöostase, die den Zustand des Körpers stabilisiert, indem sie seine inneren Bedingungen wie

Temperatur und Flüssigkeitshaushalt reguliert, strebt die Emotionsregulation danach, die emotionale Balance eines Menschen aufrechtzuerhalten. Emotionsregulation wird als ein Mittel betrachtet, um Schwankungen in der emotionalen Intensität zu kontrollieren und die emotionale Homöostase wiederherzustellen, wenn sie gestört ist. Um emotionale Homöostase zu erreichen, können Menschen verschiedene Strategien einsetzen.

Strategien zur Emotionsregulation

Emotionen können wir bewusst oder unbewusst regulieren. In unserem emotionalen Werkzeugkasten finden wir verschiedene Strategien. Lass uns einen Blick darauf werfen, wie wir unsere Gefühle ganz bewusst steuern und beeinflussen können.
Eine besonders wirksame Technik ist die *kognitive Umstrukturierung*. Hierbei geht es darum, Situationen bewusst neu zu bewerten, um unsere emotionale Reaktion zu verändern. Stell dir vor, du stehst im Stau und ärgerst dich. Das ist zwar ein Klischee – wir sehen jedoch, dass es für viele Menschen sehr herausfordernd ist, Emotionen im Auto in Schach zu halten. Unterschieden werden zwischen drei und sieben verschiedene Techniken der kognitiven Umstrukturierung. Ich werde sie dir am Beispiel des Staus erklären. Die Frage ist stets: Was konkret kannst du denken, damit du dich besser fühlst?

- Entkatastrophisierung: Bei dieser Technik relativierst du die Bedeutung der Situation. Du könntest dir sagen:»Ja, der Stau ist ärgerlich, aber es ist kein Weltuntergang. In ein paar Stunden werde ich das schon vergessen haben.«
- Perspektivwechsel: Hier versuchst du, die Situation aus einem anderen Blickwinkel zu betrachten. Frag dich:»Wie würde mein gelassener Freund Thomas diese Situation sehen? Er würde wahrscheinlich schmunzeln und sagen: ›Sieh es als unerwartete Auszeit.‹«
- Bewertung hinterfragen: Bei dieser Strategie überprüfst du kritisch deine automatischen Gedanken. Du könntest dich fragen:»Ist

es wirklich so schlimm, im Stau zu stehen? Gibt es vielleicht auch positive Aspekte, die ich übersehe?«
- Vor- und Nachteile abwägen: Hier analysierst du die Konsequenzen deiner Denkweise. Überlege: »Was bringt es mir, mich über den Stau aufzuregen? Welche Vorteile hätte es, wenn ich die Situation gelassener sehe?«
- Reframing: Diese Technik dreht sich darum, der Situation einen neuen Rahmen zu geben. Du könntest den Stau als Chance umdeuten: »Super, jetzt habe ich endlich mal Zeit, in Ruhe den Podcast zu Ende zu hören.«
- Selbstmitgefühl entwickeln: Hier geht es darum, freundlich und verständnisvoll mit sich selbst umzugehen. Sag dir: »Es ist normal, dass ich mich über den Stau ärgere. Viele Menschen fühlen jetzt genauso. Ich bin damit nicht allein.«
- Gedankenstopp: Diese Technik unterbricht den Kreislauf negativer Gedanken. Sobald du merkst, dass du dich in Ärger hineinsteigerst, sagst du dir innerlich »Stopp!« und lenkst deine Aufmerksamkeit bewusst auf etwas Positives.

Jede dieser Strategien kann dir helfen, die Stau-Situation – und viele andere herausfordernde Momente im Leben – in einem neuen Licht zu sehen. Mit der Zeit und etwas Übung wirst du feststellen, welche Techniken für dich am besten funktionieren. Denk daran: Das Ziel ist nicht, unangenehme Gefühle komplett zu vermeiden, sondern einen ausgewogeneren Umgang mit ihnen zu finden. Manchmal kann sogar der Ärger über einen Stau eine wichtige Funktion erfüllen – er könnte dich zum Beispiel motivieren, beim nächsten Mal früher loszufahren, alternative Routen zu planen oder auf ein anderes Verkehrsmittel umzusteigen.

Neben der kognitiven Umstrukturierung gibt es noch weitere interessante Strategien. Die *Akzeptanz* ist eine wichtige Strategie, die wohl am meisten Übung braucht. Anstatt gegen deine Gefühle anzukämpfen, nimmst du sie an. Das mag zunächst ungewohnt erscheinen, aber oft lindert gerade das Annehmen den emotionalen Schmerz.

Im Kontrast dazu führen einige Strategien nicht zum Erfolg. Sie werden als maladaptiv bezeichnet und finden meist unbewusst statt, wie bspw. die Unterdrückung, auch *Suppression* genannt. In manchen Situationen kann es sinnvoll sein kann, Gefühle zu unterdrücken oder zu vermeiden. Die emotionale Zurückhaltung ist insbesondere in sozialen Situationen hilfreich, stell dir vor, deine Kinder sitzen noch mit im Auto und du möchtest ihnen ein gutes Vorbild sein. Auf Dauer ist die Unterdrückung von Gefühlen jedoch nicht produktiv.[89] Auch das Vermeiden bestimmter Auslöser kann uns vor überwältigenden Emotionen schützen, ist jedoch auch nicht zielführend, wenn du dich im Alltag stark einschränken musst.

Je früher du deine Gefühle wahrnimmst und erkennst, desto besser lassen sich die Gefühle regulieren. Sind die Gefühle bereits zu stark, lassen sie sich meist nur noch schwer steuern. Die beste Methode, um aus sehr starken unangenehmen Gefühlszuständen herauszukommen, wie beispielsweise einer Panikattacke, ist die Aufmerksamkeitslenkung, oder auch »Ablenkung«, da das Gehirn sich schlecht auf mehrere Dinge gleichzeitig konzentrieren kann. Sie funktioniert wie ein mentaler Kanalwechsel. Statt dich in unangenehmen Gefühlen zu verlieren, richtest du deinen Fokus bewusst auf etwas anderes. Ganz konkret können Wahrnehmungsübungen (bspw. die 5-4-3-2-1-Übung, du findest eine Anleitung im Internet) oder Körperklopftechniken helfen. Diese können jedoch nur kurzfristig eine Hilfe sein, um starke Gefühlszustände zu dimmen und somit zu einem späteren Moment aus einer gewissen Distanz auf Ursachen der Gefühlswallung schauen zu können.

Was entscheidet darüber, welcher Strategien wir uns bedienen?

Welche Faktoren beeinflussen, ob und wie wir unsere Emotionen regulieren? Ein tieferes Verständnis darüber, welche Kriterien die Wahl von Emotionsregulationsstrategien beeinflussen, ermöglicht gezielte Maßnahmen. Eine umfassende Metaanalyse, die 219 Studien

---

89 Mund & Mitte (2012)

durchleuchtete, gibt uns interessante Einblicke.[90] Die Merkmale der Emotion sind entscheidend für die Wahl der Strategie. Menschen neigen dazu, sich von starken und unangenehmen Emotionen abzulenken – vermutlich, weil sie sich der Herausforderung nicht gewachsen fühlen –, während sie sich bei schwach unangenehmen Emotionen eher mit ihnen auseinandersetzen, um sie neu zu bewerten. *Und mal ehrlich, das lässt sich ja auch ganz einfach erklären. Wer ist schon imstande, heulend in den Analysemodus zu schalten? Je einnehmender die Emotion ist, desto stärker der Gefühlsausdruck und desto geschwächter der Verstand, mit dem wir aus Distanz auf die Emotion schauen können. Also: erstmal abkühlen!* Weiterhin geht aus der Metaanalyse hervor, dass sich für spezifische Emotionen unterschiedliche Strategien anbieten. Während wir Trauer eher mit Akzeptanz regulieren (»Ich nehme es jetzt so, wie es ist«), versuchen wir bei Angst verschiedene Zukunftskonsequenzen abzuwägen (Worst Case Scenario: Was passiert im schlimmsten Fall?). Jedoch bestimmen auch persönliche Faktoren die Wahl der Strategie, wie bspw. die Motivation und Ziele. Es ist entscheidend, ob das Ziel darin besteht, die Emotion zu vermeiden oder sich langfristig damit auseinanderzusetzen. Grübeln verstärkt Emotionen und führt dann eher zu einer Abwärtsspirale, während Ablenkung dazu beitragen kann, die Emotion abzuschwächen (verschwinden wird die Emotion langfristig durch Ablenkung jedoch nicht). In der Regel präferieren Menschen Emotionen, die helfen, ein Ziel zu erreichen, verbunden mit angenehmen Gefühlszuständen wie Entschlossenheit, Selbstvertrauen, Zuversicht. Manchmal scheinen auch unangenehme Gefühlszustände einen höchst motivationalen Charakter zu haben, beispielsweise, wenn wir uns vor einer wichtigen Prüfung ausmalen, wie es wäre, in der Prüfung die Fragen nicht beantworten zu können (Angst, die aber nur in abgeschwächter Form ihre Wirkung tut – sonst lähmt sie uns eher). Andere individuelle Merkmale, wie Alter, Geschlecht, Persönlichkeitsfaktoren und psychische Erkrankungen sowie individuelle Einstellungen wie Selbstwirksamkeit und Selbstwert beeinflussen

---

90 Matthews et al. (2021)

ebenfalls die Emotionsregulationsstrategie. Ältere Menschen bevorzugen Ablenkung im Vergleich zu jüngeren Menschen und Frauen wenden sich häufiger unangenehmen Gefühlen zu als Männer. Warum das so ist, ist noch nicht vollumfänglich geklärt und einige andere Forschungsarbeiten kamen zu dem Ergebnis, das Alter und Geschlecht eigentlich kaum Einfluss haben auf die emotionale Kompetenz.[91] Depressionen begünstigen eine Auseinandersetzung mit unangenehmen Gefühlen – oft mit immer wiederkehrenden Gedankenmustern (»Ich bin nicht liebenswert«). Ein höheres Selbstwirksamkeitsgefühl und ein höherer Selbstwert führen hingegen zu höherer Motivation, Emotionen adäquat zu regulieren (»Ja, ich kann das!«). All dem liegt die Einstellung gegenüber unseren Emotionen zugrunde – also die Bereitschaft, sich all seinen Emotionen wertfrei zu öffnen und sie als hilfreiche Signale anzuerkennen und wertzuschätzen (»Hey Gefühl, danke, dass du da bist. Lass uns Freunde sein und ich werde versuchen zu verstehen, warum du da bist«). Kognitive Faktoren, bspw. Intelligenz und Informationsverarbeitung tragen dazu bei, Emotionen gründlich zu reflektieren und analytisch zu denken (Reappraisal-Strategien). Dies bedeutet jedoch nicht, dass intelligentere Personen auch wirklich dazu imstande sind, Emotionen besser zu regulieren – Emotionen können auch zerdacht werden –, auf das Fühlen kommt es eben auch an. Auch sozial-politische Faktoren, also gesellschaftliche Normen und Erwartungen, können Einfluss auf die Anwendung von Emotionsregulationsstrategien haben. Zum Beispiel können Menschen, die in einer durchsetzungsorientierten und wettkampfausgerichteten Gesellschaft aufgewachsen sind (wie Deutschland es beispielsweise ist), Strategien bevorzugen, die Emotionskontrolle und deren Unterdrückung begünstigen, um ein bestimmtes Leistungsziel zu erreichen. In einer eher kollektivistisch geprägten Gesellschaft hingegen könnten Strategien bevorzugt werden, die darauf abzielen, Emotionen zu verstehen und zu kom-

---

91 Mikolajczak et al. (2015)

munizieren, um Beziehungen zu stärken und Konflikte zu lösen. Die Forschungsgrundlage hierzu ist jedoch noch dürftig.[92]

Von Impulskontrolle, Frustration und (anderen) klebrigen Angelegenheiten

Unangenehme Gefühle müssen auch manchmal ausgehalten werden, denn nicht immer kann eine Belohnung sofort eintreten – sei es, weil wir uns in Beziehungen in Geduld üben oder auf die lang ersehnte Beförderung erst hinarbeiten müssen. Dieses Phänomen wird *Frustrationstoleranz* genannt. Es ist die Fähigkeit, unterschiedliche hohe Frustrationen aushalten zu können. Erstmals untersucht in den 1960er Jahren von Walter Mischel[93] in verschiedenen Experimenten an Kindern, sollte hier gezeigt werden, dass Kinder auf verschiedene Art und Weise dazu imstande sind, unmittelbare Befriedigung aufzuschieben, um eine größere Belohnung in absehbarer Zukunft zu erhalten. Dies wird auch als Marshmallow-Effekt bezeichnet: Die Kinder durften entweder ein Marshmallow sofort essen oder – wenn sie das erste Marshmallow nicht verzehrten und warteten, ohne überwacht zu werden – nach kurzer Zeit ein zweites Marshmallow erhalten. *Mein Gott, hoffentlich wurden die Kinder nicht dazu gezwungen, dieses klebrige Zeug wirklich zu essen. Wenn ich das durchgeführt hätte, würde es heute wohl Zimtschnecken-Effekt heißen.* Nachdem die Kinder also in einen Testraum gebracht wurden, instruierte sie eine freundliche Person mit der Aufgabe, das Marshmallow nicht zu essen. Die Kinder mussten dann in einer kurzen Wartezeit von wenigen Minuten versuchen, die Versuchung des sofortigen Genusses zu überwinden und auf die größere Belohnung zu warten. Währenddessen wurden sie auf Video aufgezeichnet. *Die Videoaufnahmen aus*

---

92 Tay & Diener (2011)
93 Mischel, Shoda & Peake (1988)

den Experimenten können weiterhin bei Youtube gesichtet werden und sind mitunter schreiend komisch. Es konnte gezeigt werden, dass Kinder, die in der Lage waren, die Belohnung aufzuschieben – also auf zwei Marshmallows zu warten – später in ihrem Leben oft besser in verschiedenen Bereichen, wie akademischen Leistungen und sozialer Kompetenz, waren. Warum ist das so? Frustrationstoleranz geht nicht nur mit Emotionsregulation und Impulskontrolle einher, sondern auch mit Planung und Organisation, mit Gleichmut und Durchhaltevermögen. Ich kann dich beruhigen: diese Kompetenz kann gelernt werden. Wie ist das denn bei dir?

Unterschiedliche Menschen – unterschiedliche Ziele

Da wir Menschen ganz unterschiedlich sind, sind zumeist auch unsere Aufgaben und die Schwerpunkte ganz verschieden. Du wirst dich wahrscheinlich nicht von jeder Komponente der emotionalen Kompetenz gleichermaßen angesprochen gefühlt haben und das ist auch total richtig so. Nun möchte ich dich dafür sensibilisieren, kurz innezuhalten, in dich reinzuhorchen und zu spüren, was du davon als besonders hilfreich empfindest und worin genau deine Aufgabe besteht. Zur Illustration möchte ich das Bild vom Beginn des Buches wiederaufnehmen: Ebbe und Flut. Dabei unterscheiden wir Menschen, die ihre Emotionen überregulieren und denen der Zugang dazu schwerfällt (in unserem Fallbeispiel zu Beginn war das Felix) und Menschen, die eher emotional sind (in unserem Fallbeispiel Emma). Wie geht nun die Geschichte von Felix und Emma weiter, nachdem sie die Kapitel zur emotionalen Kompetenz gelesen haben?

Beispiel Felix, Überregulation: Mit der Zeit wird in Felix der Wunsch größer, seine Emotionen besser wahrzunehmen, und sie auch in sozialen Beziehungen zu teilen. In einem in der nahegelegenen Volkshochschule angebotenem Achtsamkeitskurs lernt Felix, dass Meditieren, Atmen und Spüren sehr hilfreich sind, um Gefühle wertfrei wahrzunehmen und innere Anspannung und Druck zu lösen. Da horcht er mit ein bisschen Zeit in sich hinein: Wo im Körper spürt er eine Veränderung? Gab es eine ähnliche Empfindung in der Vergangenheit? Wie nennt sich das Gefühl? Mit welchem Bedürfnis ist es verknüpft? Atmen, sich Zeit nehmen. All das ist nun relevant. Mit jeder Übung fällt es ihm leichter, einen Zugang zu eigenen Gefühlen zu bekommen. Er vertraut sich einer guten Freundin an. Sie beginnen, sich regelmäßig über emotionale Themen auszutauschen, was ihm hilft, dranzubleiben. Zudem lernt er, sich in ihre Perspektive hineinzuversetzen und auch mit ihr mitzufühlen.

Für Menschen im Ebbe-Modus ist es durchaus sinnvoll, einen Fokus zu setzen bei der Emotionswahrnehmung, Identifikation, dem Verstehen und ganz wichtig: Fühlen. Weniger wichtig wird es wohl sein, Emotionen zu regulieren.

Beispiel Emma, Unterregulation: Nach einem Gefühlsausbruch, der zu einem Streit mit ihrem Partner führte, sucht Emma professionelle Unterstützung. Sie möchte lernen, ihre Gefühle zu regulieren und Fragen nach dem *Warum* zu klären. Warum also gelingt es ihr so schlecht, in stressigen Situationen ruhig zu bleiben? Bei einer Beratungsstelle erfährt sie, dass ihre Probleme weniger bei der Gefühlsidentifikation oder dem Spüren liegen, sondern eher im angemessenen Gefühlsausdruck. Anstatt zu schreien oder sich zurückzuziehen, möchte sie lernen, ihre Gefühle kompetent zu formulieren und besser auf sich selbst zu achten. Sinnvolle Übungen für Emma sind neben Achtsamkeit, Atmen, Entspannung und kognitive Umstrukturierung auch emotionale Aufarbeitung ihrer Lebensgeschichte, um Gründe für ihre Reaktionen zu verstehen.

Für Menschen im Flut-Modus ist es ratsamer, Emotionsregulation zu trainieren – welche Strategien helfen also in welchen Kontexten, um sich zu beruhigen? Welche Bedürfnisse liegen hinter den Emotionen und wie ist das mit den Erfahrungen aus der Kindheit verbunden?

Unabhängig davon, zu welcher Gruppe du gehörst, ist es nicht nur entscheidend, Ziele für dein emotionales Wachstum zu haben, sondern vor allem, *wie* du diese Ziele formulierst. Eine Metaanalyse zeigte, dass die konkrete Planung zur Umsetzung eines Ziels im Alltag maßgeblich über dessen Erfolg entscheidet.[94] Dieses Prinzip greift auch die häufig angewandte SMART-Methode auf mit der du anhand von fünf Schritten überprüfen kannst, ob dein Ziel den Qualitätsstandards entspricht. Ziele sollten spezifisch, messbar, attraktiv, realistisch und terminiert sein. Ein Beispiel: Du möchtest deine emotionale Kompetenz steigern und entscheidest dich, an deiner Fähigkeit zur Emotionswahrnehmung zu arbeiten, weil du in diesem Bereich die größten Schwierigkeiten siehst. Nach der Methode würde das etwa so aussehen: Konkret und messbar sind die Ziele so formuliert: »Ich möchte innerhalb der nächsten drei Monate jeden Abend kurz reflektieren, welche Emotionen ich tagsüber empfunden habe.« Attraktiv und realistisch wird es, indem du dir zum Ziel setzt, täglich nur wenige Minuten dafür einzuplanen, sodass es sich gut in den Alltag integrieren lässt. Der letzte Punkt, terminierbar, wird durch die dreimonatige Frist erfüllt, nach der du deine Fortschritte überprüfst. So wird das Ziel greifbar und konkret! Welche Ziele hast du?

---

94 Gollwitzer & Sheeran (2006)

Über die Entstehung emotionaler Kompetenz

Was erwartet dich in diesem Kapitel?

* Wie entwickeln sich Emotionen und emotionale Kompetenz über die Lebensspanne hinweg?
* Welche kindlichen Grundbedürfnisse gibt es und wie können wir sie erfüllen?
* Welche Rolle spielen die Eltern bei der Entwicklung der emotionalen Kompetenz?
* Wie hängt die emotionale Kompetenz mit Bindung, Erziehungsstilen, Sprache der Liebe, Urvertrauen zusammen?
* Was können Schule und Nachbarschaft zu einer gesunden emotionalen Entwicklung beitragen? Welchen Einfluss hatten die Schulschließungen und wie können wir den Herausforderungen der modernen Zeit begegnen?

Die Gezeiten des Lebens sind wie eine kraftvolle, unaufhaltsame Energie, die unaufhörlich fließt. Sie sind ein tief in der Natur verwurzeltes Phänomen, das weder angehalten noch kontrolliert werden kann. Tag für Tag kommen und gehen die Gezeiten, mal ruhig und sanft, mal kraftvoll und stürmisch. Diese beständige Bewegung erinnert uns daran, dass auch das Leben in einem ständigen Wandel begriffen ist, getrieben von Kräften, die oft außerhalb unserer Kontrolle liegen. Emotionen, Erfahrungen und Veränderungen kommen wie die Flut, überrollen uns manchmal, bringen Neues in unser Leben und ziehen sich dann wieder zurück, wie die Ebbe. Wir können die Gezeiten nicht kontrollieren. Wir können aber lernen, auf den Wellen zu surfen. Ihre Bewegung verstehen, ihren Rhythmus spüren, um sich im richtigen Moment von ihnen forttragen zu lassen, anstatt von ihnen überwältigt zu werden oder gegen sie anzukämpfen. Wir entwickeln emotionale Kompetenz, die uns befähigt, mit den Höhen und Tiefen des Lebens umzugehen. Es bedeutet Entwicklung, also Stürze in Kauf zu nehmen, aufzustehen und es erneut zu versuchen, bis man die Balance findet. Auf diese Weise wird das, was uns anfangs unüberwindlich erschien, zu einem Teil unseres Selbst, unserer Umgebung und unseres Lebens.

Emotionale Entwicklung über die Lebensspanne hinweg

Die *Entwicklung* emotionaler Kompetenz ist ein natürlicher Prozess, der im Laufe des Lebens durch Erfahrungen und Reife automatisch abläuft. Jede Begegnung, jede Herausforderung und jede Beziehung trägt dazu bei, ohne dass wir bewusst etwas dafür tun müssen. Im Gegensatz dazu erfordert die *Förderung* emotionaler Kompetenz ein gezieltes Training, wobei es darum geht, bewusst Techniken und Strategien zu erlernen und anzuwenden, um eine gewünschte Veränderung in unserem emotionalen Verhalten herbeizuführen.[95,96] Durch kontinuierliches und gezieltes Üben können wir unsere emotionale Kompetenz systematisch steigern und spezifische Fähigkeiten entwickeln.

Die emotionale Entwicklung ist geprägt von einem ständigen Wechselspiel zwischen inneren Bedürfnissen und äußeren Einflüssen, die je nach Lebensphase variieren. Aus der entwicklungspsychologischen Forschung wissen wir, dass nicht alle Emotionen von Beginn des Lebens ausgeprägt und/oder erkennbar sind.[97] Zu den frühesten Emotionen zählen Angst, Traurigkeit, Wut und Freude. Das Baby lernt durch Körperkontakt, Berührungen und stimmliche Zuwendung grundlegende Gefühle wie Zufriedenheit durch Sicherheit und Geborgenheit kennen. Komplexere Gefühle wie Scham, Schuld, Eifersucht und Stolz entwickeln sich erst etwas später, in der Regel ab dem zweiten bis fünften Lebensjahr, beginnend mit den ersten Bindungserfahrungen und Interaktionen, die die Grundlage für das Vertrauen in sich selbst und andere bilden. Meist noch vor der Grundschulzeit entwickeln Kinder grundlegende emotionale Fähigkeiten wie Emotionen zu erkennen und sie zu identifizieren. Zuerst richten sie ihre Emotionen als Appell an ihre Bezugspersonen, um spezifische Unterstützung zu aktivieren. Mit zunehmendem Alter verschiebt sich die Emotionsregulation auf die intrapersonale Ebene und wird autonomer. Diese später auftretenden Emotionen erfordern ein gewisses Maß an Selbstbewusstsein, die Fähigkeit, sich in die Perspektive anderer hineinzuversetzen, und ein Verständnis über richtig und falsch (moralische Emotionen, wir kommen später darauf zurück im Kapitel: Hilfsbereitschaft, Altruismus und moralische Emotionen). Mit dem Eintritt in die mittlere Kindheit und dem Beginn der Schulzeit erweitern sich die emotionalen Kompetenzen erheblich. Durch die zunehmende kognitive und sprachliche Entwicklung lernen sie, ihre Bedürfnisse und Gefühle klar zu kommunizieren

---

95 Hodzic et al. (2018)
96 Kotsou et al. (2011)
97 Petermann & Wiedebusch (2016)

und adäquat auf andere zuzugehen.⁹⁸ Der soziale Radius erweitert sich um Lehrpersonen, Klassenkameraden und Gleichaltrige aus verschiedenen Freizeitaktivitäten. Kinder entwickeln ein stärkeres Bewusstsein für die Gefühle anderer und beginnen, Empathie zu zeigen. In der Adoleszenz, also ab etwa dem 13. Lebensjahr, wird die emotionale Kompetenz durch intensivere soziale Interaktionen weiter vertieft. Diese Phase ist oft geprägt von der Suche nach Identität und dem Wunsch nach Unabhängigkeit, wodurch die Beziehung zu den Eltern komplexer wird. Das junge Erwachsenenalter ist eine Zeit des Übergangs und der Festigung. Junge Erwachsene entwickeln durch berufliche und persönliche Erfahrungen eine tiefere emotionale Reife. Die Fähigkeit, komplexe soziale Situationen zu navigieren und effektiv zu kommunizieren, nimmt zu, während sich im mittleren Erwachsenenalter emotionale Kompetenz in der Fähigkeit zeigt, verschiedene Lebensbereiche zu balancieren und mit den daraus resultierenden Stresssituationen umzugehen. Im älteren Erwachsenenalter bleibt die emotionale Kompetenz stabil, verändert sich jedoch in der Wahl der Emotionsregulationsstrategien. Wir wissen darüber noch gar nicht so viel. Eine Tagebuchstudie⁹⁹ zeigt, dass Gefühle wie Stolz und Dankbarkeit im Alter stabil bleiben und Gelassenheit dazu beiträgt, Stress zu reduzieren und die Gesundheit zu fördern. Dennoch lassen, gerade im hohen Alter, kognitive Kompetenzen eher nach. Die Ergebnisse eines Experiments¹⁰⁰ deuten darauf hin, dass ältere Erwachsene unangenehme Emotionen zur Tagesmitte intensiver empfinden als jüngere. Ablenkung erweist sich für beide Altersgruppen als hilfreiche Strategie zur Emotionsregulation, während kognitive Umstrukturierung vor allem bei Jüngeren wirksam ist. Wir sehen bei den Älteren im Vergleich zu allen anderen Altersgruppen die höchste Streuung: Menschen altern ganz unterschiedlich und sind demnach auch in ganz unterschiedlicher Verfassung. Wir kommen später noch darauf zurück, wie du bis ins hohe Lebensalter

---

98 Lovis-Schmidt et al. (2023)
99 Hamm et al. (2021)
100 Tucker et al. (2012)

deine Gesundheit aufrechterhalten kannst (siehe Kapitel: Gesund bleiben, gesund werden).

Die Rolle der Eltern für die emotionale Entwicklung

Vom Säuglings- bis zum Vorschulalter initiieren, fördern und begleiten vor allem die Eltern oder die primären Bezugspersonen die sozial-emotionale Entwicklung ihrer Kinder.[101] Als erste und meist engste Vertraute verbringen sie die meiste Zeit mit ihrem Kind und prägen so die ersten elementaren Erfahrungen mit Emotionen. Sie leben den emotional kompetenten Umgang mit Gefühlen vor, bieten dem Kind eine sichere Basis und bilden damit von Geburt an das Fundament für die sozial-emotionale Entwicklung. Die Einflussnahme der Eltern auf die emotionale Entwicklung ihrer Kinder lässt sich auf drei Ebenen betrachten,[102] die zwar eng verbunden, jedoch auch unabhängig voneinander wichtig sind: 1) die emotionale Kompetenz der Eltern, 2) die Beziehung zum Kind, welche jedwede Interaktion und die grundlegende Erziehung einschließt sowie 3) das emotionale Klima in der weiteren Umgebung, inklusive der Beziehung zwischen den Eltern, zu anderen Familienmitgliedern und der Schule oder Nachbarschaft.

Die emotionale Kompetenz der Eltern

Es ist die emotionale Kompetenz der Eltern, die entscheidend zur Entwicklung der kindlichen Fähigkeiten beiträgt. Basierend auf den Prinzipien der sozialen Lerntheorie, wie sie von Bandura[103] be-

---

101 Denham, Zinsser & Bailey (2022)
102 Morris et al. (2007)
103 Bandura (1976)

Die Rolle der Eltern für die emotionale Entwicklung

schrieben wurde, ahmen Kinder das Verhalten ihrer Bezugspersonen nach. In den frühen Lebensjahren fungieren die Eltern dabei als primäre Modelle, als Vorbilder. In der Forschung sprechen wir von *Emotionssozialisation*[104,105] – welcher Umgang mit Emotionen wird von den Eltern vorgelebt? Begegnen sie Emotionen wertschätzend? Können sie verschiedene Emotionen authentisch ausdrücken? Dies lässt beim Kind den Eindruck entstehen, dass Emotionen etwas Wertvolles sind, die eigenen Emotionen jedoch nicht wichtiger als die Emotionen anderer Menschen sind. Eltern vermitteln nicht nur, dass jede Emotion – sei es Freude, Traurigkeit, Wut oder Scham – ihren Platz hat, sondern auch, dass sie respektiert werden sollte. Eltern sollten authentisch sein, zeitweise Traurigkeit oder ähnliche Gefühle gehören zu einem ausgewogenen Gefühlshaushalt dazu. Sie sollten dann ein breites Repertoire an adäquaten Emotionsregulationsstrategien vorleben und sie flexibel einsetzen.[106] Darüber hinaus ist es wichtig, dass Eltern Prioritäten und Grenzen setzen, um ihre eigenen Bedürfnisse, wie Selbstfürsorge und persönliche Entwicklung, zu wahren. Wenn Eltern von ihren eigenen Emotionen zu stark eingenommen sind, können diese auf das Kind übertragen werden. Nicht selten ist es deshalb so, dass Ängste, Sehnsüchte und andere Gefühle der Eltern von den Kindern übernommen werden.

Die Beziehung zwischen Eltern und Kind

Neben der elterlichen Kompetenz ist die Interaktion zwischen Eltern und Kind entscheidend für die emotionale Entwicklung.[107] Wir wollen hierauf etwas genauer eingehen. In diesem Zusammenhang spielen einige geläufige Konzepte eine tragende Rolle, wie bspw. der Erziehungs- und der Bindungsstil. Positive Erziehungsmerkmale wie el-

---

104 Eisenberg, Cumberland & Spinrad (1998)
105 England-Mason et al. (2023)
106 Aldao, Nolen-Hoeksema & Schweizer (2010)
107 Eisenberg, Cumberland & Spinrad (1998)

terliche Wärme, Feinfühligkeit, Förderung von Autonomie unter gleichzeitig angewandter Verhaltenskontrolle und Lenkung der Kinder zeigen die besten Entwicklungschancen für Kinder – und das bis ins höhere Erwachsenenalter. Nicht verwunderlich ist, dass auf der anderen Seite zu strenge Kontrolle, autoritäre Erziehung und auch kontrastär vernachlässigendes, zu nachgiebiges oder grenzenloses elterliches Verhalten zu starken kindlichen Verhaltensauffälligkeiten führen, bspw. Aggressionen, delinquentes Verhalten, Drogenkonsum, die wiederum mit mangelhafter Emotionsregulation in einer engen Verbindung stehen.[108]

Besonders in den ersten Lebensjahren des Kindes liegt der Beziehung zwischen Eltern und Kind das Konzept der Bindung zugrunde, das zuerst auf elterlichen Reaktionen auf kindliche Bedürfnisse basiert und dann mit zunehmendem Alter über beidseitige Interaktion abläuft. Wie Eltern auf die Bedürfnisse ihrer Kinder reagieren, beschreibt das von Mary Ainsworth eingeführte Konzept der Feinfühligkeit.[109] Es werden verschiedene Grundbedürfnisse unterschieden, die nicht verhandelbar sind und die es aus der Perspektive der Eltern zu berücksichtigen gilt. Ein zentrales Bedürfnis ist das nach Bindung, also das Gefühl von Geborgenheit und Sicherheit durch stabile Beziehungen zu Bezugspersonen. Dies gibt dem Kind emotionalen Halt und Vertrauen in die Welt. Ebenso wichtig ist das Bedürfnis nach Autonomie. Kinder wollen ihre Umwelt entdecken, eigene Entscheidungen treffen und so Selbstwirksamkeit erfahren. Gleichzeitig brauchen sie Anerkennung und Wertschätzung, um ein gesundes Selbstwertgefühl zu entwickeln. Schließlich ist auch das Bedürfnis nach Lustbefriedigung, also nach Freude und Spiel, wichtig, um Neugier und Motivation zu fördern. Elterliches feinfühliges Verhalten zeichnet sich nun dadurch aus, dass Eltern ihre Kinder aufmerksam beobachten, Äußerungen korrekt interpretieren und angemessen die dahinterliegenden Bedürfnisse erfüllen, wodurch diese

---

108 Chen, Brody & Miller (2017)
109 Ainsworth & Bowlby (1991)

längerfristig weniger Angst vor Neuem empfinden,[110] selbstbewusster und ausgeglichener ihre Umgebung explorieren können,[111] im höherem Ausmaß prosoziales Verhalten zeigen.[112] Wie es zu erwarten ist, weinen Kinder von feinfühligen Eltern am Ende des ersten Lebensjahrs deutlich seltener und zeigen seltener Verhaltensauffälligkeiten.[113]

Exkurs: Sprache der Liebe

In diesem Zusammenhang ist »Sprache der Liebe« ein spannendes Konzept. Es wurde vom amerikanischen Paartherapeuten Dr. Gary Chapman in den 1990er Jahren entwickelt, um zu verdeutlichen, dass jeder Mensch Liebe auf unterschiedliche Art und Weise gibt und empfängt.[114] Jede Familie hat eine individuelle Sprache, die durch Gesten, Worte, Zeit und Zuwendung zum Ausdruck kommt. Diese Sprache ist der emotionale Boden, auf dem das Kind lernt, was Liebe bedeutet und wie sie sich anfühlt. Es werden fünf Sprachen unterschieden. Sie finden dann auch in den späteren Beziehungen, in unseren Liebesbeziehungen aber auch in der Beziehung zu unseren Kindern Anwendung, ohne, dass dies uns bewusst sein muss. Das Konzept ist eng mit emotionaler Kompetenz verbunden: Wir machen uns nicht nur Gedanken darüber, wie wir selbst Gefühle ausdrücken – in diesem Fall Liebe zu unserem Gegenüber –, sondern auch, wie unser Gegenüber die Liebe verstehen kann (Empathie). Die fünf Sprachen sind: (1) Worte der Bestätigung, (2) Zeit und Aufmerksamkeit, (3) Geschenke, (4) Dienste und Hilfe sowie (5) körperliche

---

110 Hane & Fox (2006)
111 Ainsworth & Bowlby (1991)
112 Volland & Trommsdorff (2003)
113 Bell & Ainsworth (1972)
114 Chapman & Campbell (2016)

Berührung. In der Regel sind ein oder zwei dieser Sprachen bei einer Person dominant. Das Konzept fand schnell Verbreitung und ist heute ein populärer Ansatz in der Paartherapie. Viele Menschen konnten durch Chapmans Modell ein besseres Verständnis für die eigenen Bedürfnisse und die ihres Partners entwickeln.

- *Worte der Bestätigung:* Manche Menschen fühlen sich besonders geliebt und verstanden, wenn sie in ihren Leistungen und ihrem Wesen wertgeschätzt werden. Ein einfaches »Ich bin stolz auf dich« oder ein persönliches Kompliment wie »Du hast das großartig gemacht!« kann das Herz erwärmen und das Vertrauen vertiefen.
- *Zeit und Aufmerksamkeit:* Für viele Menschen ist nichts kostbarer als ungeteilte Aufmerksamkeit und das echte Zusammensein. Das bedeutet, das Handy wegzulegen, Störungen zu vermeiden und sich ganz auf die gemeinsame Zeit zu konzentrieren – sei es bei einem Gespräch, einem Spaziergang oder beim gemeinsamen Spielen. Wichtig ist, dass beide präsent sind und die Zeit wirklich miteinander genießen.
- *Geschenke:* Kleine Aufmerksamkeiten wie ein handgeschriebener Zettel, das Lieblingsgebäck oder ein selbstgemachtes Geschenk zeigen, dass man an den anderen gedacht hat. Dabei kommt es weniger auf den materiellen Wert an, sondern auf die Geste, die ausdrückt: »Du bist mir wichtig und ich denke an dich.«
- *Dienste und Hilfe:* Manchmal zeigt sich Zuneigung und Verbundenheit durch kleine Hilfestellungen im Alltag. Ob es das Kochen nach einem langen Tag, die Unterstützung bei einem Projekt oder das Übernehmen einer Aufgabe ist – diese kleinen Gesten signalisieren: »Ich bin für dich da und helfe dir gerne.«
- *Körperliche Berührung:* Körperliche Nähe kann ein Ausdruck tiefer Zuneigung sein, ob durch eine sanfte Berührung, eine Umarmung oder gemeinsames Kuscheln. Diese Gesten zeigen, dass man füreinander da ist, und vermitteln Wärme und Geborgenheit.

Durch die Berücksichtigung der Liebessprachen in verschiedenen Beziehungskontexten können wir tiefere und erfüllende Verbindungen schaffen. So können wir Liebe und Wertschätzung auf eine Weise ausdrücken, die vom Gegenüber am besten verstanden wird – sei es in Partnerschaften, Freundschaften oder innerhalb der Familie. Es ist auch aufschlussreich, herauszufinden, was wir selbst brauchen, um uns geliebt zu fühlen. Was ist es denn bei dir? Was brauchst du? Was brauchen deine Liebsten?

Eine sichere Eltern-Kind-Bindung, die geprägt ist durch Wärme und Lenkung gleichermaßen, kann Stressoren ausgleichen, wie Umzüge in eine andere Stadt, Verlust der Arbeitsstelle, Tod oder Krankheit eines Familienmitglieds. Diesen Gedanken greift das empirisch untersuchte *Stress-Puffer-Modell* auf.[115] Das Modell zeigt, wie frühe Stressoren die Beziehungsfähigkeit über die Lebensspanne hinweg beeinflussen, und darüber hinaus auch, wie wir uns gesund entwickeln. Es werden in der Bindungsforschung meistens vier Bindungsstile unterschieden. Sie werden als Muster verstanden, wie Menschen in zwischenmenschlichen Beziehungen, insbesondere romantischen, auf Nähe, Vertrauen und Abhängigkeit reagieren. Die vier Bindungsstile sind namentlich der 1) sichere Bindungsstil, den über 60 % der Menschen teilen, 2) unsicher-vermeidende, 3) unsicher-ambivalente und 4) der desorganisierte Stil (unter 5 %). Es bleibt noch die Frage offen, wie gut sie sich wirklich eignen, um Verhalten in Beziehungen vorherzusagen. Bindungsstile sind eng mit emotionaler Kompetenz verknüpft. Menschen mit einem sicheren Bindungsstil haben oft eine höhere emotionale Kompetenz, da sie ihre eigenen Bedürfnisse und Grenzen kommunizieren und gleichzeitig die Bedürfnisse ihrer Mitmenschen berücksichtigen können. Sie gehen Konflikte konstruktiv an und haben eine stabilere Basis für gegenseitiges Vertrauen und Unterstützung. Sicher gebundene Kinder zeigen zudem mehr adaptive

---

115 Chen, Brody & Miller (2017)

Regulationsstrategien und suchen eher nach sozialer Unterstützung als unsicher gebundene.[116,117]

Selbstanwendung: Wenn du kannst, trage dein Kind

Um das Urvertrauen der Kinder zu stärken, sollten sie in den ersten beiden Lebensjahren nah am Körper der Eltern getragen werden. Urvertrauen bedeutet, dass das Kind oder auch der Mensch über sein Leben hinweg trotz alltäglicher Herausforderungen die Gewissheit spürt, dass er selbst und die Welt in Ordnung sind, sodass er sich selbst in herausfordernden Zeiten beruhigen kann und emotional gefestigt ist. Schon der Ausdruck, ein Kind »an den Körper zu binden«, spiegelt auf sprachlicher Ebene die Bedeutung von Bindung wider. Obwohl dieses Wissen so alt ist wie der Mensch selbst, ist die Umsetzung durch Kinderwägen und Bequemlichkeit stark in Mitleidenschaft geraten. Jean Liedloff griff in den 1980er Jahren das Tragen wieder auf, nachdem sie bei Naturvölkern beobachtete, wie gesund und glücklich diese Menschen trotz einfacher Lebensumstände waren. Sie führte dies auf das Tragen der Kinder bis zum Laufalter zurück, bei dem sie nur zum Schlafen abgelegt werden. Das Tragen stärkt die emotionale Bindung zwischen Eltern und Kind, indem der Hautkontakt dem Kind Sicherheit gibt. Nah beieinander kann sich das Kind wortlos an den Eltern orientieren und Vertrauen in die Welt entwickeln. Kritiker bezweifeln, dass Liedloffs Erkenntnisse auf westliche Gesellschaften übertragbar sind, doch der praktische Nutzen zeigt sich auch im modernen Alltag. Ein Beispiel: In den ersten Wochen sind Babys oft mit der Mutter allein zuhause. Doch bald kommen alltägliche Aufgaben hinzu, wie das In-die-Kita-Bringen älterer Geschwister oder Einkäufe. Der erste Besuch eines Einkaufs-

---

116 Ainsworth & Bowlby (1991)
117 Volland & Trommsdorff (2003)

Die Rolle der Eltern für die emotionale Entwicklung

centers kann für das wenige Wochen alte Baby sehr herausfordernd sein, so viele schillernde Lichter, unbekannte und laute Geräusche, mitunter wechselnde oder penetrante Gerüche. Wird das Baby am Körper der Mutter getragen, kann es sich durch den beruhigenden Kontakt und die Gelassenheit der Mutter sicher fühlen (normale Herzrate: keine Gefahr). Und da ist diese praktische Gelegenheit, etwas Liebevolles ins Ohr zu flüstern: »Ja, mein Schatz, das ist ein Kaufhaus. Ich weiß, völlig abgefahren, oder? Aber du wirst sehen, du gewöhnst dich ganz schnell daran.« Ist das Baby dann etwa ein halbes Jahr alt, kann es auf dem Rücken getragen das perfekte Gleichgewicht zwischen Aufmerksamkeit und Unabhängigkeit erfahren. Das Baby genießt die körperliche Nähe während die Eltern ihren alltäglichen Aufgaben nachgehen können. Das Kind lernt, dass es ein wichtiger Teil der Familie ist, ohne ständig im Mittelpunkt zu stehen. Es kann seine Umgebung beobachten und aktiv am Alltag teilnehmen, findet aber auch selbstständig Ruhe und Schlaf, was für die Reizverarbeitung und eine ausgeglichene Wachphase in den ersten Monaten wichtig ist.

Nun war ich mit einigen Eltern schon darüber im Gespräch und sie sagen: »Nein, mein Kind wollte da einfach nicht rein in die Trage. Das klappt bei uns nicht. Und sowieso, ich habe so Rückenschmerzen davon bekommen.« Tragen ist absolut freiwillig und sollte das gemeinsame Wohlbefinden steigern. Fühlt es sich für dich nicht gut an, solltest du dein Kind auch nicht tragen. Sei dir bitte bewusst, dass zwei Dinge über den Erfolg des Tragens entscheiden: deine eigene Einstellung – dein Kind merkt, wenn du dich unwohl fühlst – und auch, ob das Kind es in der Trage bequem hat und in der korrekten Körperhaltung verweilt. Lass dich dazu bitte vorher beraten.

Neben emotionalen Vorteilen hat das Tragen praktische Aspekte. Es fördert die körperliche Fitness der Eltern und stärkt die Muskeln des Kindes. Bei richtiger Position werden Bewegungsentwicklung und Körperhaltung gefördert, während stundenlanges Sitzen im Kinderwagen vermieden wird. Tragen ersetzt in der Stadt oft den Kinderwagen, erspart die Suche nach Aufzügen und erleichtert das Überqueren von Straßen in Parklücken. Wer mehr wissen möchte, dem sei Jean Liedloffs Buch empfohlen.[118]

Im Gegensatz zu Menschen mit großen Urvertrauen, haben Menschen mit unsicheren Bindungsstilen oft Schwierigkeiten, ihre Emotionen zu verstehen und angemessen zu kommunizieren. Sie neigen in Konfliktsituationen zu Defensivität und Zurückhaltung, was Missverständnisse und Spannungen in Beziehungen bewirken kann. Sich seiner eigenen Bindungserfahrungen bewusst zu werden, ist oft schon herausfordernd genug, was das Interesse an Ratgebern wie *Jeder ist beziehungsfähig* von Stefanie Stahl[119] erklärt. Ihre Bücher helfen dabei, frühkindliche Muster aufzudecken und zu verarbeiten, um einen Neuanfang in der Gegenwart zu ermöglichen.

Wenn die Autonomie untergraben wird

In modernen Zeiten ist der Gedanke in einigen Familien eingezogen, dass Kind übermäßig vor Gefahren schützen zu müssen, da die Welt gefährlicher geworden sei, als sie es noch vor ein paar Jahrzehnten war, als die Kinder alleine um die Häuser ziehen konnten. Meiner Einschätzung nach ist die Welt nicht gefährlicher geworden, es ist ein medienpsychologisches Phänomen, bei dem wir ständig mit den Gefahren konfrontiert werden und die Welt deshalb irrtümlicherweise als bedrohlicher wahrnehmen. Mit dieser Tendenz, das Kind ständig zu überwachen, wird dessen Autonomie – also ein kindliches Grundbedürfnis – untergraben. Die Kinder dürfen sich nicht mehr ihrem Alter entsprechend frei bewegen, sie dürfen keine Fehler machen, nicht mehr barfuß im Dreck spielen – alles Dinge, die langfristig die Motivation fördern.

---

118 Liedloff (2013)
119 Stahl (2017)

Schauen wir uns das an zwei Experimenten genauer an.[120,121] Motivation lässt sich in zwei Hauptkategorien unterteilen: die intrinsische – also die Kinder entwickeln sich in eine Richtung, die aus dem Inneren heraus für richtig befunden wird, Zufriedenheit und Sinn stiftet – und die extrinsische Motivation, was als von außen auferlegt bezeichnet werden kann, wie Geld oder Lob, und den Fokus weniger auf der Tätigkeit selbst hat, sondern eher auf der Konsequenz. In der Motivationsforschung wird dies als *Overjustification Effect* bezeichnet. Versuchspersonen, die für das Lösen eines Puzzles bezahlt wurden, verloren nach anschließend ausgebliebener Belohnung das Interesse, während unbezahlte Teilnehmer ohne anschließende Belohnung weiterhin motiviert blieben. Ähnlich verloren Kinder, die häufig und übermäßig für eine Zeichnung gelobt wurden, das Interesse am Zeichnen – vor allem, wenn das Lob dann ausblieb (»Ich male, um gelobt zu werden. Werde ich nicht gelobt, macht das Malen keinen Sinn.«). Im Gegensatz dazu behielten Kinder ihre Freude am Zeichnen, die keine Belohnung erwarteten (»Ich male, weil es mir Spaß macht«).

Die Selbstbestimmungstheorie[122] greift diese Gedanken ebenfalls auf und erklärt, warum Autonomie und Selbstbestimmung so wichtig für die Förderung intrinsischer Motivation sind. Menschen, die Aufgaben selbstbestimmt und autonom ausführen konnten, entwickeln mehr Freude und Zufriedenheit und eine höhere intrinsische Motivation. Um intrinsische Motivation zu fördern, ist es wichtig, Menschen die Freiheit zu geben, eigene Entscheidungen zu treffen und Aufgaben selbst zu gestalten, um gemeinsame und sinnvolle Ziele zu erreichen. Dieses Wissen ist nicht nur für die Selbstanwendung und für Eltern interessant, sondern beispielsweise auch im Arbeitskontext relevant.

Bedeutet das eigentlich, dass wir nicht mehr loben dürfen? Versuch es doch mal mit Wertschätzung statt mit Lob. Positives Feedback

---

120 Deci (1971)
121 Lepper, Greene & Nisbett (1973)
122 Ryan & Deci (1985)

und Anerkennung können die intrinsische Motivation stärken, wenn sie konkret auf Leistung und Prozess fokussiert, spezifisch, ermutigend und authentisch sind. Wenn Anstrengung, Kreativität oder Durchhaltevermögen gewürdigt werden, fühlen sich Menschen kompetent und bestärkt. Kreativität und Exploration sind ebenfalls zentral für die intrinsische Motivation, ebenso wie Wertschätzung und soziale Eingebundenheit. Fehler sollten als Teil des Lernprozesses betrachtet werden. Wer aus Fehlern lernt, begegnet neuen Herausforderungen neugierig und kreativ. Diese Ansätze fördern ein Umfeld, das neue Ideen und unkonventionelle Lösungen willkommen heißt und Fehler als wertvolle Lernchancen betrachtet.

Die Beziehung zwischen den Eltern und die Umwelt des Kindes

Eine unterstützende und liebevolle Partnerschaft zwischen den Eltern schafft eine Umgebung, in der Kinder emotionale Sicherheit und Stabilität entwickeln können, was einen tiefgreifenden Einfluss auf ihre emotionale Entwicklung hat. Die Art und Weise, wie Eltern miteinander umgehen – ihre Kommunikation, ihre Art, Konflikte zu lösen, und der gegenseitige Respekt –, prägt das Verständnis der Kinder von Liebe und Vertrauen und legt so den Grundstein für ihre zukünftigen Beziehungen. Und es ist auch das emotionale Klima in der weiteren Umgebung, wie andere Familienmitglieder, Freunde, Nachbarn.[123] Das soziale Umfeld formt das Gefühl der Kinder, Teil einer funktionierenden Gemeinschaft zu sein. Dadurch lernen sie, Emotionen zu regulieren, angemessen zu kommunizieren und sich sozial fair zu verhalten.

Um ein positives Familienklima zu fördern, sind gemeinsame Aktivitäten von großem Wert, wie beispielsweise Spieleabende, Ausflüge oder kreative Projekte. Ebenso förderlich sind tägliche Routinen, wie das Gespräch während des Abendessens, in denen die Familienmitglieder über die Ereignisse des Tages und die damit

---

123 Morris et al. (2007)

verbundenen Gefühle sprechen. Solche Gewohnheiten bieten nicht nur Raum für offene Kommunikation, sondern unterstützen Kinder dabei, ihre Emotionen besser zu verstehen und auszudrücken. Auch in sozialen Situationen, etwa bei gemeinsamen Unternehmungen mit Freunden oder Nachbarn, wie gemeinsame Urlaube, der Besuch von Sportevents oder das gemeinschaftliche Fahren an den See, können Eltern durch ihr Verhalten ein Vorbild im Umgang mit Herausforderungen und Emotionen anderer sein. Gleichzeitig ist es wichtig, dass Eltern gezielt Zeit als Paar verbringen, um ihre Beziehung zu pflegen, die Kommunikation zu vertiefen und ihre emotionale Bindung zu stärken. Auf dieser dritten Ebene spielen auch Beziehungen außerhalb der Familie eine große Rolle, wie der Einfluss zu Lehrpersonen oder Gleichaltrigen in der Schule.

Nun eine kleine Selbstanwendung. Nicht jeder ist ein Elternteil oder trägt Sorge für ein Kind. Jedoch ist das Wissen über die Entstehung emotionaler Kompetenzen für jeden unabdingbar, denn so war auch jeder Mensch mal ein Kind. Ich schlage dir eine kurze, wirkungsvolle Übung vor, mit der du den Umgang mit Emotionen in deiner Kindheit rückbesinnen kannst. Suche dir dafür einen ruhigen Moment. Versuche, dich an deine Kindheit zu erinnern – vielleicht gibt es da eine emotionale Situation, an die du häufig zurückdenkst. Es können Emotionen der Freude sein, der Ausgelassenheit, geprägt von Liebe, und es können Emotionen sein wie Traurigkeit, Einsamkeit, Wut und Trotz oder Angst. Welche Emotion spürst du? Wo bist du? Wer ist bei dir? Nun frage dich, welche Reaktion du damals von deinen Eltern oder Bezugspersonen erlebt hast. Haben sie deine Emotion erkannt und dich unterstützt? Hattest du das Gefühl, dass deine Bedürfnisse gesehen und verstanden wurden? Hast du dich akzeptiert gefühlt? Oder gab es vielleicht Momente, in denen du dich mit deinen Gefühlen allein gefühlt hast, in denen bestimmte Bedürfnisse unerfüllt blieben? Wenn du nun auf diese Erfahrungen schaust, versuche zu erkennen, welche Bedürfnisse für dich in solchen Momenten wichtig waren: das Bedürfnis nach Geborgenheit, Anerkennung, Trost, Schutz? Was hat dir gutgetan und was hast du vielleicht vermisst? Was hättest du dir von deinen Eltern gewünscht? Dieses Wissen kannst du heute nutzen, indem du dir bewusstmachst, welche dieser Bedürfnisse heute noch bestehen und wie du sie selbst erfüllen kannst. Wenn dir damals zum Beispiel Trost gefehlt hat, könntest du nun lernen, dir in schwierigen Momenten selbst Trost zu spenden, etwa durch eine beruhigende innere Stimme oder durch achtsame Selbstfürsorge. Oder wenn du oft das Gefühl hattest, nicht gehört zu werden, könnte es für dich heute hilfreich sein, bewusst Momente zu schaffen, in denen du dir selbst zuhörst – etwa durch Tagebuchschreiben oder das Teilen deiner Gedanken mit vertrauten Menschen. So kannst du lernen, die ungestillten Bedürfnisse von damals als Erwachsener wahrzunehmen und zu würdigen. Die Aufgabe ist nicht, die Vergangenheit zu ändern, sondern die Gegenwart mit Mitgefühl und Achtsamkeit zu gestalten.

Die Bedeutung von Schule und Nachbarschaft

Die Schule spielt eine zentrale Rolle in der Entwicklung emotionaler Kompetenz, da sie einen sicheren Raum bietet, in dem Kinder ihre Gefühle ausdrücken und soziale Interaktionen erproben können. Sie vermittelt nicht nur akademisches Wissen, sondern auch emotionale Fähigkeiten durch gezielte pädagogische Ansätze und den täglichen Umgang mit Lehrkräften und Gleichaltrigen. Lehrpersonen fungieren als emotionale Vorbilder, indem sie ein unterstützendes Lernklima schaffen, in dem die Schüler sich sicher und verstanden fühlen. Dies fördert nicht nur das emotionale Wohlbefinden, sondern auch die Fähigkeit der Kinder, ihre Emotionen zu regulieren und sich in andere hineinzuversetzen.[124] Kinder lernen im Austausch mit anderen, Konflikte zu lösen, Kompromisse einzugehen und Beziehungen zu gestalten. Diese sozialen Erfahrungen bieten eine wichtige Ergänzung zum Elternhaus.

Neben der Schule spielt auch das soziale Umfeld eine wichtige Rolle für die Entwicklung emotionaler Kompetenz. Die Idee, dass es ein »Dorf« braucht, um ein Kind zu erziehen, unterstreicht die Bedeutung eines breiten Netzwerks emotional kompetenter Bezugspersonen. In traditionellen Gemeinschaften, in denen enge soziale Bindungen bestehen, lernen Kinder durch vielfältige soziale Interaktionen, ihre Emotionen sicher auszudrücken und Empathie zu entwickeln. Verschiedene Bezugspersonen tragen dazu bei, dass Kinder unterschiedliche Perspektiven erleben und ihre sozialen Fähigkeiten erweitern.

In modernen, oft anonymen Gesellschaften fehlt diese enge Gemeinschaft jedoch häufig. Gerade in urbanen Räumen gibt es weniger intensive emotionale Bindungen, was die Entwicklung sozialer und emotionaler Kompetenzen erschweren kann. Kinder, die zu Hause wenig emotionale Unterstützung finden, haben dann oft Schwierigkeiten, ihre Gefühle angemessen auszudrücken und Konflikte zu bewältigen.

Um dem entgegenzuwirken, sollten Gemeinschaften gezielt Räume schaffen, in denen Kinder emotionale Unterstützung und soziale Interaktion erfahren können. Dies wird in der Forschung unter dem Begriff der *kollektiven Wirksamkeit* untersucht[125]. Irgendwie nicht besonders naheliegend. Kollektive Wirksamkeit bezeichnet den Prozess des gemeinsamen Handelns zur Erreichung gemeinsamer Ziele, insbesondere für Kinder aus sozial benachteiligten Nachbarschaften, in denen elterliches Missverhalten kompensiert werden muss. Initiativen wie Nachbarschaftsprojekte, Schulprogramme oder Gemeinschaftsgärten bieten Potenzial, um emotionale Kompetenz auch in einer individualistischen Gesellschaft zu fördern. Sie ermöglichen

---

124 Taylor et al. (2017)
125 Odgers et al. (2012)

Kindern, in einem unterstützenden Umfeld ihre Emotionen zu regulieren und zu sozial kompetenten Individuen heranzuwachsen.

Hier ist ein Beispieldialog, in dem eine emotional kompetente Nachbarin empathisch mit einem Kind spricht, das über seinen Kummer zu Hause erzählt:

Nachbarin: Hallo Mia. Wie geht's dir heute? Du siehst ein bisschen traurig aus.
Mia: Hallo... mir geht's okay, glaube ich.
Nachbarin: Nur okay? Magst du mir davon erzählen? Ich habe gern ein offenes Ohr für dich.
Mia: Es ist nur... Zu Hause ist es gerade nicht so schön. Mama und Papa streiten viel, und ich weiß nicht, was ich tun soll.
Nachbarin: Das klingt wirklich schwierig, Mia. Es ist bestimmt nicht leicht für dich, das mit anzusehen. Wie fühlst du dich dabei?
Mia: Ich bin traurig und manchmal auch wütend. Ich habe Angst, dass sie sich trennen.
Nachbarin: Das ist vollkommen verständlich, dass du dich so fühlst. Es ist ganz normal, sich Sorgen zu machen, wenn so etwas passiert. Hast du schon mit jemandem darüber gesprochen, wie du dich fühlst?
Mia: Nicht wirklich... Ich will nicht, dass Mama und Papa noch trauriger werden.
Nachbarin: Ich verstehe, dass du sie nicht zusätzlich belasten möchtest. Aber es ist auch wichtig, dass du jemanden hast, dem du vertrauen kannst und mit dem du reden kannst. Manchmal hilft es schon, einfach darüber zu sprechen. Vielleicht könnten wir gemeinsam überlegen, wie du mit Mama oder Papa darüber reden könntest,

	oder wir finden eine andere Möglichkeit, damit umzugehen. Ich bin auf jeden Fall für dich da.
Mia:	Danke. Es ist gut zu wissen, dass ich mit dir reden kann.
Nachbarin:	Immer gern, Mia. Du bist nicht allein mit deinen Sorgen, und ich bin sicher, dass wir gemeinsam einen Weg finden, damit es dir bessergeht.

Emotionale Kompetenzentwicklung am Beispiel von Schulschließungen

Um die Auswirkungen der verschiedenen Ebenen zur Entwicklung emotionaler Kompetenz zu verdeutlichen, möchte ich ein Beispiel heranziehen, dass uns in den letzten Jahren alle mehr oder weniger betroffen hat: Ich spreche von den Maßnahmen zur Eindämmung der Ausbreitung des Corona-Virus. Die Aufarbeitung dieser Krise mag vielen unangenehm oder sogar unnötig erscheinen. Man sehnt sich nach Normalität und möchte an diese Zeit ungern erinnert werden. Doch bergen diese Herausforderungen erhebliches Potential für Wachstum, wenn es uns gelingt, die psychischen Prozesse und auch die Auswirkungen zu verstehen. Wir können somit nicht nur gezielter Defizite kompensieren, wir können auch nachhaltig für zukünftige Herausforderungen lernen, sodass es uns besser gelingt, zu kommunizieren, Entscheidungen zu treffen, miteinander zu sein, statt eine Spaltung zu erzeugen.

Die Corona-Krise, insbesondere die Schulschließung zwischen März und Mai 2020 und im Winter 2020/2021 führte zu erheblichen Herausforderungen, insbesondere für Familien. Neben schulischen Anforderungen fehlten Kindern soziale Kontakte, die für ihre emotionale und soziale Entwicklung zentral sind. Schulen bieten nicht nur Bildung, sie sind Teil des Sicherheitsnetzes, welches Kindern zur Verfügung steht. Der fehlende Zugang zu diesem Netz kann mit einer geringeren Überwachung von Kindesmissbrauch oder Vernachlässigung verbunden sein).[126] Auch die Isolation führte bei vielen Kindern

---

126 Phelps & Sperry (2020)

vermehrt zu psychischen Problemen wie Angst und Depressionen. Ein Mangel an Bewegung und Abwechslung verstärkte diese Probleme.[127] Besonders schwer traf es Kinder aus ohnehin belasteten Familien: Berichte über Kindesmisshandlung stiegen, und die Suizidrate unter Jugendlichen nahm zu. Doch mal halblang: Betrifft das alle Kinder? Nein, wir sprechen hier von einem Schereneffekt, auch Matthäuseffekt genannt, der beschreibt, wie äußere Krisen bestehende Ungleichheiten verstärken. Kinder aus unterstützenden Familien und mit Zugang zu Bildung konnten besser mit den Herausforderungen umgehen. Sie entwickelten sich auch während des Homeschoolings gut, während Kinder aus benachteiligten Familien stärker litten. Verschiedene Forschungsarbeiten warnen vor einem Schereneffekt um etwa 30 % durch das Homeschooling während dieser Zeit[128] – das ist eine Menge, wenn wir es nicht schaffen zu verstehen, was ausschlaggebend für die kindliche Entwicklung ist, um dies zukünftig effizient zu kompensieren. Im Neuen Testament heißt es: »Denn wer da hat, dem wird gegeben, dass er die Fülle habe; wer aber nicht hat, dem wird auch das genommen, was er hat« (Matthäus 25,29), was so viel bedeutet wie: Wer bereits mehr Ressourcen, wie emotionale Kompetenz hat, kann sich weiter gut entwickeln, wer bereits vorher schon Defizite aufweist, fällt weiter zurück. Doch wovon sprechen wir genau, was die einen mehr haben als die anderen? Sprechen wir von Geld? Schauen wir uns das auf den drei Ebenen genauer an.

Wenn wir Unterschiede erklären wollen in den Entwicklungschancen von Kindern während herausfordernden Zeiten, prägen elterliche Fähigkeiten wie emotionale Kompetenz, Bildungsverhalten, Kommunikationsfähigkeit das direkte Umfeld, in dem ein Kind lernt. Demnach war die emotionale Kompetenz der Eltern entscheidend für den Verlauf der kindlichen Entwicklung während der gesamten Krise und insbesondere während der Schulschließungen und der Isolation, in der die Familie auf engem Raum zusammen war. Eltern, die ihre

---

127 Viner et al. (2022)
128 Hammerstein et al. (2021)

eigenen Emotionen regulieren konnten, insbesondere Emotionen wie Angst und auch Hilflosigkeit, aber auch Frustration und Wut, waren besser in der Lage, ihre Kinder emotional und lerntechnisch zu unterstützen.[129,130,131] Eltern, die sich trotz Belastungen gefestigt fühlten und den Kindern Sicherheit boten, ermöglichten ihren Kindern, sich auch in der Krise zu stabilisieren. Zudem war der Einfluss des Familienklimas entscheidend: Harmonische Beziehungen innerhalb der Familie förderten die Entwicklung und die psychische Gesundheit der Kinder.[132] Besonders kritisch war die Lage in belasteten Familien, wo die gemeinsame Zeit im Lockdown oft zu eskalierenden Konflikten führte. Auch die Fähigkeiten der Kinder selbst, wie Emotionsregulation und Frustrationstoleranz, hatten erheblichen Einfluss darauf, wie gut sie mit der vorübergehenden Schulschließung zurechtkamen. Kinder, die bereits vor der Pandemie emotional gefestigt und selbstständig waren, bewältigten die Herausforderungen besser. Im Gegensatz dazu verloren leistungsschwächere Kinder oft ihre Selbstwirksamkeit und Motivation. Gerade für diese Kinder wäre der soziale Austausch mit Gleichaltrigen wichtig gewesen, der im Homeschooling fehlte.

Das soziale Umfeld spielt ebenfalls eine wesentliche Rolle für die Entwicklung emotionaler Kompetenz. Kinder, die Geschwister oder andere soziale Kontakte hatten, profitierten von diesen täglichen Interaktionen, während Einzelkinder oder Kinder in beengten Wohnverhältnissen besonders stark von Isolation betroffen waren.

Neben Geschwistern und räumlicher Umgebung ist es auch das soziale Umfeld der Familie, welches maßgeblich Einfluss darauf hat, ob Bedürfnisse nach Zugehörigkeit und Unterstützung erfüllt werden. Elterliche Netzwerke, die Unterstützung bei der Bewältigung von Arbeit und Homeschooling boten, trugen positiv zur familiären Dynamik bei. Alleinerziehende und Einzelkinder hingegen standen

---

129 Goldberg & Carlson (2014)
130 Oppermann et al. (2021)
131 Pinquart (2017)
132 Goldberg & Carlson (2014)

häufig unter größerem Druck und zeigten vermehrt Verhaltensauffälligkeiten. Auch Lehrpersonen trugen in dieser Zeit eine besondere Verantwortung. Lehrpersonen, die trotz der Umstände engagiert blieben, konnten Kindern eine gewisse Stabilität bieten und helfen, die schulischen Herausforderungen zu bewältigen.[133] Der Großteil dieser Interventionen umfasste Sport- und Freizeitaktivitäten, der Fokus lag weniger auf emotionalen Kompetenzen, wie beispielsweise die Nachbesprechung von Ängsten, Sorgen, Traumata, Hilflosigkeit, Einsamkeit. Diese Differenz muss in der Unterrichtszeit nach dem Homeschooling insbesondere von den Lehrpersonen innerhalb der Klassen abgefedert werden, was sicherlich eine Herausforderung darstellt.[134]

Wie können wir der Spaltung zwischen Kindern begegnen?

Um die Spaltung zwischen den Kindern zu verringern, lassen sich einige Maßnahmen innerhalb des Unterrichts aus der Begabtenförderung ableiten.[135] In diesem Kontext sind wenig invasive und ökonomisch durchführbare Maßnahmen sinnvoll, wie bspw. die innere Differenzierung, wobei Kinder einer Klasse in Abhängigkeit ihrer Kompetenzen unterschiedliche Aufgaben bekommen. Gezielte Förderprogramme für leistungsschwache Kinder sind meist wirksamer.[136] Darüber hinaus ist es für den Lernerfolg der Kinder förderlich, Selbsteinschätzungen zu üben, Klassendiskussionen anzuregen und Feedback zu geben. Alle drei Komponenten hängen wohl auch mit emotionaler Kompetenz zusammen (Selbstreflektion, Perspektivwechsel, Kommunikation). Ein Experiment[137] legt nahe, dass gerade solche Kinder von psychologischen Interventionen profitieren, die

---
133 Hammerstein et al. (2021)
134 Ebd.
135 Sparfeldt et al. (2013)
136 Hattie (2018)
137 Cohen et al. (2006)

Die Rolle der Eltern für die emotionale Entwicklung

verhaltensauffällig oder leistungsschwach sind, und deren Versetzung gefährdet ist. Die Maßnahme beschränkte sich auf eine Liste an Freizeitaktivitäten, aus der die Kinder auswählen sollten, welcher Aktivität sie außerschulisch gern nachgehen wollten und warum. Dies wurde über zwei Jahre insgesamt lediglich viermal für 15 Minuten durchgeführt, mit allgemeinen Erfolgen für die Selbstwirksamkeit und den Schulerfolg und noch höheren Erfolgen für leistungsschwache Kinder. Obwohl ökonomisch und effektiv, wird diese Methode bisher selten angewandt, wohl, weil die Intervention nicht bekannt ist. Wir dürfen dennoch daraus lernen und sie auch mal bei uns selbst anwenden. Was also machst du denn gern und warum möchtest du diese Aktivität im nächsten halben Jahr häufiger anwenden?

Die Pandemie hat gezeigt, wie entscheidend emotionale Kompetenzen – sowohl der Eltern als auch der Kinder – für die Bewältigung von Krisen sind. Ganz bewusst habe ich mich auf die Auswirkungen des Homeschoolings fokussiert – ähnliche Effekte sind zu erwarten, wenn wir uns mit anderen coronabedingten Maßnahmen beschäftigen, wie suggerierte Angst und Schuld durch Medien (»Überall lauert Gefahr«, »Du wirst jemanden anstecken«), Konflikte in der Gesellschaft und mitunter in den Familien durch gespaltene Meinungsbildung (»Du bist nicht solidarisch, wenn du dich nicht impfen lässt« und »Wir können uns nur sehen, wenn du die Regeln einhältst« etc.) und die Isolation selbst infolge der Ansteckung. Die langfristigen Folgen dieser Zeit sind noch nicht vollständig aufgearbeitet, doch bereits jetzt wird deutlich, dass die emotionale Kompetenz ein Schlüssel für die Zukunft sein wird.

Intensive Kontakte mithilfe emotionaler Kompetenz

In diesem Kapitel beschäftigen wir uns mit den folgenden Fragen:

- Worin besteht die Verbindung zwischen emotionaler und sozialer Kompetenz?
- Was ist Empathie? Gibt es ein »zu viel« an Mitgefühl und wie bekommen wir das in den Griff?
- Können wir Emotionen induzieren und was bedeutet das für unseren emotionalen Haushalt in der modernen Gesellschaft?
- Was sind moralische Emotionen und wie hängen sie zusammen mit »richtigem« oder »falschem« Verhalten?
- Wie können wir Konflikte lösen?
- Wie kann uns emotional kompetente Kommunikation gelingen und welche Bedeutung kommt der Gewaltfreien Kommunikation zu?

Verbindung von emotionalen und sozialen Kompetenzen

Um die Verbindung zwischen emotionaler und sozialer Kompetenz zu verdeutlichen, schauen wir uns einmal das Schaubild an (▶ Abb. 7). Während einige Wissenschaftler aufgrund der Überschneidung beider Themen sogar von sozial-emotionalen Kompetenzen sprechen, zeigt das von mir erstellte Bild, dass beide Bereiche neben gemeinsamen Elementen auch eigene Schwerpunkte haben. Emotionale Kompetenz bezieht sich vor allem auf den Umgang mit eigenen Emotionen, während bestimmte Aspekte sozialer Kompetenz, wie Kommunikationsfähigkeit (im Unterschied zu emotionaler und informeller Kommunikation), Kooperationsfähigkeit und Selbstbehauptung, weniger emotional geprägt sind. Emotionale Kompetenz ist entscheidend für erfolgreiche soziale Interaktionen, da sie die Fähigkeit verbessert, Emotionen zu kontrollieren und empathisch auf andere zu reagieren.

Wir alle haben ein tiefes Bedürfnis nach Zugehörigkeit und Nähe, das sich in verschiedenen Beziehungsformen zeigt, die unser Leben prägen. In der Kindheit sind familiäre Beziehungen besonders wichtig, da sie die Grundlage für spätere emotionale Fähigkeiten schaffen. Mit dem Erwachsenwerden verschiebt sich der Fokus: Die Familie muss nicht mehr so nah sein, sie dient eher der Unterstützung und der Gewissheit, dass sie im Notfall bereitsteht.[138] Freundschaften und romantische Beziehungen gewinnen im frühen Erwachsenenalter stetig an Bedeutung und formen das soziale Umfeld, in dem man sich bewegt. Emotionale Kompetenz ist entscheidend, um diese Beziehungen zu pflegen und zu vertiefen, sei es in der Familie, unter Freunden, am Arbeitsplatz oder in der Nachbarschaft.

Stell dir vor: Ein Kollege reagiert ungewöhnlich gereizt auf eine harmlose Bemerkung. Wer emotional kompetent ist, reagiert nicht

---

138 Chen, Brody & Miller (2017)

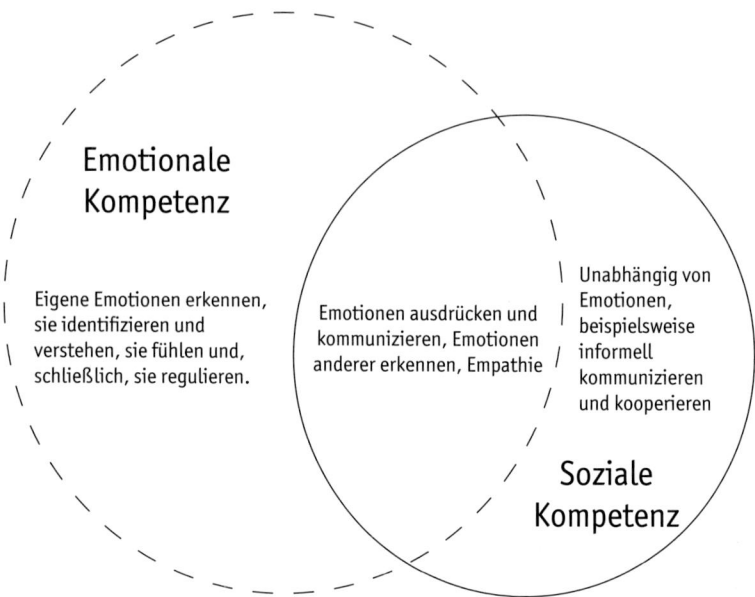

Abb. 7: Die Überschneidung emotionaler und sozialer Kompetenz

mit Ärger, sondern versucht zu verstehen, was hinter dieser Reaktion steckt – vielleicht steht der Kollege unter Stress? Diese Fähigkeit, Gefühle wahrzunehmen und angemessen darauf zu reagieren, ist in allen Lebensbereichen von unschätzbarem Wert. Auch in der Nachbarschaft zeigt emotionale Kompetenz ihre Wirkung. Wenn ein Nachbar ohne Vorwarnung einen Schuppen errichtet, der die Aussicht des anderen beeinträchtigt, könnte dies zu einem Konflikt führen. Emotionale Kompetenz bedeutet hier, das Gespräch zu suchen, zuzuhören und die Beweggründe des anderen zu verstehen, um eine Lösung zu finden, die beide Seiten zufriedenstellt.

In romantischen Partnerschaften ist emotionale Kompetenz besonders wichtig. Wenn ein Paar etwa vor der Entscheidung steht, für eine berufliche Chance umzuziehen, kann dies ohne emotionale Kompetenz schnell zu Missverständnissen und Vorwürfen führen. Mit emotionaler Kompetenz können beide ihre Gefühle offen kommunizieren und gemeinsam eine Lösung finden. Beispielsweise könnte ein Partner sagen: »Ich habe Angst, dass uns der Umzug auseinanderbringt«, eine Offenheit, die Raum für gegenseitiges Verständnis schafft. Auch in Freundschaften ist emotionale Kompetenz entscheidend. Bei einem hitzigen Streit kann die Fähigkeit, die eigenen Gefühle zu erkennen und zu benennen, helfen, den Konflikt zu deeskalieren. Wer emotional kompetent ist, kann reflektieren und entscheiden, ob man den Streit weiter anheizen oder nach einer gemeinsamen Lösung suchen möchte.

In eigenen Analysen[139] haben wir untersucht, inwiefern sich die emotionale Kompetenz in romantischen und nicht-romantischen Beziehungen unterscheidet. Unsere Ergebnisse bestätigen die Annahme, dass der Austausch von Emotionen in romantischen Beziehungen durchschnittlich eine höhere Priorität hat als in nicht-romantischen Beziehungen. Dies könnte darauf zurückzuführen sein, dass Liebesbeziehungen durch eine höhere Abhängigkeit, Intimität und einen stärkeren Fokus auf Verletzlichkeit gekennzeichnet sind. Dennoch zeigen sich auch innerhalb nicht-romantischer Beziehungen erhebliche Unterschiede. Lebenslange Freundschaften, die auf tiefer Verbundenheit und Empathie basieren, oder enge Familienbeziehungen, in denen alles geteilt wird, sind bemerkenswerte Ausnahmen. Unsere Forschung deutet darauf hin, dass nicht der Beziehungstyp allein, sondern die Intensität der Beziehung für den Austausch von Emotionen entscheidend ist. Aufgrund der begrenzten Datenlage konnten wir dies bisher metaanalytisch nicht abschließend bestätigen.

---

139 Lovis-Schmidt, Tavener, Oestreich, Rindermann (2024)

Empathie: Emotionale Kompetenz zu zweit

Nun, Empathie ist wichtig – so weit waren wir schon. Was genau bedeutet Empathie und wofür ist sie so wichtig? Während die Forschung Empathie häufig als individuelle Eigenschaft betrachtet, sehen einige Experten aus Psychotherapie und Philosophie sie als dynamischen Prozess zwischen zwei Menschen. In diesem Prozess entsteht eine gemeinsame Wahrnehmung, eine emotionale Brücke zwischen den Beteiligten. Empathie kann in zwei miteinander interagierende Komponenten unterteilt werden: eine kognitive, eher kontrollierbare und eine affektive, automatische Komponente. Diese stehen für das Zusammenspiel von »Mitdenken« und »Mitfühlen«. Die kognitive Komponente beschreibt unsere Fähigkeit, andere Menschen intellektuell zu verstehen, also die Welt mit ihren Augen zu sehen. Diese Fähigkeit ist eng mit der »Theory of Mind« verbunden, die erklärt, wie wir lernen, dass andere Menschen eigene Gedanken und Gefühle haben, die sich von unseren unterscheiden, ein wichtiger Schritt in der sozialen und emotionalen Entwicklung.

Die affektive Komponente bezieht sich auf das emotionale Nacherleben der Gefühlslage anderer Menschen. Manche bezeichnen dies als *Gefühlsansteckung*, wobei die Gefühle des anderen imitiert und im Körper real gefühlt werden. Diese Tendenz ist bei Neugeborenen stark ausgeprägt; so weint beispielsweise ein Säugling, wenn andere Kinder weinen. Obwohl sie im Erwachsenenalter abnimmt, verschwindet sie nie ganz. Viele Menschen fragen sich, wie sie empathischer sein können, ohne von ihrem eigenen Mitgefühl überwältigt zu werden. Da die Zweiteilung des Empathie-Begriffs für diese Erklärung nicht genügen würde, schauen wir uns Empathie nochmal genauer an.

Durch den Einbezug von 52 Überblicksarbeiten zum Thema Empathie gelang es, vier Hauptkomponenten der Empathie zu identifizieren, welche in den meisten der betrachteten Forschungsarbeiten von großer Relevanz waren:[140] Verstehen, Fühlen, Teilen und Ich-Andere-Differenzierung (▶ Abb. 8).

Verstehen ist eher kognitiver Natur und bezieht sich auf das bewusste Wahrnehmen und intellektuelle Nachvollziehen der inneren Vorgänge und Emotionen einer anderen Person, auch häufig als Perspektivwechsel bezeichnet. *Fühlen* beschreibt die emotionale Reaktion auf die Situation, in der sich eine andere Person befindet. Wir empfinden das gleiche Gefühl wie die andere Person in unserem Körper, wir imitieren teilweise auch den Ausdruck der Emotion, indem wir etwa mit ihr weinen, wenn sie von ihrem Kummer erzählt. *Teilen* umfasst das (Mit-)Teilen von ähnlichen Erfahrungen und Gefühlen, wodurch das Gefühl entsteht, mit den Problemen nicht allein zu sein. Wie das Sprichwort verdeutlicht: Geteiltes Leid ist halbes Leid. Ein unabdingbarer, aber häufig vernachlässigter Aspekt der Empathie für echte Unterstützung ist die *Ich-Andere-Differenzierung*. Dank dieser Fähigkeit erkennen wir den Unterschied zwischen den eigenen Gefühlen und denen der anderen Person, was uns hilft, uns emotional abzugrenzen, ohne das Mitgefühl zu verlieren. Die vier Komponenten der Empathie bedingen einander maßgeblich. Wer versteht, wird auch fühlen – besonders, wenn er oder sie Ähnliches erlebt hat. Die ersten beiden Komponenten, Verstehen und Fühlen, sind grundlegende Fähigkeiten der menschlichen Psyche und spielen daher eine zentrale Rolle in der Empathie. Auf den ersten Blick mögen Fühlen und Ich-Andere-Differenzierung gegensätzlich erscheinen, doch beide sind notwendig für Hilfeleistungen. Fehlt eines von beiden, führt dies entweder zu Überidentifizierung oder zu Ignoranz. Empathie ist also mehr als die Summe ihrer Teile.

Empathie wird in medizinischen und pflegenden Berufen oft eine negative Rolle zugesprochen, da zu viel davon das Fachpersonal emotional stark beanspruchen könnte, wenn es mit Patienten und deren Angehörigen mitleidet. Studien haben gezeigt, dass das Fachpersonal im Laufe der beruflichen Tätigkeit einen Schutzmechanismus entwickelt, der verhindert, dass einem das Leid anderer »zu nahe

---

140 Eklund & Meranius (2021)

Intensive Kontakte mithilfe emotionaler Kompetenz

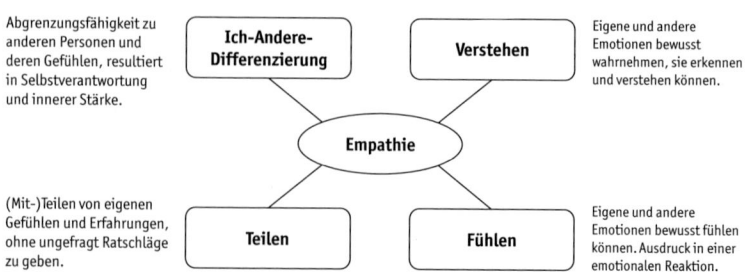

Abb. 8: Die vier Komponenten der Empathie nach Eklund und Meranius (2021)

geht«. In Gehirnscans sah man, dass bei medizinischem Fachpersonal andere Hirnareale aktiv waren, wenn es schmerzhafte Behandlungen über Videosequenzen beobachten sollte als die Kontrollgruppe ohne medizinischen Hintergrund.[141] Die aktiven Gehirnareale sprechen für eine eher kognitive Informationsverarbeitung statt einer emotionalen Aktivierung. Im medizinischen Kontext ist die Ich-Andere-Differenzierung maßgeblich, da sie es uns ermöglicht, empathisch zu reagieren und dennoch nicht von Emotionen überwältigt zu werden. Empathie ist gerade in medizinischen Berufen wichtig, etwa bei der Kommunikation mit Patienten und ihren Angehörigen, da sie den Krankheitsverlauf und das Vertrauen der Patienten in den Arzt begünstigt. Patienten berichten mehr und ausführlicher über ihre Symptome, wenn sie ihrem Arzt oder ihrer Ärztin vertrauen, was zu besseren Diagnosen und gezielteren Interventionen führt.[142] Diese Balance – zwischen Mitfühlen und Distanz – ermöglicht es, die Gefühle des Gegenübers in Relation zu den eigenen zu setzen und klarer zu handeln. Beispielsweise wäre es für eine Psychotherapeutin, die keine Distanz zum Leiden ihres Patienten herstellen kann, unmöglich, neue Perspektiven aufzuzeigen und diesem aus dem Leid zu helfen.

---

141 Xie et al. (2018)
142 Neumann et al. (2009)

Exkurs: Können wir Emotionen induzieren?

Eng mit der Empathie verbunden, ist die Frage, ob wir gezielt emotionale Zustände hervorrufen können. In der Forschung wird dieses Konzept genutzt, um zu verstehen, wie Gefühle unser Verhalten und Denken beeinflussen. Wie gut verschiedene Methoden funktionieren, um spezifische Emotionen zu induzieren, untersuchte eine Metaanalyse[143]. Es zeigte sich, dass Filme besonders effektiv sind, um Angst, Freude und Wut auszulösen. Ein gut gemachter Thriller kann tief verwurzelte Ängste wecken, eine Liebeskomödie uns auf Wolke sieben befördern. Bilder von Gesichtsausdrücken (z. B. lachende Gesichter bzw. angeekelte Gesichter) sind effektive Mittel, um sowohl angenehme als auch unangenehme Gefühle zu erzeugen. Musik wirkt ebenfalls stark: Langsame, mollbetonte Melodien können melancholische Stimmungen hervorrufen, während fröhliche Lieder die Laune heben. Auch persönliche Erlebnisse, die bewusst ins Gedächtnis gerufen oder aufgeschrieben werden, können tiefere Emotionen wie Traurigkeit aktivieren. Geschichten sind gleichermaßen auch die wirksamste Methode, um Freude zu induzieren, insbesondere, wenn sie gut erzählt sind und wir uns mit den Charakteren aus der Geschichte identifizieren. Das Verständnis, wie Emotionen induziert werden, ist nicht nur für die Wissenschaft von Bedeutung, sondern auch für das alltägliche Leben, da es uns ermöglicht, gezielt auf unsere emotionale Gesundheit Einfluss zu nehmen.

Die unbewusste Emotionsinduktion durch Medien ist eine der größten Herausforderungen in der modernen Zeit. Medien nutzen gezielt Emotionen, um Aufmerksamkeit zu erzeugen, sei es durch dramatische Nachrichten, emotionale Werbung oder manipulative Inhalte in sozialen Netzwerken. Solche Inhalte können tiefgreifende emotionale Reaktionen hervorrufen, oft ohne dass der Konsument dies bewusst wahrnimmt. Besonders problematisch sind Emotionen wie Angst, Wut oder Traurigkeit, die langfristig auf die psychische

---

143 Joseph et al. (2020)

Gesundheit wirken. Medien, die wiederholt Angst oder Hilflosigkeit schüren, können ein verzerrtes Weltbild erzeugen, in dem die Welt als bedrohlicher wahrgenommen wird, als sie tatsächlich ist bzw. als im Ermessen der Person liegt.

Die Induktion von Emotionen beschränkt sich nicht nur auf Medien; oft übernehmen wir unbewusst Emotionen von Menschen in unserer Umgebung, ebenfalls als *fremdinduzierte* Emotion bezeichnet wird. Diese entstehen, wenn wir uns unserer eigenen Gefühle nicht bewusst sind und uns nicht ausreichend von den Emotionen anderer abgrenzen können. Ein tragisches Beispiel ist Heath Ledger, der sich während der Dreharbeiten zu »The Dark Knight« suizidierte, vermutlich, weil er sich zu sehr in der Gefühlswelt des Jokers verlor. Frühere Experimente mit Schauspielern bestätigen die Erkenntnisse zu fremdinduzierten Emotionen: Wir können mitunter nicht unterscheiden, ob es sich um eigene oder nur vorgestellte Emotionen handelt.[144] Die bis heute im Schauspielunterricht praktizierte Methode des »Method-Acting«, bei der sich die Schauspieler an Emotionen in ihrer Biographie erinnern, um erneut den emotionalen Zustand zu erleben und authentischer zu präsentieren, erntete sehr viel moralische Kritik. Aber nicht nur Schauspieler sind betroffen, auch im Alltag begegnen wir diesem Problem ständig, etwa wenn uns eine Freundin von einer traurigen Situation erzählt und wir uns danach ebenfalls niedergeschlagen fühlen. Diese fremdinduzierten Gefühle passen oft nicht zu unserem eigenen emotionalen Erleben und können verwirrend und belastend sein, besonders, wenn wir sie nicht identifizieren, verstehen und regulieren können.

Um eigene Emotionen von denen anderer zu unterscheiden, ist die Ich-Andere-Differenzierung wichtig. Diese Fähigkeit kann durch Selbstreflexion gefördert werden, indem wir uns fragen: Ist dieses Gefühl wirklich meins oder habe ich es übernommen? Ein Tagebuch kann helfen, Klarheit über unsere Emotionen und deren Auslöser zu gewinnen. Der Austausch mit vertrauenswürdigen Personen unter-

---

144 Ekman (1989)

stützt zudem das Verständnis und die Abgrenzung fremdinduzierter Gefühle. Wenn du erkennst, dass bestimmte Personen regelmäßig unangenehme Gefühle in dir auslösen, ist es wichtig, den Umgang mit ihnen bewusst zu gestalten. Setze klare Grenzen und achte darauf, dass du dich selbst nicht aus den Augen verlierst. So wie im Flugzeug die Regel gilt, zuerst sich selbst die Sauerstoffmaske aufzusetzen, bevor man anderen hilft, gilt auch im Umgang mit fremdinduzierten Gefühlen: Schütze dich selbst, um anderen besser beistehen zu können. Der berühmt-berüchtigte Kontaktabbruch mit sogenannten »toxischen« Persönlichkeiten halte ich für voreilig. In vielen Fällen kann ein offenes Konflikt-Gespräch mit der beteiligten Person schon wahre Wunder bewirken. Denn sehr wahrscheinlich ist der anderen Person ihre Wirkung auf dich gar nicht bewusst und für sie ist ein Feedback dahingehend sehr hilfreich. Eine Portion Mut brauchst du für ein solches Gespräch auf alle Fälle. Das Bewusstsein für die Quellen deiner Emotionen und das Verständnis dafür, wie andere deine Gefühlswelt beeinflussen, ist ein wichtiger Schritt zur Verbesserung deiner emotionalen Autonomie.

Besonders herausfordernd ist es, wenn wir emotionale Muster von unseren Eltern übernehmen, und zwar oft schon sehr früh in unserem Leben. Dieses Phänomen wird auch als transgenerative Emotionsübertragung bezeichnet. Diese früh übernommenen Emotionen sind besonders schwer zu erkennen, weil sie so tief in uns verankert sind. In solchen Fällen ist es hilfreich, psychotherapeutische Hilfe in Anspruch zu nehmen, um Muster zu erkennen und zu lernen, mit ihnen umzugehen.

Ausschluss aus sozialen Gruppen: Wenn das Herz blutet

Wie stark soziale Zugehörigkeit in unserem Wesen verankert ist, zeigten die spannenden Experimente zum sozialen Schmerz.[145] Die Forscher stellten die Hypothese auf, dass soziale Zurückweisung, Ausschluss oder Verluste ähnlich schmerzhaft empfunden werden wie körperlicher Schmerz. Einer Reihe von Versuchspersonen wurden kurze Videosequenzen vorgespielt, in denen sozialer Ausschluss dargestellt wurde – drei Personen sitzen im Kreis und spielen mit einem Ball und nach einer Weile wird der dritten Person der Ball nicht weiter zugespielt. Tut schon weh beim Lesen, oder? Körperlicher Schmerz wurde in den Experimenten mithilfe von »Cold-Pressure-Aufgaben« induziert, die messen, wie lange es eine Person aushält ihre Hand in eine Schale Eiswasser zu halten. Die Annahmen der Forscher wurden bestätigt: Tatsächlich wurden beim Ansehen der Videos ähnliche Gehirnareale aktiviert wie bei körperlichem Schmerz (der anteriore cinguläre Kortex und die Insula). Diese Überlappung legt nahe, dass soziale und physische Schmerzen auf ähnliche neurologische Prozesse zurückzuführen sind. Das erklärt, warum sozialer Ausschluss oft als besonders schmerzhaft empfunden wird. Soziale Ausgrenzung verursacht nicht nur psychische Belastungen wie Einsamkeit und Depressionen, sondern auch starke physiologische Stressreaktionen, wie einen Anstieg des Cortisolspiegels, und Veränderungen im autonomen Nervensystem. Aus evolutionärer Sicht könnte das Schmerzempfinden in sozialen Situationen dazu dienen, unser Verhalten anzupassen und uns bei drohendem Ausschluss zu motivieren, die Zugehörigkeit zur Gruppe zu sichern, um unsere Überlebenschancen im Schutz der Gemeinschaft zu erhöhen. Weiterhin zeigen Studien, dass die Persönlichkeit der Person diesen Ef-

---

145 MacDonald & Leary (2005)

fekt abmildern kann.¹⁴⁶ Extravertierte Personen konnten demnach mehr und länger körperliche Schmerzen aushalten als Introvertierte. Dasselbe Muster zeigte sich auch im Hinblick auf sozialen Schmerz – extravertierte Personen zeigen weniger Sorge vor sozialer Zurückweisung.

Diese Mechanismen fördern nicht nur das eigene Überleben, sondern auch Hilfsbereitschaft. Um in einer Gruppe akzeptiert und geschätzt zu werden, ist kooperatives Verhalten entscheidend. Hilfsbereitschaft kann somit als eine natürliche Reaktion verstanden werden, die soziale Bindungen stärkt und damit das Risiko sozialen Schmerzes verringert.

Hilfsbereitschaft, Altruismus und moralische Emotionen

Hilfsbereitschaft ist die Bereitschaft und das aktive Bestreben, andere Menschen zu unterstützen. Sie zeigt sich durch kleine und große Taten, die das Leben des anderen erleichtern oder verschönern. Hilfsbereitschaft zeigt sich in Aufmerksamkeit und Fokus auf Bedürfnissen. Eine besondere Form von Hilfeverhalten wollen wir nun kennenlernen, ich spreche von Altruismus. Altruismus geht einen Schritt weiter als Hilfsbereitschaft und beschreibt selbstloses Handeln, das ausschließlich dem Wohl anderer dient, ohne dabei eigene Vorteile im Blick zu haben. Altruistisch ist es demnach, wenn du deiner kranken Nachbarin einen Topf Suppe vorbeibringst, weniger altruistisch, wenn du dafür erwartest, dass auch sie sich um dich kümmert im Falle einer Krankheit. Einige Philosophen befassen sich mit der Frage, ob es Altruismus unter Menschen überhaupt gibt. So sei das angenehme Gefühl, das man nach einer guten Tat verspürt,

---

146 Phillips & Gatchel (2000)

doch schon Belohnung genug und damit nicht mehr selbstlos. Aus meiner wohl eher pragmatischen Sicht ist diese Diskussion nicht haltbar. So geht es meiner Meinung nach nicht um das Ergebnis einer Situation, wie bspw. das angenehme Gefühl, sondern um die Absicht der Person, bevor sie handelte. Wie bei so vielen psychologischen Konzepten ist Altruismus nicht dichotom (es ist altruistisch oder eben nicht), sondern eher kontinuierlich aufgebaut und die Übergänge von »normalem« Hilfeverhalten zu Altruismus sind fließend. Wenn Hilfe unter Personen geleistet wird, die etwa durch Verwandtschaft oder Freundschaft absehbar öfter miteinander interagieren und sich gegenseitig helfen, wird auch von »reziprokem Altruismus« gesprochen. Hier wird nicht unmittelbar eine Gegenleistung erwartet, wir helfen der anderen Person aber mit dem Wissen, dass mit hoher Wahrscheinlichkeit noch öfter Gelegenheiten kommen werden, bei denen die andere Person uns helfen wird und umgekehrt. Komplizierter wird es, wenn man ungewollt hilft und das Verhalten vielleicht sogar mehr schadet als nützt. Wichtig ist es deshalb, vorher zu prüfen, welches Verhalten genau eine Hilfe darstellt.

Meistens fühlt es sich richtig gut an, wenn wir anderen Menschen helfen können. Nicht umsonst beschenken sich viele Menschen zu Weihnachten – einige schenken mehr als sie zurückbekommen und das jedes Jahr aufs Neue. Emotionen, die eng mit sozialem Verhalten verknüpft sind, nennen wir moralische Emotionen. Sie beinhalten darüber hinaus auch Annahmen über ethisches Verhalten, also über Richtig und Falsch. Moralische Emotionen beeinflussen so auch unsere Vorstellung davon, wann wir helfen sollten und wann nicht. Dazu gehören Bewunderung, Dankbarkeit und Stolz bei »richtigem« Verhalten und Schuld, Scham, Empörung bei »falschem«.[147] Schuld tritt auf, wenn wir glauben, gegen unsere eigenen moralischen Standards verstoßen zu haben, und motiviert uns dazu, unser Verhalten zu reflektieren und zu korrigieren. Scham hingegen betrifft oft, wie wir glauben, von anderen gesehen zu werden, und kann unser

---

147 Rudolph, Schulz & Tscharaktschiew (2013)

Verhalten nachhaltig beeinflussen, indem sie uns dazu bringt, soziale Normen zu respektieren. Empörung ist eine weitere moralische Emotion, die entsteht, wenn wir Ungerechtigkeiten oder unmoralisches Verhalten wahrnehmen. Sie kann uns dazu anregen, gegen Missstände vorzugehen und für Gerechtigkeit einzutreten. Weiter lassen sich diese Emotionen in verschiedene Kategorien einteilen: Prototypen wie Mitgefühl und Mitleid, verwandte Emotionen wie Ehrfurcht und Respekt[148] sowie spezielle Fälle wie Ekel, der bei der Verletzung von Normen auftreten kann.[149] Moralische Emotionen können widersprüchlich[150] sein und ihre Qualität in direktem Gegensatz zur Signalwirkung einer Emotion stehen. Ein Beispiel dafür ist das Mitgefühl, das sich zwar schlecht anfühlt, aber ein positives Signal sendet, nämlich »Du verdienst Hilfe«. Im Gegensatz dazu steht die Schadenfreude, die ein gutes Gefühl vermittelt, aber ein negatives Signal aussendet: »Du verdienst keine Hilfe«.

Moralische Emotionen helfen uns, unser Verhalten im sozialen Kontext zu bewerten und anzupassen. Sie fungieren als innerer Kompass, im Einklang mit unseren Werten und den Erwartungen unserer Gemeinschaft zu handeln. Besonders spannend ist die Verbindung zu Attributionen, also Ursachenzuschreibungen, wie wir bereits gelernt haben. Beim Rückblick auf die eigenen Handlungen sind Emotionen wie Schuld, Reue und Bedauern häufig mit Ursachen verbunden, die als kontrollierbar empfunden werden. Scham und Verlegenheit entstehen meist, wenn die Ursachen als unkontrollierbar wahrgenommen werden. Stolz kann beide Seiten haben und kann sowohl durch bewusste Anstrengungen als auch durch unveränderliche Faktoren wie das Aussehen entstehen. Bei der Beobachtung anderer zeigen sich unterschiedliche emotionale Reaktionen, je nachdem, ob die Ursachen als kontrollierbar oder unkontrollierbar wahrgenommen werden. Ärger, Empörung, Schadenfreude, Stolz und Dankbarkeit sind typische Reaktionen auf als kontrollierbar erachtete

---

148 Ortony, Clore & Collins (1988)
149 Pizarro, Inbar & Helion (2011)
150 Heider (1958)

Ursachen. Im Gegensatz dazu treten Verachtung, Neid, Mitleid und Mitgefühl häufiger auf, wenn die Ursache als außerhalb der Kontrolle des Beobachteten betrachtet wird. Stellen wir uns vor, wir sehen einen Obdachlosen auf der Straße. Wie wir auf diese Situation reagieren, hängt stark von unserer Schuldzuschreibung ab. Wenn wir denken: »Der arme Mensch, er kann nichts für seine Lage«, empfinden wir Mitgefühl und Mitleid, was uns eher dazu bewegt, ihm zu helfen – sei es durch eine Spende, ein warmes Getränk oder ein freundliches Gespräch. Anders sieht es aus, wenn wir denken: »Der Mann ist ein Alkoholiker, er hat sich selbst in diese Situation gebracht«. Diese Zuschreibung der Schuld führt zu Gefühlen von Verachtung und Ablehnung, wodurch wir weniger geneigt sind, ihm Unterstützung anzubieten. Hier wird sichtbar, wie stark unsere Attributionen – also die Ursachenzuschreibungen, die wir in Bezug auf das Schicksal anderer Menschen vornehmen – unsere moralischen Emotionen und letztlich die Bereitschaft zu helfen beeinflussen. Du kannst, wenn du magst, deine Gedanken auch entsprechend korrigieren.

Emotional kompetent kommunizieren

Kommunikation ist der Schlüssel zu unseren Beziehungen, und doch ist sie oft komplexer, als sie auf den ersten Blick scheint. Sie besteht nicht nur aus gesprochenen Worten, sondern umfasst auch nonverbale Signale, Tonfall und selbst schriftliche Ausdrucksweisen. Gute Absichten allein reichen jedoch selten aus, um Missverständnisse zu vermeiden und die gewünschte Wirkung zu erzielen. Einige Wissenschaftler haben intensiv untersucht, welche Techniken eine erfolgreiche Kommunikation ermöglichen.[151,152,153] Es beginnt damit, anzu-

---

151 Papp & Witt (2010)
152 Rosenberg (2016)

erkennen, dass Kommunikation durch verschiedene Faktoren erschwert sein kann – diese Einsicht führt uns in eine demütige Haltung, in der Nachfragen und Verzeihen von Missverständnissen selbstverständlich werden.

Was ich sage, was du hörst: die vier Seiten einer Nachricht

Vielleicht hast du bereits vom Kommunikationsmodell von Schulz von Thun gehört.[154] Es beschreibt jede Nachricht als ein Zusammenspiel aus vier Ebenen: dem Sachinhalt, der Beziehung, der Selbstoffenbarung und dem Appell. Dieses Modell verdeutlicht, dass Kommunikation weit mehr ist als das gesprochene Wort. Ich illustriere das anhand eines Beispiels. Ein Liebespaar sitzt abends auf der Couch. Eine Person sagt: »Ich bin so erschöpft.« Auf der *Sachebene* wird hier eine einfache Information übermittelt – der Hinweis darauf, dass jemand müde ist. Auf der *Beziehungsebene* kann mitschwingen, wie die Person den Kontakt zum Gegenüber sieht. Die Aussage könnte dabei einen Wunsch nach Verständnis oder auch nach Fürsorge ausdrücken. Die *Selbstoffenbarung* gibt preis, wie die Person sich fühlt und was sie gerade braucht. Hier könnte es das Bedürfnis sein, einfach nur wahrgenommen zu werden, oder auch die Absicht, sich ehrlich mitzuteilen: »Ich fühle mich ausgelaugt und brauche eine Pause.« Auf der *Appellebene* schließlich könnte »Ich bin so erschöpft« implizit nach Unterstützung fragen, vielleicht nach einer kleinen Geste der Hilfe, wie einer Umarmung, einem warmen Getränk oder einer Einladung, den Abend ruhig zu gestalten. Das Modell zeigt, wie wichtig es ist, hinter den reinen Worten die versteckten Botschaften zu erkennen, oder auch wie bedeutsam es ist, klarer zu kommunizieren, um so Missverständnisse zu vermeiden. Menschen mit niedrigem Selbstwert neigen tendenziell dazu, Sach- und Beziehungsebene zu verwechseln, und nehmen Aussagen schnell persönlich. Wie ist das bei

---

153 Von Thun (2013)
154 Ebd.

dir? Vielleicht hast du schon einmal bemerkt, dass Missverständnisse vor allem dann entstehen, wenn eine dieser Ebenen übersehen wird.

Weitere Werkzeuge, um emotionale Brücken zu bauen

Eine der wichtigsten Fähigkeiten für eine emotional kompetente Kommunikation ist das *aktive Zuhören* – es ist jedoch auch ein oft vernachlässigter Schritt. Das Wörtchen »aktiv« ist dabei entscheidend – es macht meistens den Unterschied aus zwischen einem Telefonat und einem Gespräch in Präsenz. Und zwar soll dem Gegenüber auch signalisiert werden, dass wir zuhören, dass wir aufmerksam sind und uns nicht ablenken lassen: Blickkontakt, ein gelegentliches Nicken oder ein kurzes »Verstehe«, ohne den Redefluss zu unterbrechen. Auf dieser Basis sind emotional tiefgründige Themen möglich. Wenn du diese Gespräche mit bestimmten Menschen oder generell im Alltag vermisst, solltest du dich fragen, ob du das aktive Zuhören in den Grundzügen beherrscht. Es kann ganz leicht angewandt werden, benötigt jedoch ein bisschen Selbstkontrolle.

Anschließendes Paraphrasieren, also das Wiedergeben des Gesagten in eigenen Worten, hilft, Missverständnisse zu vermeiden. Du kannst so sicherstellen, dass du wirklich verstanden hast, was der andere ausdrücken wollte. Diese Technik fühlt sich zu Beginn des Übens erstmal weniger vertraut an. Es beginnt meistens mit: »Ich gebe mal in eigenen Worten wieder, was ich verstanden habe. Lass mich gern wissen, ob das deine wichtigsten Punkte trifft.« Es geht hier weniger um Leistung – es ist ein beidseitiger Prozess, in dem dein Gegenüber, aber auch das gemeinsame Miteinander noch eine gewisse Präzision erfahren darf. Es könnte erwidert werden: »Danke, dass du es noch einmal so erklärst, aber so habe ich es tatsächlich nicht gemeint. Viel eher meinte ich ...«, was eine konstruktive Kommunikation unterstützt. Nimm es also nicht persönlich, wenn dein Gegenüber dich korrigiert – das ist eine wertvolle Chance, wirklich in den Austausch zu gehen und etwas voneinander zu lernen.

Bei schwierigen Themen ist es hilfreich, gezielte, offene Fragen zu stellen, etwa zu den Gefühlen des Gegenübers: »Wie hast du dich dabei gefühlt?« Diese Art von Fragen lenkt das Gespräch auf das Wesentliche und hilft, sich nicht in Details zu verlieren. Dabei ist Einfühlungsvermögen gefragt, denn es geht darum, das Gespräch ohne vorschnelle Urteile zu führen und die eigenen Gefühle im Hintergrund zu halten.

Positives Feedback zu geben, wenn sich jemand emotional geöffnet hat, kann deinem Gegenüber zeigen, dass du seine Offenheit wertschätzt. Wenn das Gesagte bei dir eine andere Reaktion auslöst, ist es hilfreich, dies offen anzusprechen: So erfährt dein Gesprächspartner, wie seine Worte bei dir ankommen, und Missverständnisse können von Anfang an vermieden werden. Es ist manchmal einfach so, dass wir nicht unvoreingenommen an jedes Thema herantreten können. Da ist es auch eine wertvolle Rückfrage, was konkret sich dein Gegenüber von dem Gespräch erhofft.

Oft verleitet uns der Wunsch zu helfen dazu, vorschnell Ratschläge zu geben – eine gut gemeinte, aber nicht immer hilfreiche Reaktion. Ein schneller Ratschlag kann nämlich das Risiko bergen, als unempathisch, arrogant oder gar aufdringlich wahrgenommen zu werden. Auch wenn die Absicht dahinter positiv ist, kann ein ungefragter Ratschlag beim Gegenüber den Eindruck erwecken, dass seine eigenen Erfahrungen und Gefühle nicht vollständig verstanden oder akzeptiert werden. Hier hilft es, vor dem Ratschlag einmal innezuhalten und sich zu fragen, ob wir wirklich zuhören oder bereits gedanklich beim Lösen des Problems sind. Statt sofort Lösungen anzubieten, ist es oft wirkungsvoller, erst nachzufragen: »Wünschst du dir einfach nur, dass ich zuhöre, oder möchtest du eine Einschätzung von mir?« Auf diese Weise geben wir dem Gesprächspartner Raum, eigene Lösungswege zu finden, denn nur so kann die Person ja in die Selbstermächtigung und die Verantwortung kommen, die es braucht, um nachhaltig ein Problem zu lösen.

Emotional kompetent Konflikte bewältigen – eine Anleitung

Emotionale Kompetenz ist in Beziehungen entscheidend, da es immer wieder zu Konflikten kommen kann, die Verzeihen und konstruktive Kommunikation erfordern. Wie im Team Stress und Konflikte bewältigt werden können, wird im Ansatz zum dyadischen Coping beschrieben.[155] Es erfordert gegenseitige Unterstützung, Vertrauen, offene Kommunikation und die gemeinsame Entwicklung von Problemlösungsstrategien, wodurch die Beziehung gestärkt und ein tieferes Verständnis füreinander erlangt werden kann. Allerdings gibt es auch negative Formen des dyadischen Copings, wie Spotten, Abwerten oder Ambivalenz, was der Beziehung schadet.[156] Ein bisschen Know-How ist also unabdingbar. Ziel der folgenden Übung ist es, die Fähigkeit zu stärken, Konflikte konstruktiv anzugehen, Empathie zu fördern und gemeinsam dyadisches Coping bewusst anzuwenden. Für die Übung benötigst du einen ruhigen Moment mit der Person, mit der du gerne an dieser Dynamik arbeiten möchtest.

1. *Identifikation des Konflikts:* Denkt gemeinsam an eine kürzliche Meinungsverschiedenheit oder einen Konflikt, den ihr erlebt habt und der noch nicht vollständig gelöst ist. Sucht dabei ein Thema, das nicht zu belastend ist, damit ihr die Übung in einem sicheren Rahmen durchführen könnt.
2. *Einführung in »Ich-Botschaften«:* Beginnt das Gespräch, indem ihr beide nacheinander »Ich-Botschaften« verwendet. Eine »Ich-Botschaft« hilft, die eigenen Gefühle und Bedürfnisse auszudrücken, ohne die andere Person zu beschuldigen. Beispiel:»Ich fühle mich

---

155 Papp & Witt (2010)
156 Vedes et al. (2016)

unsicher, wenn unsere Pläne spontan geändert werden, weil ich mich dann nicht gut vorbereitet fühle.« Gebt euch gegenseitig Raum, eure Sichtweise zu formulieren, ohne zu unterbrechen. Wenn es hilfreich ist, den Redeanteil zu balancieren, könnt ihr eine Zeit vereinbaren, bspw. 2 Minuten, in der der eine Part sprechen kann, ohne unterbrochen zu werden. Dann wird gewechselt.

3. *Reflektiere Empathie:* Wiederholt das Gehörte in eigenen Worten und teilt, wie ihr glaubt, dass sich euer Partner fühlt. Vermeidet unbedingt Wertungen. Beispiel: »Ich höre, dass du dich unsicher fühlst, wenn Pläne sich spontan ändern. Es klingt, als ob dir Vorbereitung sehr wichtig ist, damit du dich wohl fühlst.« Dieses empathische Spiegeln hilft beiden, sich verstanden und wertgeschätzt zu fühlen und fördert wiederum Offenheit und Vertrauen.

4. *Dyadisches Coping anwenden:* Besprecht, wie ihr den Konflikt gemeinsam bewältigen könnt. Überlegt, welche Strategie für euch passt: Möchtet ihr Ablenkung verwenden, um das Thema für den Moment ruhen und die Emotionen erstmal runterkochen zu lassen? Gibt es einen Kompromiss, der eure Bedürfnisse aufgreift? Achtet auf unterstützende, aufbauende Formulierungen und vermeidet negative Formen des Copings wie Spott oder Abwertungen.

5. *Verzeihen und Loslassen:* Wenn der Konflikt angesprochen wurde und ihr eine Lösung oder einen Kompromiss gefunden habt, sprecht darüber, was euch dabei helfen kann, etwaigen Groll loszulassen. Jeder von euch kann sagen, welche Form von Verzeihen sich authentisch anfühlt. Es kann hilfreich sein, bewusst auszusprechen: »Ich vergebe dir« oder »Ich lasse das jetzt los«, um die Bereitschaft zu signalisieren, weiter gemeinsam voranzugehen. Es können auch Wünsche formuliert werden, wie »Gib mir bitte etwas Zeit«.

6. *Rückblick und Reflexion:* Am Ende der Übung reflektiert, wie es euch mit den einzelnen Schritten ergangen ist. Welche Strategien haben euch gutgetan? Was war herausfordernd? Gibt es Aspekte, die ihr in zukünftigen Konflikten anders gestalten würdet?

Diese Übung hilft, den anderen besser zu verstehen, gemeinsame Wege zur Konfliktlösung zu entwickeln und die Beziehung durch dyadisches Coping und gegenseitiges Verzeihen zu stärken. Bei verhärteten Konflikten lohnt es sich, eine außenstehende Partei wie einen professionellen Mediator einzubeziehen, der einen geschützten Raum schafft.

Der bewusste Einsatz solcher Techniken stärkt unsere emotionale Kompetenz und auch unsere Verbindungen, die von einer emotionalen Tiefe, Respekt und Verständnis geprägt sind. Doch das ist nicht alles – oft ist es auch die Grundeinstellung der Person gegenüber Gefühlen, die emotionalen Austausch ermöglicht. Ich erkläre dir das anhand des wohl wertvollsten Kommunikationsansatzes, den die Welt zu bieten hat: die Gewaltfreie Kommunikation.

Von Wölfen und Giraffen: Wertschätzende Kommunikation nach Rosenberg

Ich weiß es noch, als wäre es gestern gewesen. Da gab es diesen Kurs an der Volkshochschule zur Gewaltfreien Kommunikation und ich wollte unbedingt mehr dazu erfahren. Schnurstracks meldete ich mich selbst und meinen Mann bei dem Kurs an. Ich wusste ja noch nicht, wie sich daraufhin alles verändern sollte in meinem Leben.

In den 1960er Jahren begann der amerikanische Psychologe Marshall B. Rosenberg, ein faszinierendes Konzept zu entwickeln, das unsere Art zu kommunizieren grundlegend verändern sollte. Seine Vision: eine Welt, in der Menschen respektvoll und wertschätzend miteinander umgehen. Das Ergebnis seiner Arbeit ist die Gewaltfreie Kommunikation (GfK), auch als »wertschätzende« Kommunikation bekannt, ein Ansatz, der weit über bloße Gesprächstechniken hinausgeht.

Emotional kompetent kommunizieren

GfK lädt uns ein, eine neue Perspektive einzunehmen – sowohl in der Kommunikation mit anderen als auch im Dialog mit uns selbst. Im Kern geht es darum, Gefühle und Bedürfnisse in den Mittelpunkt zu rücken. Dies mag zunächst einfach klingen, erfordert aber oft ein Umdenken in der Art, wie wir Gespräche führen und Konflikte angehen.

Rosenbergs Methode fördert tiefere Verbindungen und ein besseres Selbstverständnis. Durch aufmerksames Zuhören und eine einfühlsame Ausdrucksweise können wir Missverständnisse reduzieren und echten Kontakt herstellen.

Bei der Entwicklung seines Kommunikationsmodells orientierte sich Rosenberg an verschiedenen bestehenden psychologischen Ansätzen. Besonders prägend war dabei der humanistische Ansatz, der die Bedeutung der Würde und Wertschätzung jedes Menschen, seiner Erfahrungen und seines Wachstumspotenzials betont. Demnach ist jeder Mensch einzigartig und hat ein grundlegendes Recht auf Respekt und Anerkennung seiner persönlichen Entwicklungsmöglichkeiten. Diese Überzeugungen spiegeln sich direkt in der GfK wider, die ein Umfeld schaffen soll, das Selbstakzeptanz und persönliches Wachstum fördert.[157]

Im Humanismus wird angenommen, dass kein Mensch von Natur aus böse ist, sondern sich entlang seiner Bedürfnisse verhält und mitunter die falschen Strategien zur Erfüllung dieser wählt. Die fehlerhaften Strategien können bei fortgeschrittenen Störungen auch zu Gewalt und Kriminalität führen. Diese Sichtweise sollte das Justizsystem dazu anregen, Straffällige zu unterstützen, indem sie ihre Strategien zur Bedürfniserfüllung hinterfragen und angemessenere Alternativen erlernen.

Empathie wird in der GfK als zentrales menschliches Bedürfnis angesehen. Empathisches Zuhören und Kommunizieren sind entscheidend für Konfliktlösung und Mediation, da sie ein besseres Verständnis und respektvolle Interaktion fördern. Dieser Ansatz spiegelt die humanistische Überzeugung wider, dass Empathie und

---

157 Rosenberg (2016)

Mitgefühl grundlegende Voraussetzungen für erfüllende zwischenmenschliche Beziehungen sind. Die GfK hat sich in verschiedenen Bereichen bewährt, darunter in Schulen, im Gesundheitswesen, in Justizvollzugsanstalten und in Rehabilitationseinrichtungen. Zum Beispiel reduzierte sie konfliktreiches Verhalten bei Viertklässlern und erhöhte die Zufriedenheit in Paarbeziehungen durch den Einsatz effektiver Kommunikationstechniken.[158]

Warum sprechen wir von Giraffen und Wölfen?

Marshall B. Rosenberg entwickelte in seinem Konzept der GfK eine anschauliche Unterscheidung zwischen zwei Kommunikationsformen: der Wolfs- und der Giraffensprache. Diese Metapher hilft, die Prinzipien der GfK greifbar zu machen.

Die Wolfssprache steht für konfliktträchtige, von Urteilen und Bewertungen geprägte Kommunikation. Sie kategorisiert in Begriffen wie »richtig« oder »falsch« und lässt Bedürfnisse und Gefühle außer Acht. Der Wolf steht deshalb auch für Grenzüberschreitungen in der zwischenmenschlichen Kommunikation, zum Beispiel durch Beschuldigungen, Abwertungen oder Pauschalisierungen. Ein Beispiel für Wolfssprache wäre: »Du bist so egoistisch! Du denkst nie an andere.« Hier werden pauschale Urteile gefällt, ohne dahinterliegende Gefühle oder Bedürfnisse zu berücksichtigen. Das kann beim Gegenüber zu Abwehr oder Rückzug führen.

Trotz negativer Konnotation soll der Wolf nicht per se abgewertet werden. Es gibt Situationen, in denen diese direkte, schützende Kommunikationsform angebracht sein kann, etwa wenn es um unmittelbare Gefahrenabwehr geht. *Wenn wir versuchen, uns in den Wolf einzufühlen, hat er vermutlich immer viel zu tun und er wollte dich wohl beschützen und verteidigen.*

Die Giraffensprache hingegen symbolisiert empathische, achtsame Kommunikation. Sie fokussiert Bedürfnisse und Gefühle – sowohl die

---

158 Vazhappilly & Reyes (2017)

eigenen als auch die des Gegenübers. Ein Beispiel wäre: »Wenn du dich zurückziehst, fühle ich mich verunsichert. Ich habe das Bedürfnis nach Nähe und Verbundenheit. Wie geht es dir damit?« Hier werden Beobachtungen, Gefühle und Bedürfnisse klar ausgedrückt, ohne zu urteilen oder Vorwürfe zu machen.

Der lange Hals der Giraffe steht sinnbildlich für Überblick und Ruhe in zwischenmenschlichen Interaktionen. Rosenberg betont, dass jeder Mensch lernen kann, auf diese Weise zu kommunizieren und seine Fähigkeit zur Selbstreflexion zu schulen.

Die Kenntnis beider »Sprachen« ermöglicht es, bewusst zu entscheiden, welche in einer bestimmten Situation angemessen ist. Ziel ist es, die Giraffensprache und damit Selbsteinfühlung und Empathie zu kultivieren, um tieferes Verständnis und konstruktivere Interaktionen zu fördern.

Methode: Wie kann nach den vier Komponenten gewaltfrei kommuniziert werden?

Die GfK lehrt uns, wie wir unsere Emotionen ausdrücken und besser zuhören können. Sie erkennt hinter gewaltvoller Kommunikation (z.B. Vorwürfen) die (unerfüllten) Bedürfnisse und Gefühle, die menschliches Handeln motivieren. Die GfK basiert auf vier Gesprächskomponenten, die es ermöglichen, ehrlich und verständlich zu kommunizieren, ohne zu verletzen, und empathisch zuzuhören. Diese vier Schritte (Beobachtung, Gefühle, Bedürfnisse und Bitte) werden im Folgenden näher erläutert:

1) Beobachtung: Im ersten Schritt geht es um die Differenzierung zwischen Beobachtung und Bewertung, was häufig auch schon die erste Herausforderung darstellt. Im Rahmen der GfK wird beobachtet, ohne Urteile zu fällen. Es geht darum, Informationen, die über die Sinne wahrgenommen werden (z.B. Sehen oder Hören), zu beobachten und zu beschreiben. Bewertungen oder Absichtszuschreibungen sollten vermieden werden. Manchmal ist das gar nicht so leicht, schnell schwingt in unserer Sprache mit, auch unbeabsichtigt, wie wir etwas finden oder wie wir dazu stehen. Zum Beispiel sagen wir nicht »Er hat ihn mit der Hand im Gesicht getroffen«, sondern »Er hat ihn richtig doll gehauen«, was eine Absicht suggeriert. Auch wenn solche Absichten automatisch mitgedacht werden, sollten sie kritisch reflektiert werden (»Ich denke, dass es so war, aber es könnte auch anders gewesen sein« bzw. »Ist das bereits die neutralste Beschreibung der Situation, die möglich ist?«). Um dir dabei zu helfen, Beobachtung von Bewertung zu trennen, versuche nur die Informationen, die du durch deine Sinne wahrnehmen kannst, zu beschreiben (was sehe, höre, rieche etc. ich konkret?). Du kannst dir dafür zum Beispiel vorstellen und beschreiben, was eine Kamera oder ein Mikrofon in der Situation aufgenommen hätte.

Beispiel: »In unserem Gespräch gerade hast du mehrmals angefangen zu sprechen, während ich noch geredet habe. Ich habe dann gedacht, dass es dir nicht wichtig sei, was ich sage.«

Sich immer wieder bewusst zu machen, dass jeder von uns ein komplexer und einzigartiger Cocktail aus Erfahrungen, Sozialisation, Erziehung, Bedürfnissen, Persönlichkeit, Wünschen, Werten und vielem mehr ist, kann außerdem dabei helfen hinter dem Verhalten anderer zum Beispiel statt böser Absicht Bedürfnisse, Vorstellungen und Werte zu sehen. Übe, Unterschiede anzuerkennen, moralische Urteile zu erkennen und zu hinterfragen.

2) Gefühle: Hier geht es darum, eigene Emotionen zu identifizieren und präzise zu benennen. Dabei sollen diese insbesondere von Gedanken (z. B. auch Einschätzungen oder Interpretationen) abgegrenzt werden. Mithilfe von Emotionen können ausschließlich Aussagen über das eigene aktuelle Wohlergehen gemacht werden, während die Bewertung des Verhaltens anderer oder des eigenen Verhaltens keine Rolle spielt. Es geht also darum, was im Hinblick auf die rein sinnlichen Beobachtungen empfunden wird. »Echte« oder auch »tatsächliche« Gefühle sind direkte emotionale Erfahrungen, die wir in uns wahrnehmen. Sie beschreiben unseren inneren Zustand, ohne andere zu bewerten oder ihnen die Schuld zuzuweisen. Pseudogefühle hingegen sind Ausdrücke, die wie Gefühle klingen, aber tatsächlich Gedanken, Interpretationen oder Bewertungen sind. Der Hauptunterschied besteht darin, dass echte Gefühle unsere innere

Emotional kompetent kommunizieren

Erfahrung beschreiben, während Pseudogefühle eine Interpretation äußerer Umstände oder des Verhaltens anderer beinhalten. Wenn wir Pseudogefühle in tatsächliche Gefühle »übersetzen«, können wir unsere Bedürfnisse klarer kommunizieren und Konflikte konstruktiver angehen. Ich gebe dir gern ein paar Beispiele.

Tab. 4: Beispiele für Pseudogefühle und dahinterliegende Gefühle

Pseudogefühl	Möglicherweise dahinterliegendes Gefühl
Ignoriert	Enttäuscht, frustriert, traurig
Zurückgewiesen	Verletzt, einsam, unsicher
Ungewollt	Traurig, ängstlich, unsicher
Missbraucht	Wütend, verletzt, ohnmächtig
Wertlos	Traurig, entmutigt, hoffnungslos
Manipuliert	Verärgert, frustriert, misstrauisch
Ausgenutzt	Enttäuscht, wütend, überfordert
Nicht respektiert	Gekränkt, frustriert, verärgert
Ungeliebt	Einsam, traurig, verlassen
Vernachlässigt	Enttäuscht, traurig, frustriert
Betrogen	Verletzt, wütend, misstrauisch
Provoziert	Gereizt, frustriert, verärgert
Unter Druck gesetzt	Gestresst, überfordert, ängstlich
Nicht ernst genommen werden	Frustriert, enttäuscht, unsicher
Abgelehnt	Verletzt, traurig, entmutigt
Bedroht	Ängstlich, besorgt, unsicher
Gedemütigt	Beschämt, verletzt, wütend

Um deine Emotionen präziser zu benennen, kannst du insbesondere darauf achten, Gedanken und Gefühle zu unterscheiden. Beispiel: »Ich habe mich in dieser Situation traurig und entmutigt gefühlt.« Außerdem ist es gut, sich immer wieder bewusst zu machen, dass niemand uns Gefühle gibt, sie sind ganz unsere eigenen. Umgekehrt geben auch wir niemandem Gefühle. Die Gefühle, die wir spüren, entstehen aus unseren erfüllten oder unerfüllten Bedürfnissen. Das Verhalten anderer mag der Auslöser sein, aber nie die Ursache. Wir können die Verantwortung für unsere Bedürfnisse und Gefühle nicht abgeben.

3) Bedürfnisse: Kritik, Urteile und Unterstellungen sind fehlgeleitete Ausdrücke unerfüllter Bedürfnisse. Besonders Frauen lernen, ihre Bedürfnisse zu unterdrücken, um sozial erwünschter zu reagieren und kennen sie deshalb zum Teil nicht gut. Bei dem dritten Teilaspekt der GfK geht es um das Erkennen und Kommunizieren von Bedürfnissen (oder auch Vorstellungen und Wünschen), die die vorherrschende Emotion auslösen. Wichtig ist dabei: Jedes Individuum trägt Verantwortung für die eigenen Bedürfnisse und dafür, zu ihrer Erfüllung beizutragen. Sei geduldig mit dir und/oder den betroffenen Personen – es braucht Zeit, Bedürfnisse zu erforschen. Hilfreich sind dabei Fragen, wie »Was hätte ich mir in der Situation gewünscht?« oder »Was hätte ich gebraucht?«.

4) Bitte: Bedürfnisse und Wünsche bleiben oft vage und werden von Person zu Person durch unterschiedliches Verhalten erfüllt. Bei diesem Teilaspekt der GfK geht es deshalb darum zu überlegen, wie eine andere Person konkret unterstützen kann, dass ein bestehendes Bedürfnis erfüllt werden kann? Dabei ist zu beachten, dass eine Bitte keine Forderung ist. Die andere Person muss diese auch ohne negative Konsequenzen ablehnen können. Bitten sollten zudem klar, positiv und konkret formuliert werden.

Überlege dir in einem Gespräch mal, was dein Gegenüber konkret tun könnte, um dich in deinem Bedürfnis zu unterstützen.

Beispiel: »Kannst du mich bitte ausreden lassen, wenn ich spreche, oder musst du gerade etwas Wichtiges loswerden, das nicht warten kann?«

Auswirkungen der GfK auf die emotionale Kompetenz

Wenn wir lernen, gewaltfrei zu kommunizieren, kann das unsere emotionale Kompetenz deutlich verbessern – lass mich dir erklären, warum. Die GfK ermutigt uns, häufiger in uns hineinzuhorchen. Je öfter wir uns daran erinnern, unseren Gefühlen Beachtung zu schenken, desto leichter wird es mit der Zeit, die Gefühle, die gerade da sind, wahrzunehmen. Durch spezifische Übungen und die Unterscheidung von primären, sekundären und Pseudogefühlen erleichtert die GfK außerdem, Emotionen richtig zu erkennen und zu benennen. Diese Fähigkeit ist auch für den Emotionsausdruck und somit im zwischenmenschlichen Austausch von besonderer Bedeutung. In Konfliktsituationen kann die Giraffensprache helfen, Emotionen und die dahinterliegenden (frustrierten) Bedürfnisse klar und ohne Vorwürfe, Verurteilungen oder Bewertungen auszudrücken. So kann konstruktiv nach Lösungen gesucht und die Erfüllung dieser Bedürfnisse ermöglicht werden, was letztendlich eine wirksame Form der Emotionsregulation darstellt. So wird das emotionale Leben reicher und ausgeglichener.

Dass die GfK das Wissen vermittelt, dass hinter unseren Gefühlen Bedürfnisse liegen, erleichtert auch, unangenehme Gefühle anzunehmen und wertfrei und empathisch darauf einzugehen. Dadurch kann nicht nur das Einfühlungsvermögen anderen Menschen gegenüber gesteigert werden, sondern auch die Selbstempathie.

Wirksamkeit der GfK

GfK entfaltet ihre Wirkung in einer Vielzahl von Lebensbereichen. Wissenschaftliche Studien beleuchten ihre Effektivität in unterschiedlichen, oft herausfordernden Kontexten.

Im Gesundheitswesen zeigen GfK-Trainings für Pflegepersonal und Ärzte vielversprechende Resultate. Der Arbeitsbereich ist von hohen zwischenmenschlichen Anforderungen geprägt, da das Personal regelmäßig mit intensiven und oft sehr stark zum Ausdruck gebrachten Emotionen der Patienten konfrontiert ist. Gefühle wie Hilflosigkeit,

Ohnmacht, Angst, Erschütterung, Traurigkeit und Verzweiflung werden nicht nur wahrgenommen, sondern oft auch miterlebt, was zu starkem empathischen Stress führen kann. Konfliktbehaftete Interaktionen mit Mitarbeitenden und Führungskräften können die psychische Belastung zusätzlich erhöhen. Nach der Teilnahme an einem dreitägigen GfK-Training zeigten sich bei medizinischem Fachpersonal bereits deutliche Verbesserungen in emotionalen und interpersonalen Fähigkeiten.[159] Sie konnten in Gruppendiskussionen unter Fachkollegen besser unangenehme Gefühle zum Ausdruck bringen, was auch Konflikte unter Kollegen milderte. Im Arbeitsalltag konnten sie durch die Schulung auch besser auf die Gefühle der Patienten und ihrer Angehörigen eingehen. Ähnliche Befunde sind auch in anderen Berufen anzunehmen, in denen hohe zwischenmenschliche Anforderungen zur Tagesordnung gehören.

Die GfK bietet jedoch keinesfalls nur Strategien und Formulierungen, sondern beruht vielmehr auf zugrundeliegenden Einstellungen sich selbst und den Mitmenschen gegenüber. Ihr Ziel ist gegenseitiges Verständnis und Rücksichtnahme. Die Grundlage hierfür bildet Rosenbergs Annahme, dass unser aller Handeln auf unseren Bedürfnissen, Werten und Wünschen beruht (wie Respekt, Wertschätzung oder Autonomie) und so niemand »mit bösen Absichten« handelt. Sind diese Bedürfnisse erfüllt, erleben wir angenehme Gefühle (wie Ausgeglichenheit oder Freude), werden sie nicht erfüllt, erleben wir unangenehme Gefühle (wie Wut, Anspannung oder Angst).

Doch gibt es da nicht auch Grenzen? Handeln wirklich alle Menschen entlang ihrer Bedürfnisse oder gibt es nicht auch Ausnahmen mit Blick auf Kriminelle und Schwerverbrecher? Die GfK geht davon aus, dass auch kriminelles Verhalten der Erfüllung eigener Bedürfnisse dient. Oft schlagen nur die Strategien, um sich diese Bedürfnisse zu erfüllen, komplett fehl (bspw. Vergewaltigung als der übertriebene Ausdruck von Bedürfnissen nach Nähe und Ermächtigung). Solche Handlungen schaden sowohl der Täterperson als auch ihrem Umfeld. Das Fehlen

---

159 Wacker & Dziobek (2016)

von Empathie für sich selbst und andere ist dabei entscheidend. Wenn Bedürfnisse nicht erkannt werden oder es an Wissen zur angemessenen Erfüllung mangelt, können Wut und Anspannung in kriminelles Verhalten umschlagen. Gleichzeitig kann die fehlende Empathie gegenüber anderen Menschen dazu führen, dass deren Leid nicht erkannt wird. Leider fehlt an dieser Stelle oftmals der Zugang zu den Gefühlen so sehr, dass selbst die eindeutigsten Gesten keine Wirkung zeigen. Viele Kriminelle haben in der Kindheit erlebt, dass ihre Bedürfnisse ignoriert wurden, was dazu führen kann, dass sie Gewalt als einzigen Weg zur Erfüllung sehen (»Je lauter ich bin, desto eher werde ich gehört. Werde ich nicht gehört, war ich noch nicht laut genug«). Es wird jedoch angenommen, dass jeder Mensch GfK erlernen kann. Durch die Wahrnehmung und Kommunikation der eigenen Bedürfnisse und Gefühle sowie die empathische Berücksichtigung anderer können Aggression und Gewalt reduziert werden. Die GfK wird selbst in Gefängnissen sehr erfolgreich angewandt. Für straffällige Personen ist es oft besonders schwierig, verantwortungsbewusstes soziales Handeln zu entwickeln, was nicht selten auch nach der Entlassung zu Rückfällen führt. Die Erkenntnis über das eigene Leid (»Was ist mir selbst widerfahren? Wie habe ich mich selbst in diese missliche Lage gebracht?«) wie auch das Leid anderer Menschen (»Was habe ich der Person nur angetan?«) führt oft zu einer sehr starken Gefühlsentladung (Reue, Schuld, Schmerz, Ohnmacht), die in einem geschützten Setting mit viel Vertrauen und Sicherheit passieren muss. Um langfristige Verhaltensveränderungen zu ermöglichen, wurden in einem Gefängnis in Washington (USA) den Insassen regelmäßig freiwillige GfK-Workshops angeboten, die durch Achtsamkeitsübungen ergänzt wurden.[160] Die Ergebnisse der Intervention sind bemerkenswert: Insassen, die an den Trainingseinheiten teilnahmen, wiesen nach ihrer Entlassung eine signifikant geringere Rückfallrate auf als Personen, die das Angebot nicht in Anspruch genommen hatten. Jene, die trotz Teilnahme an den Workshops rückfällig wurden, hatten zudem im Durchschnitt an

---

160 Suarez et al. (2014)

weniger Trainingsstunden teilgenommen als die Nicht-Rückfälligen. Darüber hinaus zeigte sich bei den Teilnehmenden eine verbesserte emotionale Kompetenz. Im Vergleich zu nicht-trainierten Insassen konnten sie ihre Gefühle besser erkennen, ausdrücken und die dahinterliegenden Bedürfnisse kommunizieren. Auch ihre Fähigkeit, Empathie zu zeigen und mit Wut umzugehen, verbesserte sich deutlich. Ich finde es besonders beeindruckend, dass GfK auch in diesen Kontexten funktioniert. Die Forschungsergebnisse hebeln Skeptiker-Meinungen aus, die behaupten, GfK sei nur für ein gebildetes bzw. interessiertes Klientel. Auch im Alltag bietet die GfK für Paare und Familien wertvolle Ansätze, Konflikte konstruktiv zu lösen und emotionale Verbindungen zu stärken. Sie kann die Kommunikation und Zufriedenheit in Paarbeziehungen verbessern, indem sie Empathie und gegenseitigen Respekt fördert.[161]

Rosenberg[162] selbst betonte, dass durch GfK auch der Umgang mit uns selbst einfühlsamer gestaltet werden kann. Wir lernen, unsere eigenen Gefühle zu erkennen und wertzuschätzen, anstatt sich selbst mit Kritik oder Schuldzuweisungen zu begegnen. Indem wir die Bedürfnisse hinter unseren Gefühlen wahrnehmen, entwickeln wir ein tieferes Verständnis für uns selbst und können besser konstruktive Lösungen finden, Bedürfnisse erfüllen und Gefühle regulieren. Wir lernen Verantwortung für unsere Gefühle und Bedürfnisse zu übernehmen und können so auch mit uns selbst ehrlicher in Kontakt treten und selbstbestimmter agieren.

Kritik und Grenzen der GfK

Auch die GfK-Methode hat ihre Grenzen. In akuten Gefahrensituationen, die schnelles Handeln erfordern, kann sie ungeeignet sein, da sie Zeit für den Austausch benötigt. Zudem sind nicht alle Menschen bereit, sich auf diese Prinzipien einzulassen. Bei mangelnder emotionaler Kompetenz oder mangelndem Interesse kann die Anwen-

---

161 Vazhappilly & Reyes (2017)
162 Rosenberg (2016)

dung schwierig sein. Trotzdem bleibt es sinnvoll, Aussagen zusammenzufassen (paraphrasieren!), um sicherzustellen, dass sie richtig verstanden wurden, und weniger verletzende Formulierungen zu wählen.

In langanhaltenden oder komplexen Konflikten stoßen die einfachen Werkzeuge der GfK manchmal an ihre Grenzen. Solche Situationen erfordern oft direktere Kommunikationsformen. In emotional aufgeladenen Momenten fällt es schwer, nicht in alte Muster zurückzufallen. Es ist wichtig zu erkennen, dass das Üben Zeit braucht und Rückschläge dazugehören. Gerade am Anfang kann das ungewohnte Erkennen eigener Bedürfnisse herausfordernd sein, da vertraute Muster, wie die Wolfssprache, oft dominieren. Alles in allem helfen die Grundprinzipien dabei, die eigene Wahrnehmung zu reflektieren und Bedürfnisse klarer zu erkennen.

Gefühle und Denken endlich vereint: über Schule, Beruf, Führung und Politik

In diesem Kapitel werde ich versuchen, dir die folgenden Fragen zu beantworten:

* Wie beeinflussen Gefühle unsere Fähigkeit zu denken?
* Warum treffen emotional kompetente Personen bessere Entscheidungen?
* Welchen Einfluss haben Angst und Traurigkeit auf Leistung und Erfolg in Schule und Beruf?
* Welches Wissen sollten Führungspersonen anwenden und warum ist das so wichtig auch für die Politik?
* Wie können wir mithilfe der emotionalen Kompetenz einer gesellschaftlichen Spaltung entgegenwirken?

Bevor wir tiefer in die Verbindung zwischen Emotionen und Denken eintauchen, ist es wichtig zu verstehen, was Denken eigentlich bedeutet. Denken ist weit mehr als nur die simple Verarbeitung von Informationen. Es ist ein komplexer, dynamischer Prozess, der verschiedene kognitive Funktionen umfasst. Dazu gehören Problemlösung, Bewertung und Bedeutung, Entscheidungsfindung, Kreativität, kritisches Denken und die Fähigkeit, abstrahierte Konzepte zu verstehen und zu manipulieren. Denken spiegelt genauso auch die tatsächliche Anwendbarkeit von Wissen und Fähigkeiten wider. Dieser Prozess fördert die Entwicklung individueller Stärken, die über traditionelle Intelligenzmaße hinausgehen.

Fühlen und Denken – wissenschaftliche Erkenntnisse

Gefühle und die Fähigkeit, zu denken, stehen in einer engen Verbindungen zueinander. Die neurowissenschaftliche Forschung hat in den letzten Jahrzehnten aufzeigen können, dass bei diesen Prozessen ähnliche Gehirnareale gleichermaßen eingebunden sind.[163,164] Angenehme Emotionen, wie Freude oder Zufriedenheit, stimulieren den präfrontalen Kortex, eine Region, die für Planung und Entscheidungsfindung zuständig ist. Dies erklärt, warum wir in guter Stimmung oft kreativer und lösungsorientierter denken können. Im Gegensatz dazu aktivieren unangenehme Emotionen, wie Angst oder Stress, die Amygdala, die darauf spezialisiert ist, schnell auf potenzielle Bedrohungen zu reagieren, ohne dass der Reiz zunächst auf seine reale Bedeutung hin analysiert wird. Dies wird in einer Studie

---

163 LeDoux (2000)
164 Lindquist et al. (2012)

bestätigt:[165] Die Amygdala ermöglicht eine schnelle, aber grobe Verarbeitung emotionaler Stimuli, was zu eher impulsivem Verhalten führt (bspw. schlagartig die Flucht zu ergreifen).

Wahrnehmung und Erinnerung

Unsere Emotionen fungieren manchmal wie eine rosarote Brille, durch die wir die Welt wahrnehmen und interpretieren. Bist du glücklich, erscheint alles in einem freundlichen Licht. Bist du traurig, wirkt alles grau und trostlos. Dieses Phänomen bezeichnen wir als »Stimmungskongruenz«. Es beschreibt die Tendenz unseres Gehirns, Informationen so zu verarbeiten, dass sie zu unserer aktuellen Stimmung passen. Dinge in unserer Umgebung, die zu unserer momentanen Gefühlslage passen, nehmen wir somit eher wahr als solche, die nicht dazu passen. Geht eine Person freudig durch einen Park, wird sie die singenden Vögel hören, die blühenden Blumen sehen und die spielenden Kinder beobachten. Geht dieselbe Person traurig oder deprimiert durch den gleichen Park, wird sie eher den herumliegenden Müll, das weinende Kind und den entfernten Straßenlärm wahrnehmen. Eine Studie[166] demonstrierte diesen Effekt experimentell: Versuchspersonen, bei denen eine fröhliche oder eine traurige Stimmung induziert wurde, erinnerten sich später besser an Wörter, die mit ihrer jeweiligen Stimmung kongruent waren.

Dieser Effekt erstreckt sich nicht nur auf die Gegenwart, wie also Dinge wahrgenommen werden, sondern auch auf die Gedächtnisleistung und unsere Erinnerungen. Das Speichern und Abrufen von Informationen hängt stark von den emotionalen Färbungen der jeweiligen Situation und des Lernstoffs ab. Dies erklärt, warum wir uns an emotional aufgeladene Ereignisse oft besser erinnern können als an neutrale. Beispielsweise können emotional erregende Wörter wie

---

165 LeDoux (2000)
166 Bower (1981)

Krieg oder Wut besser erinnert werden als neutrale Wörter.[167] Dies ist auf eine verstärkte Aktivierung des Mandelkerns und des Hippocampus zurückzuführen, die gleichermaßen für Emotionsverarbeitung und für Erinnerung verantwortlich sind. Zudem fällt es uns leichter, Erinnerungen abzurufen, wenn wir uns in einer ähnlichen Stimmung befinden wie zum Zeitpunkt des ursprünglichen Erlebnisses. Eine Untersuchung[168] zeigte, dass Versuchspersonen mehr positive Erinnerungen abrufen konnten, wenn sie in einer angenehmen Stimmung waren, und mehr negative Erinnerungen, wenn sie sich in einer unangenehmen Stimmung befanden.

Dieses Phänomen hat weitreichende Auswirkungen auf unser tägliches Leben und unser Wohlbefinden. Es erklärt zum Beispiel, warum wir uns in einer Abwärtsspirale der Stimmung verfangen können, wenn wir traurig oder unzufrieden sind. Unsere betrübte Stimmung lässt uns vermehrt negative Dinge wahrnehmen und unangenehme Erlebnisse erinnern, was wiederum unsere Stimmung in der Gegenwart weiter verschlechtert. Das Verständnis dieser Mechanismen ist ein wichtiger Schritt zur Entwicklung emotionaler Kompetenz. Indem wir uns bewusstmachen, wie unsere Emotionen unsere Wahrnehmung und unser Gedächtnis beeinflussen, können wir lernen, diese Prozesse aktiv zu steuern und eine ausgewogenere Sicht auf die Welt zu entwickeln.

Emotionale Kompetenz und Entscheiden

Die Verbindung zwischen Emotionen und Entscheidungsfindung ist ein bedeutendes Forschungsgebiet, das unser Verständnis davon, wie wir Entscheidungen treffen, grundlegend verändert hat. Entgegen der lang vorherrschenden Meinung, dass Emotionen die rationale Entscheidungsfindung behindern, zeigen neuere Studien, dass Gefühle ein integraler und notwendiger Bestandteil dieses Prozesses

---

167 Kensinger & Corkin (2003)
168 Eich, Macaulay & Ryan (1994)

sind. Unter dem Einfluss angenehmer Emotionen sind Menschen tendenziell risikobereiter,[169] was sowohl vorteilhaft als auch nachteilig sein kann, je nachdem, in welchem Kontext die Entscheidung getroffen wird. Beispielsweise zeigte eine Studie[170], dass Personen in positiver Stimmung optimistischer in Bezug auf Glücksspiele waren und eher bereit waren, Risiken einzugehen. Im Gegensatz dazu führen spezifische Emotionen, wie beispielsweise Angst, oft zu vorsichtigeren Entscheidungen aufgrund pessimistischer Risikoeinschätzungen.[171] Dies kann in bestimmten Situationen von Vorteil sein, da es uns vor potenziellen Gefahren schützt. Allerdings kann übermäßige Vorsicht auch dazu führen, dass wir günstige Gelegenheiten im Leben verpassen.

Emotional kompetente Personen haben hier einen entscheidenden Vorteil. Sie sind in der Lage, ihre Bedürfnisse besser wahrzunehmen und ihre Gefühle genauer zu verstehen. Dies ermöglicht es ihnen, ihre Emotionen in den Entscheidungsprozess einzubeziehen, ohne von ihnen überwältigt zu werden. Sie können die Signale ihrer Emotionen nutzen, um Entscheidungen zu treffen, die sowohl rational begründet als auch emotional stimmig sind. In einer Studie wurde dies bestätigt:[172] Der gezielte Einsatz emotionaler Kompetenzen verbesserte die Qualität von Entscheidungen maßgeblich – die Entscheidungen waren sowohl umfassender als auch ausgewogener.

Darüber hinaus entwickeln emotional kompetente Menschen oft eine ausgeprägte Intuition. Diese Intuition, die auf einer Kombination aus Erfahrung und emotionalem Verständnis basiert, ermöglicht es ihnen, in komplexen oder unklaren Situationen schneller zu fundierten Entscheidungen zu gelangen. Sie können subtile emotionale Hinweise in einer Situation erkennen und diese Informationen in ihren Entscheidungsprozess einbeziehen.

---

169 Isen & Patrick (1983)
170 Iacoboni & Dapretto (2006)
171 Lerner & Keltner (2001)
172 Hess & Bacigalupo (2011)

Wie Angst unsere Denkfähigkeit lähmt ...

Am Beispiel der Angst lässt sich der Einfluss auf die Denkfähigkeit gut erklären. Angst ist gut erforscht und hat vermutlich den größten Einfluss auf die Wahrnehmung, Konzentration und Aufmerksamkeit, auf Entscheidungs- und Urteilsfindung und die Fähigkeit des abstrakten Denkens.[173]

Stell dir vor, du hast ein wichtiges Vorstellungsgespräch, vor lauter bedeutsamen Persönlichkeiten, die du von deiner Arbeitsleistung überzeugen musst. Beim Vortragen deines Wissens übermannt dich plötzlich die Angst. Da war ein kritischer Einwand, ein skeptischer Blick, ein leichtes Kopfschütteln. Deine Konzentration ist beeinträchtigt, du machst Fehler, die dir unter normalen Umständen nicht passiert wären. Können wir unter Angst überhaupt klar denken? Wie genau passieren solche Mechanismen und wie können wir sie aktiv steuern?

Wenn wir Angst empfinden, löst unser Körper eine komplexe Stressreaktion aus, die oft als »Fight-or-Flight«-Reaktion bezeichnet wird. Bei Angst werden Stresshormone wie Adrenalin und Cortisol ausgeschüttet. Diese Hormone haben die Aufgabe, unsere Aufmerksamkeit und Energie auf die wahrgenommene Bedrohung zu lenken, unser Arbeitsgedächtnis wird stark beansprucht. Die Funktionsweise des präfrontalen Kortex wird gestört, der für höhere kognitive Funktionen wie Planung, Entscheidungsfindung und komplexes Denken zuständig ist. Stattdessen wird die Aktivität in primitiveren Hirnregionen wie der Amygdala erhöht, die für die schnelle, aber oft undifferenzierte Verarbeitung von Gefahrensignalen verantwortlich ist. Diese evolutionär entwickelte Reaktion hat uns als Spezies zwar das Überleben gesichert, da wir so schnell auf Gefahren reagieren

---

[173] Hüther (2016)

konnten, kann aber in der modernen Welt, in der wir oft komplexe kognitive Aufgaben bewältigen müssen, auch hinderlich sein. Unter Angst sind auch Urteile schwerer zu fällen. Wie bereits angedeutet, wird die Wahrnehmung von der Angst in ein bestimmtes Licht gerückt: plötzlich lauert überall Gefahr. Eigentlich neutrale Informationen werden auf einmal als übergroße Bewältigung bewertet.[174] Wie sollen wir da noch ruhig bleiben? In unserem Beispiel schauen dich die Personen grimmig an – es ist sagenhaft, was unser Gehirn uns da vorspielen kann, was meistens gar nicht der Realität entspricht. Besonders hilfreich ist es in der Situation, sich auf ein Gesicht in der Gruppe zu fokussieren, das freundlich schaut. Oft sind skeptische Gesichter ein Zeichen davon, dass dein Gegenüber sich voll und ganz auf deinen Vortrag konzentriert. Deine Angst zeigt dir darüber hinaus nur, dass es für dich besonders wichtig ist. Die ermöglicht es dir, dich selbst anzustrengen und zu konzentrieren, wenn es dir gelingt, dich nicht übermannen zu lassen.

Das Beispiel unterstreicht die Bedeutung emotionaler Kompetenz nicht nur für unser Wohlbefinden, sondern auch für unsere kognitive Leistungsfähigkeit. Emotionale Kompetenz ermöglicht es uns, Angst besser zu erkennen, zu verstehen und zu regulieren. Unter Angstfreiheit können wir unsere Aufmerksamkeit gezielter steuern, unsere kognitiven Ressourcen effizienter nutzen und somit auch in stressigen Situationen bessere Leistungen erbringen.

---

174 Geoghegan et al. (2017)

Emotional kompetente Kinder sind besser in der Schule

Worüber wir bereits im Kapitel zur Entwicklung gesprochen haben: Emotionale Kompetenzen sind der Grundbaustein für viele weitere Kompetenzen, nur mit emotionaler Freiheit entfalten sich auch Folgekompetenzen wie abstraktes Denken. Dies lässt sich an Schulnoten abbilden. Eine Längsschnittstudie[175] ergab, dass spezifisches Emotionswissen bei 5-Jährigen unter anderem auch ihre Schulnoten im Alter von 9 Jahren vorhersagen konnte. Hingegen führen starke und unangenehme Gefühle auf Dauer zu schlechteren Lernergebnissen in der Schule oder im Studium,[176] was sich an schlechten Noten oder zu wiederholenden Klassen zeigt. In der Regel korrelieren Leistungsmaße untereinander höher als zwischen Selbsteinschätzungen und Leistungstest.[177] Doch warum ist das so, dass emotionale Kompetenz den Schulerfolg erhöht? In einer Studie[178] an Studierenden wurden verschiedene Aspekte von Prüfungsangst und deren Einfluss auf die Prüfungsleistung untersucht. Entgegen früherer Annahmen fanden die Forscher heraus, dass nicht die Sorgen über die Prüfung an sich die Leistung am stärksten beeinträchtigten, sondern Ablenkungen durch irrelevante Gedanken und mangelndes Selbstvertrauen. Eine effektive Emotionsregulation verbessert nicht nur die Qualität von Anstrengung und Ausdauer, sondern weckt auch Neugier und Motivation durch angenehme Gefühle wie Stolz und Zuversicht. Eine bedeutsame Forschungsarbeit beschäftigte sich mit der Erklärung, weshalb emotional kompetente Kinder in der Schule besser abschneiden.[179] Es lassen sich drei Theorien zusammentragen, die alle für sich stehend stimmig sind und sich gleichermaßen bedingen. Laut

---

175 Izard et al. (2001)
176 Vitasari et al. (2010)
177 Freudenthaler & Neubauer (2007)
178 Schillinger et al. (2021)
179 Garner (2010)

der *Motivationstheorie* erhöht eine effektive Emotionsregulation nicht nur Motivation und Neugierde, sondern auch Beharrlichkeit, Engagement und Lernbereitschaft. Darüber hinaus können Ressourcen, die sonst für das Management von Emotionen benötigt würden, für kognitive Prozesse genutzt werden. Dies steigert die Konzentration und verbessert die Aufmerksamkeit (*Aufmerksamkeitskontrolltheorie*). Spezifische positive Emotionen, darunter Stolz, Hoffnung, Freude, Zuversicht regen die Kreativität an und damit das Problemlöseverhalten, was auch auf die Effizienz von Lernprozessen wirkt (*Theorie der differentiellen Emotionen*).[180]

Diese Erkenntnisse sind besonders wertvoll für die Entwicklung gezielter Interventionen zur Verbesserung der akademischen Leistung. Es zeigt auch, weshalb traumatisierte Kinder nicht die gleichen Testergebnisse in Intelligenztests abliefern können wie emotional stabile Kinder. Es ist nicht verwunderlich, dass der Organismus, wenn er ständig in Alarmbereitschaft und im »Überlebens-Modus« ist, sich auf Luxuskompetenzen wie Wissensaneignung nicht mehr konzentrieren kann. Abhilfe schaffen kann Psychotherapie. Sie ist für Kinder ähnlich erfolgreich wie für Erwachsene, jedoch gibt es einen Unterschied in der Durchführung: Bei Kindern müssen die Eltern einbezogen werden, was daran liegt, dass die Kinder viel eher von ihrem Umfeld abhängig sind als Erwachsene.[181] In der Regel haben Angstabbautrainings einen positiven Einfluss auf kognitive Leistungen,[182] jedoch sollten Trainings zur Steigerung emotionaler Kompetenzen und zur Stärkung von Selbstvertrauen ähnlich erfolgreich sein.

Das Phänomen von unterschiedlichen Lernleistungen in der Schule sehen wir nicht erst seit gestern. Lehrpersonen haben die Aufgabe, da genauer hinzuschauen.[183] Wie geht es den Kindern zu Hause? Wie viele emotionale Herausforderungen haben sie zu meistern und wie können sie gestärkt werden? Es sind nicht nur die emotionalen

---

180 Hattie (2018)
181 Döpfner & Lehmkuhl (2002)
182 Hembree (1988)
183 Hattie (2018)

Kompetenzen der Kinder entscheidend, sondern auch die der Lehrperson, um auf solche Prozesse aufmerksam zu werden.[184]

Emotional kompetente Personen sind besser in ihrem Beruf

Während Erfolg in der Schule noch ziemlich gut durch Schulnoten abgebildet werden kann, fragen sich Forscher, wie Erfolg im Beruf am besten gemessen werden sollte. Was also sind wirklich ausschlagende Faktoren dafür, wie erfolgreich ein Mensch ist? Ist es das Gehalt? Wohl eher kaum. Viel mehr kann man es wohl an Berufszufriedenheit und Produktivität festmachen.

Berufszufriedenheit durch maximale Erfüllung

Wo waren wir? Ach ja, unangenehme Gefühle, wie Angst, hemmen unser Leistungen, während angenehme Gefühle unsere Leistungsfähigkeit fördern. Sollte daraus nicht resultieren, dass jeder Mensch beruflich genau der Tätigkeit nachgehen sollte, die ihn erfüllt? Diesen Gedanken greift das japanische Konzept »Ikigai« auf, was nach einer freien Übersetzung »der Grund, morgens aufzustehen« bedeutet und sich mit dem Sinn des Lebens beschäftigt. Ikigai wird oft mit der Insel Okinawa in Verbindung gebracht, einer Region mit einer hohen Lebenserwartung und einer großen Anzahl an gesunden und glücklichen älteren Menschen. Dieses Konzept wurde in den letzten Jahren international bekannter und findet Anwendung in Bereichen wie Persönlichkeitsentwicklung, Selbsthilfe und Karriereberatung.

---

184 Garner (2010)

Nach Ikigai sollten vier Prinzipien angewandt werden, um zu entscheiden, was genau wir beruflich machen sollten, um tiefes Glück zu empfinden. Das erste Prinzip umfasst die Leidenschaft mit der Frage: »Was liebst du?« Hierbei geht es darum, jene Tätigkeiten, Hobbys oder Interessen zu identifizieren, die dein Herz erfüllen. Es könnte sein, dass du das Gefühl hast, die Zeit zu vergessen, wenn du einer bestimmten Beschäftigung nachgehst – sei es beim Malen, Musizieren, Schreiben oder beim Helfen anderer Menschen. Leidenschaft ist das, was dich antreibt, auch ohne äußeren Druck oder Belohnung. Das zweite Prinzip dreht sich um die Berufung mit der Frage: »Was kannst du gut?« Dies bezieht sich auf die Fähigkeiten und Talente, die du entwickelt hast oder die dir vielleicht auch von Natur aus gegeben sind. Hierbei geht es um das, worin du besonders begabt bist und wo du dein Können einsetzen kannst. Das dritte Prinzip beleuchtet den Aspekt der Finanzen mit der Frage: »Wofür wirst du bezahlt?« Hierbei steht im Vordergrund, wie du deine Fähigkeiten und Leidenschaften in einer Weise einbringen kannst, die auf dem Markt gefragt ist und dir eine finanzielle Entlohnung sichert. Das vierte Prinzip umfasst die Mission mit der Frage: »Was braucht die Welt?« Dabei geht es um den größeren Sinn hinter deinen Tätigkeiten. Es ist die Frage danach, wie du mit deinem Handeln und Tun einen positiven Einfluss auf die Welt und die Menschen um dich herum, haben kannst.

Ikigai bezieht sich auf den Zweck oder die Lebensaufgabe einer Person. Im Arbeitskontext bedeutet das, eine Tätigkeit zu finden, die diese vier Elemente vereint. Stell dir vor, du arbeitest in einem Job, der dir Freude bereitet, bei dem du deine Fähigkeiten voll einbringen kannst, der gleichzeitig einen positiven Beitrag zur Gesellschaft leistet und für den du auch noch fair bezahlt wirst. Hier ein Beispiel: Ein Grafikdesigner liebt es, zu gestalten (Leidenschaft), er ist in seinem Bereich talentiert (Berufung), wird dafür gut bezahlt (Finanzen). Er findet Umweltbewusstsein sehr wichtig (Mission) und arbeitet deshalb ganz bewusst mit Firmen zusammen, die diesen Leitgedanken in die Welt tragen und Wert legen auf nachhaltige Produktion. Menschen, die ihr Ikigai im Beruf gefunden haben, sind nicht nur zufriedener und motivierter, sondern auch produktiver und kreativer. Ikigai hilft also dabei, berufliche Erfüllung zu finden und das eigene Potenzial voll auszuschöpfen. Was ist dein Ikigai?

Emotionale Kompetenz und Produktivität in Teams

Neben der Berufszufriedenheit ist auch die Zusammenarbeit der einzelnen Teammitglieder von großer Bedeutung – Auftritt *Kommunikation und Kooperation*. In einer Metaanalyse, die 43 Studien zusammenfasste zur Frage, ob emotionale Kompetenz die Arbeitsleistung in Teams erhöhe, wurden mittlere Korrelationen berechnet.[185] Das bedeutet, dass Teams, in denen die Mitglieder ihre eigenen Emotionen sowie die der anderen erkennen, verstehen und angemessen darauf reagieren, tendenziell produktiver sind. Emotionale Kompetenz fördert nicht nur die Zusammenarbeit im Team, sondern auch ein positives Arbeitsklima, das von Vertrauen und Wachstum geprägt ist.[186,187] Um ein positives Arbeitsklima herzustellen, sind nicht nur gemeinsame Erfolge vonnöten, sondern gleichermaßen auch Kommunikation und Feedback, Konfliktlösung und eine entsprechende Fehlerkultur. Das Konzept der »Losada-Rate« beschreibt das Verhältnis von positiven zu negativen Interaktionen und wird häufig in der Organisationspsychologie herangezogen, um das Gleichgewicht am Arbeitsplatz zu verdeutlichen. Obwohl die wissenschaftliche Grundlage dieses Konzepts umstritten ist, bleibt die zugrundeliegende Idee von Bedeutung: Ein höheres Verhältnis positiver Interaktionen trägt zu besserer Leistung und gesteigertem Wohlbefinden bei. Positive Interaktionen stärken Vertrauen, Selbstbewusstsein, Autonomie und Flexibilität und fördern somit Innovation und Zusammenarbeit im Team. Gleichzeitig sind kritische, aber konstruktive Rückmeldungen notwendig, um Wachstum und Selbstregulation zu ermöglichen. Ein Verhältnis von etwa 3:1 – drei positive

---

185 O'Boyle et al. (2011)
186 Jordan & Troth (2009)
187 Salovey & Mayer (1990)

Interaktionen auf eine negative – wird als optimal angesehen. Zu viele positive Interaktionen ohne ausreichendes kritisches Feedback, etwa bei einem Verhältnis über 11:1, können hingegen als nicht authentisches, unrealistisches und ineffektives Umfeld wahrgenommen werden. Führungskräfte sollten daher negative Nachrichten achtsam kommunizieren, um die Motivation, das Wohlbefinden und letztlich sogar die Leistungsfähigkeit ihrer Mitarbeitenden zu erhalten. Nicht nur für Führungspersonen ist dieses Wissen relevant, auch im Alltag findet es Anwendung. Da unser Gehirn negative Informationen schneller verarbeitet und ihnen mehr Gewicht beimisst, ist es wichtig, bewusst mehr positive Erlebnisse zu schaffen, um das emotionale Gleichgewicht zu erhalten.

Emotionale Kompetenz für Führungspersonen

In Teams ist die emotionale Kompetenz also ein Schlüssel zum Erfolg. Neben den Angestellten sind auch Führungskräfte mit ausgeprägten emotionalen Fähigkeiten besser in der Lage, Konflikte zu bewältigen, produktive Arbeitsbeziehungen aufzubauen, kreative Problemlösungen zu entwickeln[188] und objektivere Entscheidungen zu treffen, die dennoch emotionale Auswirkungen für das Team berücksichtigen. Sie haben mehr Verantwortung als jeder einzelne und die Förderung ihrer emotionalen Kompetenz ist demnach auch von größerer Bedeutung. Dennoch ist es so, dass emotionale Kompetenzen, auch manchmal als Soft Skills bezeichnet, *aber bitte nicht mit »weich« assoziieren, denn hier kann es auch mal ans Eingemachte gehen*, bei der Besetzung von Führungspositionen nicht so häufig eine Rolle spielen. Gerade in Berufen, wo die Ausbildungsinhalte sich sehr stark unterscheiden zu Führungskompetenzen, könnten emotionale Kompetenzen in Mitleidenschaft geraten. Einige Weiterbildungen versuchen bereits, diese Lücke zu füllen, da es nun endlich auch im organisationspsychologischen Kontext angekommen ist: Emotionen sind

---

188 Humphrey (2013)

durchaus relevant und die Missachtung von Emotionen führt zu geringerer Effektivität (statt umgekehrt).

Ganz allgemein besteht die Annahme, dass emotionale Kompetenz für verschiedene Berufsklassen unterschiedlich wichtig wäre. So würde wohl der Lehrer oder die Krankenschwester mehr von emotionaler Kompetenz profitieren als die Polizistin oder der Physiker. Meiner Meinung nach ist das eine Illusion. Die Forschung zeigt recht eindeutig, dass emotionale Kompetenz nicht nur mit Mitgefühl oder Kommunikation einhergeht, sondern darüber hinaus auch über Ressourcenmanagement, Führung und Organisationsfähigkeit entscheidet. Sehr interessant fand ich, dass diese Erkenntnisse bereits Arbeitskontexte erreicht hat, in denen man so etwas wie emotionale Kompetenz eigentlich weniger erwartet, wie beispielsweise beim Militär. Emotional kompetente Führungskräfte aus dem militärischen Kontext sind sowohl in Selbsteinschätzung als auch Fremdeinschätzung effektiver (mit hoher Korrelation!), sowohl im wahrgenommenen Erfolg als auch im tatsächlichen.[189]

Mithilfe von Interventionen, wie Soft-Skill-Trainings, aber auch mit ganzen Ausbildungssträngen, wie es beispielsweise Mindful-Leadership bietet, können meist mehrere Fliegen mit einer Klappe geschlagen werden: beispielhaft im näheren Sinne, verbesserte Gefühlsregulation, geringere Impulsivität, geringere Konfliktrate bzw. höhere Konfliktbewältigung, aber auch im weiteren Sinne, verbesserte Entscheidungsfindung, geringere Ausfallrate von Mitarbeitern, höhere Gesundheitsraten, höheres Renteneintrittsalter – letztlich Erfolg für das ganze Unternehmen und darüber hinaus auch für die Wirtschaft. Die wohl größte Hürde solcher Trainings: sie sind oft freiwillig oder nicht wirklich etabliert. So lehnen eher fachlich statt emotional kompetente Führungspersonen solche Trainings eher ab.

Ganz allgemein müssen Führungskräfte neben ihren fachlichen Kompetenzen in der Lage sein, Konflikte konstruktiv zu managen, empathisch auf die Bedürfnisse und Wünsche der Mitarbeiter einzugehen, moralisch hochwertig zu handeln, wie bspw. alle gleich zu

189 Koh & O'Higgins (2018)

behandeln und Grenzen zu akzeptieren, verständlich zu kommunizieren, um Missverständnisse zu vermeiden, zu motivieren und vieles mehr. Emotionale Kompetenzen helfen dabei, Konfliktsituationen zu deeskalieren, die Perspektiven der Beteiligten zu verstehen und Lösungen zu finden, die die Beziehungen innerhalb des Teams stärken. Emotional kompetente Führungskräfte können ihre Teams durch Veränderungen führen und eine positive Unternehmenskultur aufrechterhalten.

Unabdingbar scheint es jedoch zuallererst, eigene Emotionen entsprechend wahrzunehmen, zu verstehen und zu regulieren – so muss man hier ja auch ein Vorbild sein und möchte den Stress nicht an den Mitarbeitern auslassen. Puh, das klingt ganz schön anstrengend! Auf dem Arbeitsmarkt ist das jedoch wohl eher Ausnahme als die Regel – die meisten Menschen haben einfach deutliche Defizite im Umgang mit eigenen Emotionen und denen anderer –, nicht auszumalen, wie wir im internationalen Wettbewerb dastünden, wenn wir emotional kompetentere Führungskräfte aufweisen könnten. Emotionale Kompetenz sollte demnach bereits im Auswahlverfahren stärker in den Vordergrund rücken.

Emotionale Kompetenz in der Politik

Eng verbunden mit der Fähigkeit zu Denken und dem Erfolg im Beruf ist auch die Relevanz der emotionalen Kompetenz in der Politik – ein Faktor, der oft unterschätzt wird. In einem Umfeld, das oft von Konflikten, unterschiedlichen Interessen und komplexen sozialen Dynamiken geprägt ist, ermöglicht emotionale Kompetenz Politikern, einen kühlen Kopf zu bewahren, Empathie zu zeigen, die Bedürfnisse ihrer Wähler zu verstehen und effektiv auf Herausforderungen zu reagieren.

Eine amerikanische Studie unterstreicht die Bedeutung emotionaler Kompetenz für politische Führungskräfte.[190] Die Forschungs-

---

190 Greenstein (2009)

gruppe analysierte die Präsidentschaften der Vereinigten Staaten und identifizierte emotionale Kompetenz als einen der sechs Schlüsselfaktoren für effektive Führung im Weißen Haus. Der Forscher argumentiert, dass die Fähigkeiten, eigene Emotionen zu kontrollieren und die anderer zu verstehen, entscheidend für politischen Erfolg sind. Emotional kompetente Politiker neigen dazu, mehr Eigenverantwortung zu übernehmen und konsultieren häufiger Experten, anstatt schnell und unüberlegt zu handeln. Dies führt zu fundierten und nachhaltigen politischen Entscheidungen. Sie interagieren effektiver mit Kollegen und auch mit Wählern. Sie verstehen es, auf Sachebene zu kommunizieren, indem sie emotionale Freiheit genießen, sie sind imstande dazu, die Perspektive zu wechseln und auf Bedürfnisse entsprechend einzugehen. Durch das Verständnis der emotionalen Beweggründe anderer können sie besser verhandeln, Kompromisse finden und sich in komplexen politischen Situationen einigen. Diese Fähigkeit ist besonders wichtig in einem politischen System, das auf Zusammenarbeit und Konsensbildung angewiesen ist, wie es die Demokratie bieten kann. Darüber hinaus ist ein emotional kompetenter Politiker in der Lage, nicht nur die Emotionen und Bedürfnisse seiner Kollegen, sondern auch die seiner Wähler zu erkennen und darauf einzugehen. Dies schafft Vertrauen und fördert eine tiefere Verbindung zwischen Politikern und ihren Unterstützern. Wähler fühlen sich verstanden und gesehen, was ihre Bereitschaft erhöht, sich politisch zu engagieren und den politischen Prozess aktiv zu unterstützen. Dieses Wissen ist relevant, um die Wahlbeteiligung zu erhöhen.

Ein eindrucksvolles Beispiel für die Bedeutung emotionaler Kompetenz in der Politik lieferte Nelson Mandela während seiner Präsidentschaft in Südafrika. Nach jahrzehntelanger Rassentrennung und seiner eigenen langen Gefangenschaft setzte sich Mandela weiterhin für Versöhnung und Verständnis ein, anstatt Rache zu suchen. Er schaffte es, komplexe emotionale Dynamiken zu navigieren, empathisch und gleichzeitig standhaft zu sein und eine gespaltene Nation zu einen. Diese Kombination aus emotionaler Sensibilität und politischer Weisheit trug maßgeblich zur friedlichen Transformation

Südafrikas bei und unterstreicht die entscheidende Rolle emotionaler Kompetenz im politischen Geschehen – eine Kraft, die mit Blick auf den derzeitigen Russland-Ukraine-Konflikt in der Friedenspolitik weiterhin stark unterschätzt wird.

Exkurs: Mit emotionaler Kompetenz der gesellschaftlichen Spaltung entgegenwirken

Doch nicht nur auf der Ebene zwischen Nationen spielt die emotionale Kompetenz eine Rolle. Etwas greifbarer wird es, wenn wir uns Meinungsverschiedenheiten zwischen Gruppen oder zwischen Personen anschauen. In den letzten Jahren ist immer wieder von »gesellschaftlicher Spaltung« die Rede, die sich in unterschiedlichen Bereichen zeigt, wie soziale Ungleichheiten und auch auseinandergehende Meinungen hinsichtlich Migrations-, Klima- oder Gesundheitspolitik. Das Aufkommen sozialer Medien hat diese Dynamik verstärkt, indem diese zur Verbreitung von Desinformation und der Bildung von Echo-Kammern beitragen. Doch ganz so neu ist dieses Problem nicht. Beispielsweise sind wir seit vielen Jahren mit rassistischen Vorurteilen in der Gesellschaft konfrontiert, die den Alltag für viele Personengruppen erschweren. Gordon Allport stellte (um 1960) in der Intergruppenkontakt-Theorie die Annahme auf, dass diese Differenzen nur durch positiven Kontakt zwischen den Gruppen beiseitegelegt werden können. Die wohl beiden wichtigsten Mechanismen, die im Rahmen dieses Kontakts wirken, sind Empathiesteigerung und Angstreduktion, wie eine Metaanalyse zur Vorurteilsreduktion zeigt.[191] An mehreren Ecken linst die emotionale Kompetenz um die Ecke, als wollte sie flüstern: »Na, merkst du, wie wichtig ich

---

191 Pettigrew et al. (2011)

bin?« Emotionale Kompetenz bietet Möglichkeiten, Brücken zu bauen, Vertrauen zu schaffen und nachhaltige Lösungen für komplexe Herausforderungen zu finden. Menschen mit hoher emotionaler Kompetenz sind in der Lage, emotionale Signale in der Kommunikation wahrzunehmen und angemessen darauf zu reagieren, was die Zusammenarbeit fördert und Eskalationen verhindert. Weiterhin können emotional kompetente Menschen negative emotionale Reaktionen kontrollieren und empathisch auf die Perspektiven anderer eingehen. Dies führt nicht nur zu einer offenen und toleranten Haltung gegenüber Fremdgruppen, sondern reduziert auch autoritäre und sozialdominante Einstellungen, die häufig mit Vorurteilen und gesellschaftlicher Spaltung verbunden sind.[192]

Durch die Förderung von Empathie, verbesserter Kommunikation, effektiver Konfliktbewältigung und Zusammenarbeit kann emotionale Kompetenz entscheidend dazu beitragen, den sozialen Zusammenhalt zu stärken und die gesellschaftliche Spaltung in einer zunehmend komplexen und polarisierten Welt zu verringern.

---

192 Makwana (2023)

Gesund bleiben, gesund werden mithilfe emotionaler Kompetenz

Was dich in diesem Kapitel erwartet:

- Wie hängt die emotionale Kompetenz mit der Gesundheit zusammen?
- Wie beeinflussen Traumata unsere Gesundheit?
- Trotz Trauma gesund bleiben – welche Bedeutung haben Kohärenz und emotionale Kompetenz?
- Welche zentralen Körpersysteme gibt es und wie wird ihre Regulation von Emotionen beeinflusst?
- Wie sollte sich das Gesundheitssystem verändern unter Einbezug von emotionaler Kompetenz? Welche Maßnahmen gibt es bereits, deren Einsatz sich weiterhin lohnt?
- Welche Bedeutung hat die emotionale Kompetenz für den Psychotherapieerfolg? Kann es Heilung geben?

Das Wissen, dass Emotionen unsere Gesundheit beeinflussen, ist Jahrtausende alt. Bereits Hippokrates und Aristoteles, etwa 400 vor Christi, vertraten die Auffassung, dass körperliche sowie psychische Krankheiten durch ein Ungleichgewicht von Körpersäften verursacht werden. In der Gesundheitsversorgung wurde dieses Wissen langjährig angewandt, jedoch geriet es in der Zeit des Mittelalters in den Hintergrund. Zur Zeit der Aufklärung traten erneut bedeutsame Philosophen wie Descartes und Kant dafür ein, das Wissen wieder zu verbreiten und im Gesundheitssystem zu etablieren. Ein bedeutender Schritt in Richtung moderner psychosomatischer Medizin gelang um 1900 führenden Persönlichkeiten wie Moritz, Reil, Heinroth und Freud. Sigmund Freud bekundete in seinen Erkenntnissen aus Einzelfallstudien (Konversionsmodell), dass der Körper die Ausdrucksform innerer Konflikte sei, was bis heute Bestand hat.

Um emotionale Kompetenz und Gesundheit besser zu verstehen, werfen wir einen Blick auf zentrale Gesundheitsmodelle. Das biopsychosoziale Modell[193] betont die Wechselwirkungen zwischen biologischen, psychologischen und sozialen Faktoren bei der Entstehung von Krankheiten und wird heute weltweit praktiziert. Lydia Temoshok entwickelte das Typ-C-Persönlichkeitskonzept, um die Entstehung von Krebs zu erklären.[194] Nach diesem Konzept neigen Menschen dieser Persönlichkeitsstruktur dazu, unangenehme Emotionen wie Ärger zu unterdrücken, was das Immunsystem schwächt. Dieser Ansatz ist stark kritisiert worden, da er – häufig missverstanden – implizieren würde, die Person hätte eine gewisse Schuld an ihrer Erkrankung. Heute wird die Vorstellung einer relativ stabilen Persönlichkeit als Ursache abgelehnt. Geblieben ist die Komponente der Schwierigkeiten im Ausdruck von Emotionen. Das Vulnerabilitäts-Stress-Modell[195] erklärt die Entstehung von Krankheiten durch die Kombination individueller Verwundbarkeit (oft genetisch bedingt) und belastender Lebensereignisse. Emotionale Kompetenzen und

---

193 Engel (1977)
194 Temoshok (1987)
195 Zubin & Spring (1977)

soziale Unterstützung können diesen Prozess abmildern. Ulla Franken[196] entwickelte ein Modell, das emotionale Kompetenz als entscheidenden Faktor für Gesundheit betont und Elemente des Vulnerabilitäts-Stress-Modells sowie des transaktionalen Stressmodells integriert.[197] Es zeigt, dass die kognitive Bewertung von Stressoren und die Fähigkeit, Emotionen zu regulieren, entscheidend für die Prävention von Krankheiten sind.

Die Psychoneuroimmunologie, begründet von Robert Ader und George Freeman Solomon, erforscht heute die Wechselwirkungen zwischen Psyche, Gehirn und Immunsystem. Experimente zeigen, dass emotionale Erlebnisse im Gehirn gespeichert und im Körper widergespiegelt werden.[198]

Emotionale Kompetenz und psychische Gesundheit

Emotionale Kompetenzen helfen uns, Herausforderungen zu meistern, gesunde Beziehungen zu pflegen und eine positive Einstellung zum Leben zu entwickeln. Emotional kompetente Menschen haben seltener Depressionen, Angstzustände und andere psychische Erkrankungen.[199] Diese Fähigkeiten ermöglichen es uns, unsere Gefühle zu erkennen und zu regulieren, statt in schädliche Verhaltensmuster zu verfallen. Insbesondere in Krisenzeiten und bei der Verarbeitung von Traumata ist die emotionale Kompetenz essentiell, um die psychische Gesundheit zu schützen.

---

196 Franken (2004)
197 Lazarus & Folkman (1987)
198 Schubert & Amberger (2016)
199 Martins, Ramalho & Morin (2010)

Traumata, Gesundheit und emotionale Kompetenz

Ein Trauma ist eine unsichtbare Wunde der Seele. Es entsteht, wenn eine belastende Erfahrung unsere Fähigkeit zur Bewältigung überfordert. Solche Erlebnisse hinterlassen starke Gefühle wie Angst, Ohnmacht oder Schuld, die oft nicht verarbeitet werden können. Traumata stören unser Selbstbild und führen häufig zu psychischen Problemen wie Depressionen oder posttraumatischen Belastungsstörungen.[200] Dabei muss es sich nicht immer um dramatische Ereignisse handeln – auch Vernachlässigung oder emotionaler Missbrauch können tiefe Spuren hinterlassen.[201] Der »Dose-Response-Effekt« zeigt, dass häufige oder intensive Erlebnisse die emotionale Reaktivität erhöhen. Auch wiederkehrende kleine Verletzungen emotionaler Bedürfnisse, wie fehlende Zuwendung oder Geborgenheit, können langfristig großen Schaden anrichten.[202] Jedoch hängt es weniger vom Erlebnis selbst ab, ob sich dieses auch als Trauma manifestiert, sondern eher von der Person, die es erlebt, und ihren Ressourcen. Dies erklärt auch, weshalb sich schlimme Erlebnisse im Kindesalter oft eher als Trauma manifestieren – Kinder haben im Vergleich zu Erwachsenen eher geringe Ressourcen, sei es kognitiver, emotionaler oder sozialer Natur. Untersuchungen zeigen, dass etwa 6–20 % der Kinder mindestens ein traumatisches Ereignis durchleben und sich dies langfristig auf die Gesundheit und andere Bereiche niederschlägt.[203] Tierstudien, vor allem mit Mäusen, bestätigen diese Ergebnisse: Frühkindliche Trennungen von den Eltern führen zu dauerhaften Verhaltensstörungen. In den ersten Lebensjahren werden grundlegende Fähigkeiten zur Emotionsregulation entwickelt. Wenn in dieser Zeit schwere Traumata auftreten, bleibt das nicht

---

200 Ruppert (2010)
201 Lovis-Schmidt, Schilling, Pudschun & Rindermann (2022)
202 Chen, Brody & Miller (2017)
203 Petruccelli, Davis & Berman (2019)

ohne Folgen für die körperliche und psychische Gesundheit.[204] Traumatische Erfahrungen in diesen sensiblen Phasen können lebenslange Auswirkungen haben.[205]

Hat die Person jedoch genug Ressourcen, beispielsweise kognitive Kompetenzen wie Selbstreflektion, Perspektivwechsel oder kognitive Umstrukturierung, muss das Erlebnis von Gewalt nicht zwangsläufig dazu führen, dass die Person ein Trauma entwickelt. Besonders hilfreich für die Verarbeitung traumatischer Erlebnisse ist es, darüber zu sprechen, auch über die erlebten Hilflosigkeits- und Ohnmachtsgefühle, was soziale Ressourcen erfordert.

Es ist bereits durchgeklungen, wie Traumata die emotionale Entwicklung und damit auch die Entwicklung emotionaler Kompetenzen beeinflussen. Betroffene haben oft Schwierigkeiten, ihre Gefühle zu erkennen und sie richtig einzuordnen. Besonders Kinder entwickeln nach traumatischen Erfahrungen eine verzerrte Wahrnehmung von Emotionen und tun sich schwer, ihre eigenen Gefühle zu benennen oder die Emotionen anderer korrekt zu deuten. Viele Kinder entwickeln einen Schutzmechanismus, der sie effektiver vor Gefahren warnen soll. Völlig verständlich. Diesen Zustand nennen wir Hypervigilanz. Der Organismus ist in ständiger Alarmbereitschaft und steht unter hohem Stress. Hält dieser Zustand bis ins Erwachsenenalter an, beeinträchtigt diese Schutzfunktion oft den Alltag und auch den Lebensverlauf der Person – sie muss sich einschränken, kann ihre Fähigkeiten nicht entfalten, da sie zu viel Energie auf den Schutz ausrichten muss – es ist eine Spirale, aus der sie ohne Hilfe nicht rauszukommen vermag. Psychotherapie kann hier Abhilfe schaffen.

Neben der Emotionserkennung wird auch die Emotionsregulation durch Traumata beeinträchtigt. Betroffene neigen dazu, extreme emotionale Reaktionen zu zeigen und haben Schwierigkeiten, diese unter Kontrolle zu halten. Oftmals erleben sie anhaltende Gefühle wie Angst oder Wut, die so intensiv sind, dass sie zu ungesunden Bewältigungsstrategien greifen – von Vermeidung bis hin zur Unter-

---

204 Meaney (2001)
205 Miller, Chen & Parker (2011)

drückung ihrer Gefühle, ausgedrückt über verschiedenste Verhaltensweisen wie Drogenmissbrauch oder riskantes Sexual- oder Fahrverhalten. Ein Schutzmechanismus, der häufig nach Traumata auftritt, ist die Dissoziation – das Abkoppeln von Emotionen. Betroffene tun dies, um überwältigende Gefühle nicht erleben zu müssen, doch langfristig führt diese emotionale Taubheit dazu, dass sie Gefühle kaum mehr vollständig wahrnehmen oder ausdrücken können. Dies blockiert die gesunde Emotionsverarbeitung und beeinträchtigt die Nutzung emotionaler Kompetenzen.[206]

Doch wir sehen auch: nicht jedes Trauma führt zur Krankheit. Im Gegenteil: auch Menschen unter widrigen Lebensumständen blieben oftmals bei guter Gesundheit. Dieses Wissen geht schon einige Jahrzehnte zurück, auf die Forschungsarbeiten von Aaron Antonovsky und seinem Konzept der Salutogenese.[207] Alles begann, als Antonovsky in den 1960er und 1970er Jahren israelische Frauen untersuchte, die die Schrecken der Konzentrationslager überlebt hatten. Er stellte überrascht fest, dass viele von ihnen trotz ihrer traumatischen Erfahrungen eine erstaunlich gute psychische und physische Gesundheit aufwiesen. Doch wie konnte das sein? Aus seinen Studien entwickelte Antonovsky das Konzept der Salutogenese, was so viel bedeutet wie »Entstehung« oder auch »Aufrechterhaltung von Gesundheit«. Anstatt sich nur darauf zu konzentrieren, warum Menschen krank werden, wollte er verstehen, warum sie gesund bleiben. Das Herzstück seiner Theorie war das Kohärenzgefühl (Original: »Sense of Coherence«), welches aus drei wichtigen Teilen besteht: *Verstehbarkeit*, das Gefühl, dass die Welt um uns herum strukturiert und verständlich ist. Es bedeutet, dass wir die Ereignisse in unserem Leben als geordnet und vorhersehbar wahrnehmen können. *Handhabbarkeit*, also das Vertrauen, dass wir über die nötigen Ressourcen verfügen, um mit den Herausforderungen des Lebens umzugehen. *Sinnhaftigkeit*, was bedeutet, dass wir unser Leben als sinnvoll und

---

206 Ruppert (2010)
207 Antonovsky (1979)

bedeutungsvoll empfinden und dass es sich lohnt, in die Bewältigung von Schwierigkeiten zu investieren. Antonovsky stellte also fest, dass Menschen mit einem starken Kohärenzgefühl besser mit Stress und Widrigkeiten umgehen konnten. Diese Menschen fühlten sich weniger überwältigt von den Herausforderungen des Lebens und waren widerstandsfähiger gegenüber sämtlichen Herausforderungen. Sie konnten besser gesunde Bewältigungsstrategien entwickeln und beibehalten, was ihre psychische und physische Gesundheit förderte.

Was bedeutet das für uns? Antonovskys Arbeit zeigt uns, dass es nicht nur wichtig ist, Krankheiten zu bekämpfen, sondern auch unsere inneren und äußeren Ressourcen zu stärken, um gesund zu bleiben. Innere Ressourcen – und das sollte keine Überraschung sein – stärken wir maßgeblich über die Etablierung emotionaler Kompetenzen. Äußere Ressourcen zu stärken, kann auf verschiedene Weise geschehen. Bildung und Information spielen dabei eine zentrale Rolle: Indem wir mehr über unsere Lebenssituation und Herausforderungen lernen, können wir mögliche Herausforderungen und ihre Konsequenzen besser verstehen und uns darauf vorbereiten. Ebenso wichtig ist die soziale Unterstützung. Durch starke Netzwerke und Gemeinschaften fühlen wir uns in schwierigen Zeiten sicher und weniger allein. Nicht zuletzt tragen sinnstiftende und erfreuliche Aktivitäten zu unseren äußeren Ressourcen bei, die uns motivieren und erfüllen.

Der Einfluss emotionaler Prozesse auf die körperliche Gesundheit

Emotionale Kompetenz ist nicht nur für unser psychisches Wohlbefinden, sondern auch für unsere körperliche Gesundheit wichtig.

Diesen Zusammenhang habe ich in eigenen Forschungsarbeiten[208] ausführlich untersucht und ich teile gern einmal mit dir meine wichtigsten Erkenntnisse dazu. Wer hätte gedacht, dass unsere Gefühle so viel Macht über unseren Körper haben?

Der Mehrwert von Emotionen im Vergleich zu Stress

Im heutigen Gesundheitsversorgungssystem ist Stress als Ursache körperlicher Erkrankungen weitestgehend anerkannt und wird mit einer Vielzahl von Beschwerden in Verbindung gebracht, wie Erkältungen, Kopfschmerzen und anderen Erschöpfungssymptomen. Auch in verschiedenen Stressbewältigungstrainings werden gesundheitsbezogene Fragen aufgegriffen, bspw. nach Selbstfürsorge, körperlichen Entspannungstechniken wie MSBR oder Ernährung. So ist es also nicht ungewöhnlich, dass Hausärzte ihre Patienten nach stressreichen Phasen im Alltag fragen – »Hatten Sie in den letzten Tagen vermehrt Stress?« Automatisch denken wir an beruflichen Leistungsdruck oder Konflikte in der Beziehung. Seltener jedoch richten wir unsere Aufmerksamkeit auf konkrete unangenehme Emotionen wie Scham, Angst, Ärger oder Traurigkeit, die präziser beschreiben könnten, wie es uns wirklich geht und welche Bedürfnisse derzeit unbefriedigt sind. Die Frage des Hausarztes könnte also sein: »Werden Sie in letzter Zeit häufiger von unangenehmen Gefühlen geplagt, wie Ärger oder Traurigkeit, mit denen Sie allein nicht fertig werden?«

Richard Lazarus, der Pionier der Stressbewältigungsforschung, erkannte, dass Aussagen über Emotionen oft präziser sind als solche über Stress. Stress ist eine dynamische, oft diffuse Variable, die sowohl positive als auch negative Auswirkungen haben kann. Während Stress in bestimmten Situationen lebenswichtig ist, weil er uns antreibt und motiviert, zeigt die Forschung, dass die emotionale Reaktion maßgeblich darüber entscheidet, ob Stress gesundheitsför-

---

208 Lovis-Schmidt (2021)

derlich oder schädlich wirkt.[209] Ob wir eine Situation als Bedrohung oder Herausforderung wahrnehmen, bestimmt maßgeblich unsere darauffolgende emotionale Reaktion (Überforderung/Bedrohung: Angst, Frustration; Herausforderung: motiviert/Zuversicht/Stolz). In der aktuellen Gesundheitsdebatte besteht die Gefahr, dass Stress pauschal verteufelt wird und wir uns vor stressigen Situationen »in Watte packen« wollen. An Stress können wir per se nicht so viel ändern, lediglich an der Wahrnehmung und der Bewältigung. Stress begegnet uns überall und das ist, wie gesagt, auch gut so. Ein Beispiel verdeutlicht dies: Nach einer langen und stressigen Prüfungsphase kann eine Person, die anschließend Stolz empfindet, gesund bleiben, während eine andere Person, die die gleiche Prüfung als bedrohlich erlebt und sich selbst ganz hilflos gefühlt hat, danach krank wird.

Nach einigen Jahren, die ich nun selbst schon in der Gesundheitsforschung tätig bin, bin ich zu dem Schluss gekommen, dass Emotionen und die emotionale Kompetenz im Alltag besser dazu geeignet sind, um psychische und körperliche Gesundheit vorherzusagen.[210] Ich möchte diesen Rückschluss kurz erklären.

Emotionen bieten einen präziseren Zugang zur Gesundheitsprognose, da sie spezifischer mit körperlichen Reaktionen und Erkrankungen verbunden sind als das allgemeinere Konzept von Stress. Die Forschung hat gezeigt, dass bestimmte Emotionen, wie Wut, Angst oder Traurigkeit, spezifische körperliche Reaktionen auslösen können, die wiederum mit bestimmten Krankheiten in Verbindung stehen. Das ist eigentlich ganz logisch – denn Wut löst andere körperliche Reaktionen aus, wenn das Verhalten »Angriff« initiiert wird (wie bspw. die Ausschüttung von Testosteron), als Angst (Flucht) oder Traurigkeit (Resignation). Zum Beispiel werden Wut und Feindseligkeit häufig mit einem erhöhten Risiko für Bluthochdruck und Herzinfarkte in Verbindung gebracht.[211,212] Angst und chronischer Stress

---

209 Lazarus (1993)
210 Lovis-Schmidt, Schilling, Pudschun & Rindermann (2022)
211 Chida & Steptoe (2009)
212 Mund & Mitte (2012)

begünstigen Magen-Darm-Erkrankungen wie das Reizdarmsyndrom, während Traurigkeit und Depression das Risiko für Asthma erhöhen.[213] In eigener Forschung[214] bestätigte sich an einer großen Stichprobe von Kindern zwischen 11 und 13 Jahren die Annahme, dass über Emotionen präzisere Aussagen gemacht werden können als über Stress oder Gesundheitsverhalten. Die Tendenz zu unangenehmen Gefühlen, das bedeutet, situationsübergreifend spezifische Emotionen wie Traurigkeit, Wut und Angst zu empfinden, konnte körperliche Beschwerden wie Kopfschmerzen, Bauchschmerzen oder Schwindel etwa doppelt so gut vorhersagen wie Stress und mehr als doppelt so gut wie verschiedene Gesundheitsverhaltensweisen wie Bewegung oder erste Versuche von Alkohol oder Zigaretten. In der gleichen Studie zeigte sich, dass insbesondere anhaltende Traurigkeit und Angst zu verschiedenen Beschwerden führten, weniger jedoch der Ausdruck von Wut, der wohl – so eine Metaanalyse[215] – eher über dessen Unterdrückung zu körperlichen Krankheiten wie Bluthochdruck und sogar Krebs führt. Emotionen können also uns nicht nur sagen, wie wir uns fühlen, sondern auch, welche Krankheiten wir möglicherweise entwickeln könnten.

Hier hat die emotionale Kompetenz ihren Auftritt. Sie ist nicht nur eng mit der Stressbewältigungskompetenz verbunden, sondern geht darüber hinaus, indem sie uns hilft, mit der gesamten Bandbreite unserer Emotionen umzugehen – von der Bewältigung unangenehmer Gefühle wie Angst oder Wut bis hin zur Förderung positiver Emotionen wie Freude und Zufriedenheit. Der emotionale Kompetenzbegriff ist breiter, weil er viele Lebensbereiche einschließt, in denen wir fühlen, insbesondere soziale Kontakte, wie Liebesbeziehungen, Freundschaften und natürlich wesentlich: die Beziehung zu unseren Kindern. In der jüngsten Stressforschung stehen wiederum oft berufliche Kontexte im Vordergrund,[216] wobei der Fokus auf ex-

---

213 Akula et al. (2018)
214 Lovis-Schmidt, Bilz, Pahlke & Rindermann (2022)
215 Mund & Mitte (2012)
216 Kannappan et al. (2023)

ternen Faktoren liegt: möglichst stressfrei gestalteten Arbeitsbedingungen mit entsprechender Umgebung und Arbeitszeiten, Kommunikation und Teambildung. Das äußere Management von Stressoren ist wichtig, darf aber nicht den inneren Umgang mit Emotionen vernachlässigen. Es geht darum, nicht nur Stress zu vermeiden, sondern auch zu verstehen, was wir zu unserem Glück beitragen müssen. Die Forschung zeigt, dass emotionale Kompetenz ein mindestens ebenso entscheidender Schutzfaktor für die körperliche Gesundheit ist wie Stressbewältigung.[217,218]

Regulation verschiedener Körpersysteme

Wie funktioniert das nun ganz konkret? Wissenschaftler wie Christian Schubert haben gezeigt, dass Emotionen und die Fähigkeit, mit ihnen umzugehen, zu biochemischen Veränderungen im Körper führen,[219] die nicht nur kurzfristig die Herzrate oder die Hautleitfähigkeit betreffen, sondern langfristig eine Dysbalance in den Körpersystemen verursachen können, die für unsere Gesundheit entscheidend sind. Wenn unangenehme Emotionen, wie Angst, häufig auftreten, wird das Stresshormon Cortisol freigesetzt, welches Entzündungen fördert und das Immunsystem schwächt.[220] Einige ältere Experimente zeigten eine Beeinträchtigung des Immunsystems durch negativ erlebte Emotionen über einen Zeitraum von mehreren Stunden.[221,222] Langfristig (meist über Tage und Wochen) kann dies zu Herzproblemen, Magen-Darm-Erkrankungen oder Störungen des Nervensystems führen.[223]

---

217 Martins, Ramalho & Morin (2010)
218 Mikolajczak et al. (2015)
219 Schubert & Amberger (2016)
220 Kiecolt-Glaser et al. (2002)
221 Labott et al. (1990)
222 Rein, Atkinson & McCraty (1995)
223 Felitti et al. (1998)

Es gibt mehrere Erklärungen, wie Emotionen zu einer Dysbalance der Körpersysteme führen. Wenn der Körper ständig in Alarmbereitschaft ist, verbraucht er immense Mengen an Energie, um die Kampf- oder Fluchtreaktionen aufrechtzuerhalten. Diese Energie fehlt dann in anderen Bereichen, wie der Reparatur von Gewebe, der Stärkung des Immunsystems oder der Regulation des Hormonsystems. Diese energetische Umverteilung kann langfristig zu einer Schwächung der Systeme führen und sie anfälliger für Krankheiten machen.[224] Im Gegensatz dazu können positive Emotionen, wie Stolz und Glück, die Ausschüttung von Endorphinen und anderen »Wohlfühl«-Hormonen fördern, Schmerzen lindern und das Immunsystem stärken.[225,226]
Übrigens: Im Vergleich zu unangenehmen haben angenehme Gefühle nicht einen so starken Aufforderungscharakter – sie sind mehr oder weniger das Signal »Gut gemacht. Weiter so. Wiederholen« – der Organismus ruht sich aus. Wir haben deshalb oftmals in der Forschung zu angenehmen Gefühlen nicht so hohe Effekte wie in der Forschung zu unangenehmen Gefühlen.[227]

Doch ist das für alle Körpersysteme gleich? Welche gibt es denn eigentlich? Schauen wir uns das einmal genauer an!

Emotionen und das Hormonsystem

Wie wir bereits gelernt haben, beeinflussen emotionale Reaktionen die Ausschüttung von Hormonen wie Cortisol, das uns dafür mobilisiert, anzugreifen oder zu flüchten. Diese dauerhafte Alarmbereitschaft kann zu einem Ungleichgewicht der Hormone führen. Ganz praktisch gesagt, du schläfst deutlich schlechter, du nimmst an Gewicht zu, ohne mehr zu essen, weil dein Stoffwechsel nicht reibungslos funktioniert (Schilddrüsenhormone), du hast Schmerzen,

---

224 Kiecolt-Glaser et al. (2002)
225 Boehm et al. (2020)
226 Stock & Badura (1995)
227 Ebd.

dir fallen Haare aus, du bist weniger fruchtbar. *Klingt ja alles nicht so verlockend. Ich nehme an, ich habe nun deine volle Aufmerksamkeit?*

Beginnen wir unsere Reise mit Oxytocin, häufig als Bindungshormon oder auch »Kuschelhormon« bezeichnet, obwohl es dies in meinen Augen oft etwas lächerlich erscheinen lässt und es um sehr viel mehr geht als ums Kuscheln; es geht um Schmerzlinderung, wie die Hirnforschung zeigt.[228] Dieses bemerkenswerte Molekül wird nicht nur bei körperlicher Nähe und Berührung ausgeschüttet, sondern auch durch positive soziale Interaktionen, emotionale Bindungen, beim Geschlechtsverkehr und, ja, sogar beim Tanzen. Die Zuführung von Oxytocin kann das Vertrauen zwischen Menschen signifikant erhöhen,[229] weshalb es einigen Müttern während der Geburt verabreicht wird. Eigentlich macht der Körper das aber von ganz allein – er schüttet während der Geburt große Mengen von Oxytocin aus, was die Schmerzen erträglicher macht und die Bindung zwischen Mutter und Neugeborenem fördert. Eine verstärkte Oxytocinproduktion kann sich positiv auf verschiedene Aspekte unserer Gesundheit auswirken, einschließlich einer verbesserten Wundheilung und einer Stärkung des Immunsystems. Wo die Anwendung dieses Wissens meiner Meinung nach noch fehlt, ist in der Altenpflege, wo Schmerzen tendenziell mit dem Alter mehr werden bei gleichzeitig rückgängigem Körperkontakt, was die Ausschüttung von Oxytocin mindert. Regelmäßige Massagen, Umarmungen der Verwandtschaft oder Tanzgruppen könnten möglicherweise Abhilfe schaffen. Dies wird heute wenig erforscht und noch weniger praktiziert.

Wenden wir uns nun Serotonin zu, oft als »Glückshormon« bezeichnet, obwohl seine Funktionen nicht nur die Stimmungsregulation betreffen. Serotonin spielt eine Schlüsselrolle bei der Steuerung unseres Schlaf-Wach-Rhythmus, der Darmfunktion und sogar beim Haarwuchs. Chronischer Stress beeinträchtigt die Serotoninsynthese im Körper,[230] was erklären könnte, warum Menschen mit Depres-

---

228 Mekhael et al. (2023)
229 Kosfeld et al. (2005)
230 Cowen & Browning (2015)

sionen häufig unter Schlafstörungen und Verdauungsproblemen leiden. Stress und damit verbundene hormonelle Veränderungen, einschließlich eines verringerten Serotoninspiegels und eines erhöhten Testosteronspiegels, führen zudem zu Haarausfall[231] bei Männern und Frauen.

Eng mit Motivation, Freude und Konzentration verbunden ist unser »Belohnungshormon«, das Dopamin. Neue Forschungen geben erste Hinweise darauf, dass die Art und Weise, wie wir mit unseren Emotionen umgehen, einen direkten Einfluss auf unser Dopaminsystem hat.[232] Dabei weisen emotional kompetente Personen eine stärkere Erregbarkeit der linken vorderen Hirnregionen auf, was nicht nur dazu führt, dass sie Emotionen schneller verarbeiten können, sondern auch mehr Dopamin-Rezeptoren entwickeln, die das Belohnungssystem aktivieren.

Cortisol, das Stresshormon schlechthin, steht mit einigen schwerwiegenden Krankheiten in Verbindung, darunter psychische Störungen wie Angststörungen und Depressionen, aber auch Bluthochdruck, Unfruchtbarkeit, Schlaflosigkeit, Gewichtszunahme. Um die Entstehung von Cortisol zu erklären, wandern wir einmal in die achte Klasse Biologieunterricht zurück – zur Hypothalamus-Hypophysen-Nebennierenrinden-Achse, welche aus gutem Grund auch einfach nur HPA-Achse oder Stress-Achse genannt wird. Sie beginnt im Hypothalamus, einer kleinen, aber äußerst wichtigen Struktur im Gehirn. Der Hypothalamus überwacht ständig die inneren und äußeren Umstände und entscheidet, ob eine Bedrohung vorliegt. Wenn der Hypothalamus eine Bedrohung wahrnimmt, sendet er ein Signal (namens Corticotropin-Releasing-Hormon, abgekürzt durch CRH) an die Hypophyse, eine ebenfalls im Gehirn gelegene Drüse. Diese schickt daraufhin ein weiteres Hormon (adrenocorticotropes Hormon, ACTH) über den Blutkreislauf an die Nebennieren, die sich oberhalb der Nieren befinden. Die Nebennieren reagieren auf das ACTH, indem sie verschiedene Hormone freisetzen, darunter das

---

231 Hadshiew et al. (2004)
232 Kosonogov et al. (2019)

bekannte Stresshormon Cortisol. Wir werden wacher, haben mehr Energie und sind bereit, auf die Situation zu reagieren. Jedoch ist die Funktionsweise des Immunsystems herabgesetzt, was längerfristig zu Problemen führt. Ein besonders faszinierendes Forschungsgebiet betrifft den Einfluss stressiger Emotionen auf die Fruchtbarkeit. Traditionell wurde Unfruchtbarkeit hauptsächlich aus einer rein physiologischen Perspektive betrachtet. Neuere Studien zeichnen jedoch ein komplexeres Bild. Eine kurze Übersichtsarbeit[233] legt nahe, dass chronischer Stress die Fruchtbarkeit sowohl bei Männern als auch bei Frauen beeinträchtigt und dieses Problem bereits weltweit sichtbar geworden ist. Die Autoren argumentieren, dass dies teilweise auf hormonelle Veränderungen zurückzuführen ist, insbesondere auf erhöhte Cortisolspiegel, die die Produktion von Sexualhormonen stören können. Eine Metaanalyse zeigte, dass psychologische Interventionen nicht nur mehr Zufriedenheit bei Paaren während Fruchtbarkeitstherapien bewirken, sondern auch die Schwangerschaftsraten steigerten.[234] Die Forschung zur Bedeutung emotionaler Kompetenz in diesem Zusammenhang steckt noch in den Kinderschuhen. Wie genau beeinflusst emotionale Kompetenz die Aktivität der HPA-Achse? Einige Kliniken experimentieren bereits mit solchen ganzheitlichen Ansätzen.

Emotionen und das Immunsystem

Wenden wir uns nun dem Einfluss von Emotionen auf das Immunsystem zu. Das emotionale System und das Immunsystem gehen Hand in Hand – manche Forscher gehen sogar so weit, es als einheitlich zu betrachten. Dabei sind Emotionen unmittelbar im Immunsystem abbildbar. Schauen wir uns das genauer an.

Unser Immunsystem arbeitet auf vier Ebenen, um uns gesund zu halten. Die erste Linie ist die Verhaltensebene. Wenn wir krank sind, passt sich unser Verhalten automatisch an: Wir schlafen mehr, ruhen

---

233 Rooney & Domar (2016)
234 Bright et al. (2020)

uns aus und ernähren uns gesund. Wer diese Signale ignoriert, merkt schnell, dass sich die Symptome verschlimmern. Emotional kompetente Menschen erkennen solche Anzeichen früh und handeln entsprechend ihrer Bedürfnisse. Die zweite Ebene bildet physische Barrieren wie Haut und Schleimhäute. Sie schützen uns, indem sie Krankheitserreger abwehren. Ein Beispiel ist das Niesen, das Bakterien und Viren aus dem Körper schleudert. Das angeborene Immunsystem ist die dritte Verteidigungslinie. Es reagiert sofort auf Eindringlinge und löst Entzündungen aus, die wir als Rötung oder Schmerz wahrnehmen. Die Forschung zeigt, dass das angeborene Immunsystem besonders sensibel auf Emotionen reagiert. Wenn es dir nicht gut geht, verheilt etwa eine Schnittwunde langsamer oder wir erholen uns weniger schnell von einer Operation.[235] Die vierte Ebene, das adaptive Immunsystem, arbeitet langsamer, ist dafür aber sehr gezielt. Es erinnert sich an Erreger, wie es beispielsweise bei Windpocken gut sichtbar ist, und schützt uns bei erneuten Infektionen schneller. Das adaptive Immunsystem muss wie ein Muskel trainiert werden. Wir stärken uns, indem wir beiläufig mit verschiedenen Viren und Bakterien in Kontakt kommen, die dann in unseren Speicher aufgenommen werden.

Wie Emotionen unser Immunsystem beeinflussen, verdeutlichen zwei Experimente, deren Durchführung heutzutage aufgrund ethischer Richtlinien kaum zulässig wäre. Deshalb ist es auch besonders wichtig, aus diesen Experimenten zu lernen! Anhand des ersten Experiments wurde untersucht,[236] wie emotionaler Stress Erkältungen begünstigt. Dabei wurden gesunde Erwachsene gebeten, über Emotionen, Stress und aktuelle Lebensereignisse zu berichten. Anschließend wurden sie gezielt einem nasalen Erkältungsvirus ausgesetzt und eine Woche in Quarantäne überwacht, während eine Kontrollgruppe ein Placebo erhielt. Die Ergebnisse zeigten eindeutig, dass stressige Emotionen die Immunfunktion erheblich beeinträchtigen können: Bei geringem Stressniveau lag die Ansteckungsrate bei 74 %,

---

235 Gouin, Kiecolt-Glaser (2011)
236 Cohen, Tyrrell & Smith (1991)

während sie bei hohem Stressniveau auf 90 % anstieg. Zudem entwickelten zwischen 27 % und 47 % der Teilnehmer klinische Erkältungssymptome, je nach Stressniveau. Ein zweites Experiment ging noch einen Schritt weiter.[237] Hier wurden Emotionen ausgelöst und die Immunabwehr anhand von Speichelproben über sechs Stunden verfolgt. Die Emotionen Mitgefühl und Ärger wurden durch Videosequenzen und die Erinnerung an emotionale Erlebnisse hervorgerufen. Die Auswirkungen von Emotionen waren nicht nur kurzfristig (Millisekunden), sondern hielten über mehrere Stunden an. Dabei war durch Ärger eine immunschwächende Wirkung über etwa fünf Stunden zu verzeichnen, während Mitgefühl eher positiv auf die Immunabwehr wirkte. Im Alltag könnte dies bedeuten, dass Emotionen, die wir zu Beginn des Tages erleben, unsere körperliche Gesundheit für einen Teil des Tages beeinflussen. Langfristig kann das regelmäßige Erleben von bestimmten Emotionen zu kumulativen Effekten führen, die unsere allgemeine Gesundheit nachhaltig beeinflussen. Regelmäßiges Erleben von positiven Emotionen wie Mitgefühl könnte durch gezielte Übungen, Meditation oder bewusstes Erinnern an positive Erlebnisse die Immunfunktion gestärkt werden. Im Gegensatz dazu kann das häufige Erleben von stressigen Emotionen wie Ärger oder Angst, wie durch Konflikte und den Einfluss schlechter Nachrichten, die Anfälligkeit für Krankheiten erhöhen.

Emotionen und das Verdauungssystem

Unser Verdauungssystem beherbergt ein komplexes Netzwerk von Nervenzellen, das oft als »zweites Gehirn« bezeichnet wird. Dieses sogenannte enterische Nervensystem umfasst mehr als 100 Millionen Nervenzellen – mehr als in unserem Rückenmark! Es reguliert nicht nur die Verdauung, sondern steht auch in ständigem Austausch mit unserem Gehirn. Diese Verbindung nennen Wissenschaftler die »Darm-Hirn-Achse«. Unser Verdauungssystem reagiert stark auf emotionale Zustände. Die Redewendung »Das schlägt mir auf den

---

237 Rein, Atkinson & McCraty (1995)

Magen« hat einen wahren Kern. Emotionen wie Stress, Angst oder Aufregung können unmittelbare Auswirkungen auf unseren Darm haben und zu Verdauungsproblemen wie Reizdarmsyndrom, Durchfall, Blähungen, Sodbrennen und Magenschmerzen führen. In einer Studie zeigte sich, dass akuter Stress die Darmbewegungen beschleunigen kann, was zu Durchfall führen kann, während chronischer Stress die Darmbewegungen verlangsamen und Verstopfung begünstigen kann.[238] Eine Metaanalyse[239] deutet darauf hin, dass Patienten mit Reizdarmsyndrom ein signifikant höheres Risiko für Angststörungen haben im Vergleich zu gesunden Kontrollpersonen. Die ständige Anspannung kann zu Krämpfen, Blähungen und unregelmäßigem Stuhlgang führen. Auch depressive Verstimmungen und Angststörungen gehen oft mit Appetitlosigkeit, Übelkeit oder Verdauungsbeschwerden einher.

Giulia Enders zeigt in *Darm mit Charme*[240] auf unterhaltsame und informative Weise, wie wichtig der Darm für unsere Gesundheit und unser emotionales Wohlbefinden ist. Quintessenz ist: du kannst lernen, den Einfluss deiner Emotionen auf deinen Darm (und andersrum) positiv zu beeinflussen. Emotionale Kompetenz unterstützt das Verdauungssystem, indem sie eine positive Einstellung und stressreduzierende Techniken fördert. Methoden wie Meditation, tiefes Atmen oder progressive Muskelentspannung können helfen, den Darm zu beruhigen.[241] Auch regelmäßige körperliche Aktivität kann sowohl die Stimmung als auch die Darmgesundheit verbessern. Achtsames Essen – wie langsames und ausführliches Kauen und in Ruhe ohne emotionale Ablenkung – sowie eine verbesserte Körperwahrnehmung können dazu beitragen, frühzeitig Spannungen zu erkennen und gegenzusteuern. Je besser du deine körperlichen Symptome erkennst und deine Emotionen verstehst, desto weniger

---

238 Konturek, Brzozowski & Konturek (2011)
239 Fond et al. (2014)
240 Enders (2014)
241 Keefer & Blanchard (2001)

Stress erfährt dein Verdauungssystem und desto weniger wird es dich ärgern. Wie schaffen es unsere Emotionen, den Darm so direkt zu beeinflussen? Hier spielen verschiedene »Botschafter« eine Rolle. Der Vagusnerv ist die Hauptkommunikationsleitung zwischen Gehirn und Darm. Dieser wichtige Nerv übermittelt Signale in beide Richtungen und reguliert unter anderem Entzündungsreaktionen und Stressantworten.[242] Emotionale Zustände können die Produktion und Wirkung dieser Botenstoffe beeinflussen. Neurotransmitter wie Serotonin (das »Glückshormon«) werden mit einem Anteil von 95 % im Darm produziert.[243] Im Darm ist Serotonin für die Regulierung der Muskelbewegungen verantwortlich, die die Nahrung durch den Verdauungstrakt befördern. Ein Mangel an Serotonin kann sowohl zu Verdauungsproblemen als auch zu psychischen Erkrankungen wie Depressionen führen, was wiederum Verdauungsprobleme verursacht. Bei Stress und starken unangenehmen Gefühlen schüttet der Körper zudem Hormone wie Cortisol aus. Langfristig können diese die Darmfunktion verändern, indem sie beispielsweise die Durchlässigkeit der Darmwand erhöhen.

Emotionsregulation und das Herz-Kreislauf-System

Seit ein paar Jahren werden wir von unterschiedlichsten Fitnesstrackern an unseren Handgelenken begleitet. Was diese Geräte so besonders und auch für die Emotionsforschung interessant macht, ist, dass sie emotionsassoziierte Indikatoren, wie die Herzrate, erheben können. Unser Herz macht mehr, als nur Blut durch unseren Körper zu pumpen; es spiegelt auch unsere emotionalen Zustände wider und die Art, wie wir damit umzugehen vermögen.

Studien zeigen, dass Menschen, die häufig Wut oder Feindseligkeit empfinden, ein erhöhtes Risiko für Herz-Kreislauf-Erkrankungen

---

242 Bonaz, Bazin & Pellissier (2018)
243 Yano et al. (2015)

tragen.[244] Auch chronischer Stress und Angst können Bluthochdruck und Herzrasen verursachen, während eine wegweisende Studie[245] belegt, dass Menschen mit einer ausgeprägten sozial-emotionalen Kompetenz stressige Lebensereignisse besser bewältigen und so ihre Herzgesundheit fördern.

Schauen wir uns zunächst die Emotionsregulation an. In einer Übersichtsarbeit[246] wird der biologische Zusammenhang zwischen Emotionsregulation und Herzfrequenzvariabilität (im Folgenden HRV, die als Indikator für die kardiovaskuläre Leistungsfähigkeit angesehen werden kann) anhand vieler Tierexperimente erläutert. Die HRV als objektive Messmethode von Emotionsregulation misst die Modulation der Herztätigkeit auf wechselnde emotionale Anforderungen. Sie ist besonders aussagekräftig, da sie die Zeitvariabilität zwischen aufeinanderfolgenden Herzschlägen misst und dadurch Aufschluss über das autonome Nervensystem gibt, bestehend aus dem Zusammenspiel zwischen dem sympathischen (Aktivität) und parasympathischen (Entspannung) Nervensystem.

Einmal genauer betrachtet: Das autonome Nervensystem, bestehend aus dem sympathischen und parasympathischen Nervensystem, reguliert unbewusst lebenswichtige Körperfunktionen. Der *sympathische Nerv* bereitet den Körper auf »Kampf oder Flucht« vor – er aktiviert uns und das unheimlich schnell. Die Herzrate erhöht sich und der Blutdruck wird gesteigert, was uns in gefährlichen oder stressreichen Situationen reaktionsbereit macht. Der *parasympathische Nerv*, oft als Ruhe- und Verdauungs-System bezeichnet, wirkt entgegengesetzt: Er fördert die Erholung des Körpers, indem er die Herzrate senkt und die Verdauung unterstützt. Er ist dafür zuständig, Energie zu speichern.

Eng damit verbunden ist der Vagus-Nerv, der hinter der Lunge verläuft. Wenn wir tief einatmen, zieht sich der Vagus-Nerv zusammen – wird eher deaktiviert; wenn wir ausatmen, kann sich der Va-

---

244 Smith et al. (2004)
245 Ciarrochi, Deane & Anderson (2002)
246 Appelhans & Luecken (2006)

gus-Nerv entspannen und der Herzrhythmus verlangsamt sich – bis wir eben wieder einatmen.[247] Wir brauchen also unbedingt beides: das Ein- wie auch das Ausatmen. Wenn wir intensive Emotionen wie Ärger erleben, atmen wir schneller, der sympathische Nerv aktiviert die Herzfrequenzsteigerung, um uns auf eine mögliche Konfrontation vorzubereiten. Bei effektiver Emotionsregulation gewinnt der parasympathische Nerv schnell wieder die Oberhand und beruhigt den Körper. Wir atmen länger aus, der Vagusnerv fährt den Herzschlag herunter, Acetylcholin wird freigesetzt, die Körperfunktionen erreichen einen homöostatischen Zustand, der die inneren Prozesse optimiert.

Selbstexperiment, eine kleine Atemübung: Setze oder lege dich an einen ruhigen Ort und entspanne dich. Lege zwei Finger leicht auf die Innenseite deines Handgelenks, bis du deinen Puls spürst. Atme nun langsam und tief ein und aus, und beobachte dabei, wie sich dein Puls verändert: Beim Einatmen wird er schneller, beim Ausatmen langsamer.

Die HRV ist ein Schlüsselindikator für die Fähigkeit des Körpers, auf emotionale Reize zu reagieren.[248] Sie signalisiert die Flexibilität der Nervensysteme und damit auch unsere emotionale Regulationsfähigkeit. Größtenteils sind diese Prozesse unbewusst, jedoch können wir beispielsweise durch unsere Atmung auch Einfluss darauf nehmen. Wenn Menschen lernen, ihre Emotionen gesund zu regulieren, zeigt sich dies in einer erhöhten HRV. Diese weist auf ein gut reguliertes Herz hin, das effizient zwischen Zuständen der Erregung und Entspannung wechseln kann.

Es fehlen derzeit v. a. methodische Standards zur Messung der HRV beim Menschen. Diese werden in vorliegenden Arbeiten entweder kaum angegeben oder heterogen über das Studienfeld hinweg verwendet.[249] Früher wurde die HRV v. a. in Verbindung mit kardiovaskulären Auswirkungen untersucht. Menschen mit geringer HRV

---

247 Rosenberg (2018)
248 Appelhans & Luecken (2006)
249 Uhlig, Meylan & Rudolph (2020)

haben ein vielfach erhöhtes Risiko, Herz-Kreislauf-Erkrankungen zu erleiden.

Heute untersucht die Wissenschaft vor allem den Zusammenhang zwischen der HRV und zahlreichen emotionalen Regulationsprozessen. Konstruktive und funktionale Copingstrategien sind mit einer hohen HRV assoziiert. Kinder mit einer höheren HRV konnten besser mit Stress umgehen, bzw. empfanden in stressinduzierenden Situationen, wie Leistungstests, weniger Stress.[250] Neuere klinisch-psychologische Studien zeigen einen Zusammenhang zwischen Angststörungen und einer niedrigeren HRV. Personen mit niedriger HRV greifen eher auf dysfunktionale Copingstrategien zurück, empfinden ein höheres Maß an Stress und tendieren zu kardiovaskulären Erkrankungen. In einer aktuellen Studie[251] wurde dies am Beispiel von Ärger in urbanen Umgebungen untersucht. Nach etwa 16 Jahren zeigte sich ein deutlicher Zusammenhang zwischen häufigem Ärgerausdruck (in der Stadt lebende Menschen) und einem erhöhten Risiko für Herz-Kreislauf-Erkrankungen. Parallel dazu verdeutlicht eine Langzeitstudie[252], dass Menschen, die im mittleren Erwachsenenalter häufig positive Emotionen erleben, in späteren Dekaden eine bessere Herz-Kreislauf-Gesundheit aufweisen. Dies manifestiert sich in besseren Werten bei Blutdruck, Blutfetten, Body Mass Index, Diabetes und Rauchgewohnheiten.[253]

Die HRV ist nicht nur ein wissenschaftliches Konzept; sie hat auch praktische Anwendungen in Bereichen wie der Biofeedback-Therapie. Obwohl HRV-Biofeedback noch keine standardisierte Kassenleistung ist, wird es in der Psychotherapie und Ergotherapie verwendet, um Patienten zu helfen, ihre emotionale Regulation visuell zu verstehen und zu verbessern.

---

250 Fabes, Eisenberg & Eisenbud (1993)
251 Tezuka et al. (2020)
252 Boehm et al. (2020)
253 Stock & Badura (1995)

Biofeedback zum Ausprobieren: Resonance Frequency Breathing (RF)

Resonance Frequency Breathing (RF) ist eine Form des Biofeedbacks, um einen Zustand der physiologischen Kohärenz zu erreichen. Dabei wird die sogenannte Resonanzfrequenz des Atems gefunden, die individuell unterschiedlich ist. Durch gezielte Atemübungen versucht man, die Atmung auf diese Frequenz einzustellen, was dazu beitragen kann, den autonomen Nervensystemausgleich zu fördern, Stress zu reduzieren und das allgemeine Wohlbefinden zu verbessern. Es ist eine praktische Methode, die oft im Rahmen von Entspannungs- und Stressmanagementprogrammen eingesetzt wird. Diese Technik hat einen nachweislichen Einfluss auf unsere HRV, den Blutdruck und unsere Stimmungslage.[254]

Anleitung:

1. Finde deine Resonanzfrequenz: Experimentiere mit verschiedenen Frequenzen, bis du eine findest, die für dich angenehm ist. Oft liegt sie zwischen 4 und 7 Atemzügen pro Minute.
2. Atemmuster festlegen: Ein typisches Atemmuster für *Resonance Frequency Breathing* ist eine Einatmung und eine Ausatmung über je etwa fünf Sekunden. Du kannst jedoch das Muster anpassen, solange die Ein- und Ausatmung gleichmäßig sind.
3. Achtsame Atmung praktizieren: Atme in diesem gefundenen Rhythmus für 10 bis 20 Minuten. Konzentriere dich dabei darauf, wie sich dein Körper mit jedem Atemzug entspannt. Während du atmest, lass störende Gedanken los. Konzentriere dich darauf, wie dein Atem in und aus deinem Körper fließt.

---

254 Steffen et al. (2017)

4. Regelmäßig üben: Integriere diese Atemübung regelmäßig in deinen Alltag. Du kannst sie als kurze Entspannungspause am Morgen oder vor dem Schlafengehen praktizieren.

Diese Anleitung soll als Ausgangspunkt dienen. Es ist wichtig zu beachten, dass die Resonanzfrequenz individuell unterschiedlich ist, und es kann einige Zeit dauern, sie zu finden. Experimentiere und finde heraus, was für dich am besten funktioniert. Anleitungsvideos sind auf YouTube einsehbar. Deren Wiedergabegeschwindigkeit sollte individuell angepasst werden, damit es optimal eingesetzt werden kann.

Emotionen und Krebs

Die Ursprünge der Krebsforschung in Verbindung mit Persönlichkeitsmodellen reichen bis zu Lydia Temoshok in die 1980er-Jahren zurück.[255] Ihre Ansätze, die teilweise mit Schuldzuweisungen und festen Persönlichkeitsstrukturen in Verbindung gebracht wurden, gelten heute als überholt. Eine neue Perspektive bietet Kelly Turner, die sich mit Krebsheilung beschäftigt.[256] In ihrer 2015 veröffentlichten Arbeit analysierte sie über 300 Fälle von Menschen, die trotz schlechter Prognosen eine vollständige Genesung, die sogenannte »radikale Remission«, erfahren hatten. Sie untersuchte dabei neun Lebensstilelemente, die zu diesen unerwarteten Heilungen beigetragen haben könnten. Trotz Kritik an der Methodik, insbesondere dem fehlenden Einsatz von Kontrollgruppen, hat ihre Arbeit ein breites Publikum erreicht und das Bewusstsein für alternative Heilungsansätze geschärft.

Turners neun Ansätze umfassen Änderungen in Ernährung und Nahrungsergänzungsmitteln, die Stärkung des Immunsystems, das Freisetzen unterdrückter Emotionen, die Förderung positiver Emo-

255 Temoshok (1987)
256 Turner (2015)

tionen, soziale Unterstützung, Vertrauen in den eigenen Körper, die Suche nach einer sinnvollen Lebensaufgabe sowie spirituelle Praktiken. Die Freisetzung unterdrückter Emotionen, wie sie bei radikalen Remissionen oft zu beobachten ist, ähnelt der emotionalen Kompetenz. Patienten, die ihre Ängste, Wut oder Trauer verarbeiten, zeigen eine starke Fähigkeit zur Selbstregulation. Diese emotionale Offenheit wirkt sich auf den Heilungsprozess aus, indem Kräfte im Körper neu ausgerichtet werden. Auch das bewusste Erleben und Fördern positiver Emotionen wie Freude oder Hoffnung ist ein Ausdruck emotionaler Kompetenz. Es geht nicht nur darum, negative Emotionen zu bewältigen, sondern auch darum, positive Gefühle aktiv zu nutzen, um innere Kraftquellen zu erschließen. Auch die anderen von Turner vorgeschlagenen Kategorien erinnern im weiteren Sinne an emotionale Kompetenz: soziale Eingebundenheit und Verbundenheit, Selbstwirksamkeit, Vertrauen, Hoffnung, Sinnhaftigkeit.

Turners Forschung betont die Bedeutung eines ganzheitlichen Ansatzes, der nicht nur medizinische Behandlungen, sondern auch emotionale und psychische Aspekte berücksichtigt. Obwohl die neun Wege zur Heilung nicht als universelle Heilmittel gelten, liefern sie wertvolle Anregungen, wie emotionale Kompetenz und persönliche Einstellungen den Heilungsprozess positiv beeinflussen.

Im Endeffekt: Emotionen und Langlebigkeit

Mal Hand aufs Herz: den wenigsten Menschen wird es wohl darum gehen, einfach nur möglichst alt zu werden. Viel eher geht es darum, bis ins hohe Alter ein schönes Leben zu führen, mit einem bereichernden, stabilen Netz aus Familie und Freunden und einem abwechslungsreichen und gleichsam erholsamen Alltag, zu dem verschiedene Bedürfnisse wie Gesundheit, Bewegung und Entspannung gehören. Und es gibt gute Neuigkeiten: Wenn es dir gelingt, positive Emotionen in deinem Alltag zu etablieren, hat dies gravierende Auswirkungen auf deine Gesundheit bis ins hohe Alter. Du wirst nicht nur ein paar Jahre länger leben, du wirst schmerzfrei und fitter sein, du kannst dankbar und stolz auf verschiedene Lebensabschnitte zurückblicken und bist nicht nur in einem guten Kontakt zu dir selbst und deinen Bedürfnissen, sondern auch nach außen, zu deinen liebsten Menschen.

Das Wissen, wie dies gelingt, ist schon Jahrtausende alt und es gibt viele Parallelen zur emotionalen Kompetenz und weniger Parallelen zur modernen Medizin. So zeigen es auch verschiedene Regionen und Kulturen weltweit, aus denen unabhängig der Errungenschaften moderner Medizin glückliche und hochaltrige Menschen hervorgehen. *Doch in Deutschland – wie ist es denn da?* In der westlichen Welt ist dieses Wissen rund um Emotionen und die Auswirkungen auf die körperliche Gesundheit weder weitläufig bekannt noch in unserem Gesundheitssystem angekommen: die Alten werden bevormundet, es wird wenig auf Intuition geachtet, verschiedene Symptome werden oft invasiv und nicht selten mit schwerwiegenden Nebenwirkungen behandelt.

Eine bedeutsame Studie, auch als Nonnenstudie[257] bekannt sollte ursprünglich ermitteln, ob Alzheimer im Gehirn vor dessen Ausbruch erkannt werden kann, um möglichst früh darauf einzugehen. Man erkannte entgegen der Erwartungen vor allem eines: die Gehirnmessungen waren nicht valide. Das bedeutet, dass entweder im Gehirn keine bedeutsame Veränderung der grauen Masse zu sehen war und trotzdem zeigten sich starke Alzheimer-Symptome, oder es waren Ablagerungen nachzuweisen, aber die Probandinnen hatten keinerlei Symptome. Was genau messen wir mit diesen Gehirnscans also oder was vermögen sie abzubilden? Die Daten, über Jahre hinweg aufwendig erhoben, wurden reanalysiert. Es entstand eine Veröffentlichung, die ich nun näher erläutern möchte.

Die Nonnenstudie: Emotionalität und Langlebigkeit

In der besagten Studie wurden die Auswirkungen von Emotionen auf die Langlebigkeit untersucht. Als Probandinnen wurden vor 1917

---

257 Danner, Snowdon & Friesen (2001)

geborene Nonnen ausgewählt. Sie stellten eine homogene Gruppe dar: ähnliches soziales Umfeld, ähnlicher sozioökonomischen Status sowie Zugang zu medizinischer Versorgung, kein übermäßiger Alkohol- oder Substanzkonsum, kein Geschlechtsverkehr. Insgesamt willigten über 670 Nonnen ein, an der Studie teilzunehmen. Die Methodik der Studie umfasste die Einsicht in Archive und Daten. Dabei fielen den Forschern Briefe in die Hände, welche die Nonnen im Alter von etwa 26 Jahren als eine Art Bewerbungsschreiben an die Klosterschulen geschickt hatten. Darin sollten sie Geburtsort, Erziehung, prägende Kindheitserlebnisse und den Weg ins Klosterleben beschreiben. Obwohl die beschriebenen Ereignisse oft ähnlich waren, variierte die Art und Weise, wie sie beschrieben wurden, erheblich. Die Forscher identifizierten und kategorisierten Wörter in den Autobiographien, die emotionale Erfahrungen widerspiegelten, als positiv, negativ oder neutral. Sie wollten anschließend überprüfen, ob die Art und Weise, wie über die Erlebnisse berichtet wurde, die Lebenswahrscheinlichkeit über 60 Jahre später beeinflusse. Eine erste Datenanalyse ergab einen signifikanten, aber kleinen Zusammenhang zwischen der Anzahl positiver Emotionswörter und dem Sterbealter. Anders ausgedrückt: etwa 1 % mehr Sätze mit positiven Emotionen führte zu einem Rückgang der Sterblichkeitsrate um 1,4 %. Nennenswerter waren die Unterschiede in der zweiten Analyse: Nonnen, die weniger positive Emotionswörter verwendeten (unter 25 %), wurden durchschnittlich etwa 86 Jahre alt; Nonnen mit deutlich mehr Emotionswörtern hingegen 94 Jahre. Diese Studie unterstreicht die mögliche Bedeutung positiver Emotionen und Gedanken für die Langlebigkeit, wobei die Nonnen als ideale Studiengruppe dienten. Wie gut ist das nun auf die allgemeine Bevölkerung übertragbar? Eine aktuelle Langzeitstudie bestätigt die Ergebnisse.[258] Sie erweitert dies um die Erkenntnis, dass es nicht nur um Emotionen zu einem Messzeitpunkt ginge, sondern um die Stabilität angenehmer Gefühle über die Zeit. Je größer die Instabilität positiver Emotionen, desto höher die Mortalität.

---

258 Ong & Steptoe (2020)

Indirekte Effekte von emotionaler Kompetenz auf körperliche Gesundheit

Wir haben uns bereits mit der Wirkung von Emotionen auf Körpersysteme beschäftigt, doch in der Praxis ist es oft komplexer und viele andere Faktoren neben Emotionen kommen dazu, die das Verhalten und die Umgebung der Person betreffen. In der Forschung unterscheidet man zwischen direkten und indirekten Effekten. Direkte Effekte beschreiben den Einfluss einer Ursache (Emotionen) auf eine Folge (Gesundheit), auch oft als biologischer Pfad bezeichnet. Indirekte Effekte treten auf, wenn dazwischen weitere Faktoren beteiligt sind, zum Beispiel können Menschen mit höherer emotionaler Kompetenz die schädliche Wirkung von Stress gut abfedern. Solche Unterscheidungen helfen Forschern, gezieltere Lösungen zu entwickeln. Schauen wir uns die Wirkung von Gesundheitsverhalten und sozialer Unterstützung an, die oft als Einflussfaktoren diskutiert werden. *Im Anschluss verrate ich dir ein Geheimnis aus meiner Forschung, dass dich umhauen wird (im positiven Sinne – versprochen).*

Emotionale Kompetenz beeinflusst unser Gesundheitsverhalten vielseitig. Menschen mit hoher emotionaler Kompetenz wenden seltener gesundheitsschädigendes Verhalten an wie Rauchen oder Alkoholkonsum. Sie verhalten sich vorsichtig und achtsam, bspw. im Straßenverkehr, aber nicht zu vorsichtig, bspw. durch zu starkes Vermeidungsverhalten. Stattdessen leben sie eher einen gesunden Lebensstil, der eine ausgewogene Ernährung, besseren Schlaf und viel Bewegung umfasst und auch spezifische Techniken einschließt, die Entspannung fördern. Dies überschneidet sich maßgeblich mit den Erkenntnissen einer Metaanalyse, wonach emotional kompetentere Personen weniger Stress empfinden, was sich in einer geringeren Aktivität der Hypothalamus-Hypophysen-Nebennieren-Achse zeigte.[259] Emotional kompetente Menschen können sich darüber hinaus besser motivieren und bleiben ihren Zielen treu. Sie fokussieren sich, nutzen positive Selbstgespräche wie »Ich kann das schaffen« und

---

259 Sarrionandia & Mikolajczak (2019)

steigern ihre Selbstwirksamkeit. Diese Motivation hilft ihnen, Herausforderungen zu meistern und langfristige Verhaltensänderungen wie regelmäßige Bewegung oder gesunde Ernährung umzusetzen. Sie sind in der Lage, positive Emotionen aufrechtzuerhalten, die das Immunsystem stärken und das allgemeine Wohlbefinden verbessern.[260] Menschen mit hoher Selbstwahrnehmung erkennen früh ungesunde Verhaltensmuster und suchen schneller ärztliche Hilfe, sind aber auch seltener darauf angewiesen. Allerdings sind Arztbesuche kein idealer Gesundheitsindikator, da eine hohe Anzahl von Besuchen oft Krankheitsanfälligkeit signalisiert, obwohl präventive Besuche gesundheitsförderlich sein können.[261]

Einige Arbeiten zählen auch soziale Kontakte zu Gesundheitsverhalten dazu. Dabei geht es weniger um die Anzahl der Freunde, sondern um den qualitativen Austausch von Bedürfnissen und Emotionen. Dadurch reduziert sich die Zahl von Freunden drastisch – denn niemand hat so viel Zeit, als dass er zu viel mehr als etwa 2 bis 7 Personen gleichzeitig einen sehr guten Kontakt halten kann. Soziale Kontakte puffern Stress, indem sie positive Emotionen fördern, und mindern Überforderung. Menschen umgeben sich meist mit Personen, die ähnliche Emotionen zeigen, was soziale Gruppen mit ähnlicher emotionaler Kompetenz bildet. Soziale Kontakte unterstützen auch die Introspektion, da wir durch Gespräche mit anderen lernen, unsere eigenen Sorgen und Bedürfnisse besser zu erkennen. Dies fördert sowohl die allgemeine als auch die Gesundheitskommunikation. In Krankheitsphasen können wir Mitmenschen um Hilfe bitten, etwa bei der Kinderbetreuung oder dem Einkauf. Das entlastet und trägt erheblich zur Stressbewältigung bei, wodurch wir uns vollständig auf die Genesung fokussieren können. Neben emotionalen Variablen helfen soziale Kontakte auch, gesunde Verhaltensweisen an den Tag zu legen. Menschen, die in einem unterstützenden sozialen Umfeld leben, entwickeln eher gesündere Lebensgewohnheiten. Freunde und Familie sorgen sich um unser Wohlbefinden, geben

---

260 Boehm et al. (2020)
261 Mikolajczak et al. (2015)

uns wertvolles Feedback und ermutigen uns, gesundheitliche Maßnahmen zu ergreifen, wie Arztbesuche zu realisieren, Entspannungspausen einzulegen, uns regelmäßig zu bewegen und gesund zu ernähren. Besonders Mannschaftssport, wie Volleyball oder Fußball, macht Spaß und fördert bei Regelmäßigkeit die körperliche Fitness. Doch wir merken schon beim Lesen: Freundschaft wird nicht überall gleich verstanden – sie kann uns auch runterziehen und an alten Gewohnheiten festhalten lassen (bspw. Drogen- und Substanzmittelmissbrauch im sozialen Kontext). Sie ist also eine weniger eindeutige Erfolgsvariable als die emotionale Kompetenz.

Nun eine wichtige Frage zum Schluss: Welche dieser Variablen ist denn die Stärkste, um körperliche Gesundheit vorherzusagen? In Pfadmodellen lässt sich der Einfluss jeder einzelnen Variablen bestimmen, wobei alle anderen Variablen im Modell auch berücksichtigt werden. Durch diese Methode konnten wir in einer großen Studie ermitteln, wie stark Stress, unangenehme und wiederkehrende Emotionen – etwa Traurigkeit und Angst – sowie das Gesundheitsverhalten, also der Umgang mit Drogen, Ernährung und Bewegung, auf verschiedene körperliche Beschwerden bei Jugendlichen wirken. Der Vergleich aller Variablen in unserem Modell zeigte, dass emotionale Faktoren im Vergleich am stärksten vorhersagen, ob eine Person unter Kopfschmerzen oder Bauchschmerzen leidet.[262] Diese Variablen sollten daher in der Praxis zwingend stärker berücksichtigt werden.

---

262 Lovis-Schmidt, Bilz, Pahlke & Rindermann (2022)

Was bedeutet es, emotionale Kompetenz im Gesundheitssystem zu etablieren?

Um die potentiellen Auswirkungen auf das Gesundheitssystem zu verdeutlichen, ziehe ich eine bekannte Längsschnittstudie heran, welche die emotionale Kompetenz auf Gesundheit über einen Zeitraum von 12 Jahren untersuchte.[263] Die Autoren analysierten Daten einer für die belgische Bevölkerung repräsentativen Stichprobe von 9.600 Mitgliedern der größten Krankenkasse Belgiens (Mutualité Chrétienne). Sie zeigen, dass selbst kleine Effekte von emotionaler Kompetenz erhebliche Auswirkungen auf das Versorgungssystem haben können. Sie berechneten die durchschnittlichen jährlichen Gesundheitskosten pro Person anhand der Ausgaben für Medikamente, Arztbesuche, Krankenhausaufenthalte und andere gesundheitsbezogene Dienstleistungen. Die Teilnehmer wurden anschließend in Gruppen von Personen mit unterdurchschnittlicher bzw. überdurchschnittlicher emotionaler Kompetenz aufgeteilt. Die Gruppenzugehörigkeit wurde dann mit den Gesundheitskosten in Beziehung gesetzt. Es zeigten sich auf den ersten Blick auf individueller Ebene nicht allzu große Differenzen: Während Personen mit unterdurchschnittlicher emotionaler Kompetenz durchschnittlich 1.985 Euro pro Jahr kosteten, wurden in Personen mit überdurchschnittlicher emotionaler Kompetenz 1.641 Euro pro Jahr investiert. Die Differenz von 344 Euro pro Person und pro Jahr wurde anschließend auf die Hälfte der belgischen Bevölkerung (ca. 11 Millionen Einwohner) hochgerechnet, unter der Annahme, dass etwa 50 % der Bevölkerung über- und unterdurchschnittlich kompetent sind. Dies soll nur ein Rechenbeispiel sein – in der Realität gehen wir davon aus, dass durch vernachlässigte Bedürfnisse in der Kindheit mehr als die Hälfte Defizite in der emotionalen Kompetenz aufweisen.[264,265,266]

---

263 Mikolajczak et al. (2015)
264 Lovis-Schmidt et al. (2023)

Was bedeutet es, emotionale Kompetenz im Gesundheitsystem zu etablieren?

Aus diesen konservativen Berechnungen entsteht bereits eine jährliche Kostendifferenz von etwa 2 Milliarden Euro, was verdeutlicht, dass selbst kleine Unterschiede in der emotionalen Kompetenz erhebliche wirtschaftliche Auswirkungen haben können. Die Autoren argumentieren daher, dass Investitionen in die Förderung emotionaler Kompetenz zu erheblichen Einsparungen im Gesundheitswesen führen könnten.

Diese Überlegungen lassen sich auch auf die deutsche Bevölkerung anwenden. Deutschland hat etwa 83 Millionen Einwohner. Nehmen wir an, dass die Bevölkerung gleichmäßig verteilt ist, also 50 % unter und 50 % über dem Median der emotionalen Kompetenz liegen. Wenn wir die gleiche Kostendifferenz von 344 Euro pro Person pro Jahr anwenden, ergibt sich für die deutsche Bevölkerung eine Gesamtkostendifferenz von 14,28 Milliarden Euro, die in der Gesundheitsversorgung eingespart werden könnten.

Dies betont die Wichtigkeit der emotionalen Kompetenzförderung. Programme hierzu könnten Schulungen und Workshops beinhalten, die in Schulen, bei der Arbeit und in Gemeinden angeboten werden – überall dort, wo emotionale Kompetenz noch Verbesserungspotential hat. Solche Investitionen könnten nicht nur zu einer besseren psychischen und physischen Gesundheit führen, sondern auch die Belastung des Gesundheitssystems verringern und zu bedeutenden wirtschaftlichen Einsparungen führen. Weitere wirtschaftliche Nutzen, wie die Verlängerung der Arbeitszeit, weil die Personen lernen, frühzeitig auf Bedürfnisse und Emotionen zu achten, sind in den Berechnungen noch nicht enthalten.

Das wissen wir doch nicht erst seit gestern!

Ganzheitliche Medizin, die Emotionen als wesentlichen Bestandteil der Gesundheit einbezieht, wird in verschiedenen Teilen der Welt

---

265 Phillips & Gratchel (2000)
266 Viner et al. (2022)

praktiziert. Besonders in einigen asiatischen Ländern und bestimmten westlichen Gesundheitssystemen finden sich Ansätze, die Emotionen und körperliche Gesundheit in einem integrativen Modell betrachten. Hier sind einige Beispiele, wo und wie dies angewendet wird.

In China und anderen asiatischen Ländern ist die Traditionelle Chinesische Medizin (TCM) weit verbreitet. Sie betrachtet Körper und Geist als eng verbunden und behandelt beide gleichzeitig. Zu den Methoden zählen Akupunktur, Kräutermedizin, Tai-Chi und Qigong, die das Gleichgewicht fördern. Emotionen spielen dabei eine wichtige Rolle für Gesundheit und Krankheit, und ihr Ausgleich im Körper ist ein zentraler Bestandteil der Behandlung. In Indien ist Ayurveda eine uralte, ganzheitliche Heilmethode, wobei die Balance von Körper, Geist und Seele als Schlüssel zur Gesundheit gelten. Emotionale Zustände werden in die Diagnose und Behandlung einbezogen, und Methoden wie Meditation, Yoga, Atemübungen und pflanzliche Heilmittel werden verwendet, um sowohl körperliche als auch emotionale Ungleichgewichte zu korrigieren.

In einigen westlichen Ländern gibt es eine wachsende Bewegung hin zu integrativer Medizin, die konventionelle Medizin mit alternativen und komplementären Ansätzen kombiniert. In den USA, Kanada und Teilen Europas gibt es Kliniken und Gesundheitseinrichtungen, die Mind-Body-Medizin praktizieren und Techniken wie achtsamkeitsbasierte Stressreduktion (MBSR), kognitive Verhaltenstherapie (CBT), Biofeedback und emotionale Regulationsstrategien verwenden. In einigen skandinavischen Ländern, wie Schweden und Norwegen, gibt es ähnliche Ansätze, die Techniken wie Psychotherapie, Stressbewältigungsprogramme und ganzheitliche Gesundheitsprogramme in das Gesundheitswesen integrieren.

Diese Praktiken aus der ganzheitlichen Medizin haben sich in vielzähligen Studien als wirksam erwiesen. Für eine detaillierte Betrachtung dazu, siehe beispielsweise das Buch von David Servan-Schreiber *Die neue Medizin der Emotionen*[267].

---

267 Servan-Schreiber (2006)

Was bedeutet es, emotionale Kompetenz im Gesundheitssystem zu etablieren?

Nun gut, in einigen Regionen der Welt wird das Wissen schon angewandt – doch mal Hand auf Herz: Wie häufig wirst du von deinem Hausarzt gefragt, welche Gefühle oder Sorgen du hast? Und wie schnell werden scheinbar lebensrettende, aber höchst invasive Operationen eingeleitet, die häufig von starken Nebenwirkungen begleitet werden? Das Wissen um psychische Faktoren bei der Krankheitsentstehung wird in unseren Breitengraden noch zu selten praktiziert. Doch warum ist das so? Das wissen wir doch nicht erst seit gestern!

Ärzte beklagen oft, dass es in ihrer täglichen Praxis keine Zeit gäbe, sich der psychologischen Geschichte oder den Emotionen des Patienten zu widmen, obwohl Patienten auch ihre Emotionen mit ihren Ärzten besprechen möchten.[268] Wir vermuten jedoch, dass Ärzte nicht über die notwendigen Methoden verfügen. Eine Methode, um Patientenbedürfnisse effektiv in kurzer Zeit anzusprechen, ist die BATHE- oder ELSE-Technik, jedoch mit wenig Ausweichmöglichkeiten auf andere Methoden. Einige Ärzte verwenden die ELSE-Technik im täglichen Leben, um auf Patienten effizient zu reagieren, deren Zufriedenheit und die Qualität der Behandlung zu erhöhen. Dahinter liegt die Annahme, dass jedes Krankheitssymptom von einer emotional einschneidenden Geschichte begleitet wird.

Neben Zeitmangel oder dem Mangel an Methoden stellt sich die Frage, warum emotionale Variablen im Alltag oft untergehen. Studien[269] weisen darauf hin, dass sich junge Ärzte weitgehend nicht gut durch die medizinische Ausbildung vorbereitet fühlen, die weiterhin nur wenige psychologische Faktoren umfasst oder den Ärzten kein methodisches Werkzeug an die Hand gibt, um mit ihnen umzugehen. Ein Mangel an Wissen durch den geringen Transfer von Wissen aus der Theorie in die Praxis (und andersrum) ist naheliegend. So stellen verschiedene Analysen heraus, dass es durchschnittlich 17 Jahre dauert, bis Theoriewissen in der Praxis umgesetzt wird.[270,271] Erklä-

---

268 Gallo (1997)
269 Geoghegan et al. (2017)
270 Morris, Wooding & Grant (2011)

rungen werden auf drei Ebenen diskutiert:[272] der professionellen, sozialen und organisatorischen Ebene.

1. *Die professionelle Ebene* umfasst klinische Unsicherheit, unzureichendes Vertrauen in die eigene Expertise, Handlungsunfähigkeit und eine Überfülle an Informationen.
2. *Die soziale Ebene* umfasst bestehende Routinen und verschiedene Interessengruppen, wie zum Beispiel die Pharmaindustrie und Einzelpersonen.
3. *Der organisatorische Kontext* umfasst alle finanziellen und organisatorischen Nachteile, die den Informationsfluss behindern, wie Zeitmangel in der Praxis, aber auch die Wünsche und Erwartungen der Patienten, die den Blick auf psychologische Ursachen vernebeln oder oft Wissenslücken entgegenstehen.

Eine Lösung für die Probleme ist eine regelmäßige und zielgerichtete Fort- und Weiterbildung von Ärzten, deren Inhalt die Interaktion zwischen Emotionen und Krankheiten sein sollte. Ärzte sollten mit einfachen alltagstauglichen Methoden ausgestattet werden, wie es beispielsweise BATHE ermöglicht.

Eine konkrete Anwendung emotionaler Kompetenz im medizinischen Kontext

Der hausärztliche Alltag ist aus der Perspektive des Arztes oft geprägt von Zeitdruck. Der Tag scheint nicht genug Stunden zu haben, um auf die von den Patienten mitgebrachten emotionalen Probleme einzu-

---

271 Vollmar et al. (2017)
272 Grol & Grimshaw (2003)

Was bedeutet es, emotionale Kompetenz im Gesundheitssystem zu etablieren?

gehen. Die BATHE-Methode soll Abhilfe schaffen. BATHE ist eine strukturierte Gesprächstechnik, die in kurzer Zeit die wichtigsten emotionalen Ursachen für körperliche Beschwerden identifiziert. Außerdem werden auch der Behandlungserfolg und die Patientenzufriedenheit gesteigert.[273] Es werden fünf Themen abgefragt, die etwa in sieben Minuten beantwortet werden sollen. Die einzelnen Schritte sind:

1. B wie Background (Hintergrund): Der Arzt beginnt damit, offene Fragen zu stellen, um Informationen über die Krankengeschichte, Lebensumstände und andere relevante Faktoren zu sammeln.
2. A wie Affect (Gefühle): Der Arzt erkundet die emotionalen Reaktionen auf das Gesundheitsproblem, also Angst, Frustration oder Sorge, um ein umfassendes Bild der Situation zu erhalten. Es kann mitunter auch beruhigend wirken, wenn die Gefühle validiert werden, heißt, wenn der Arzt zuhört ohne die Gefühle zu bewerten, zumal nicht jeder Patient einen guten Zuhörer in seinem sozialen Umfeld vorzeigen kann.
3. T wie Trouble (Probleme): Hier werden die spezifischen Symptome oder Probleme, die den Patienten belasten, genauer untersucht. Der Arzt versucht, die Ursachen für die Beschwerden zu verstehen und nach weiteren relevanten Details zu fragen. Da dies oft sehr komplex ist, stellt der Arzt meistens nur diese eine Frage: »Was ist das Schlimmste daran für Sie?«
4. H wie Handling (Bewältigung): Arzt und der Patient diskutieren gemeinsam Möglichkeiten, mit den bestehenden Problemen umzugehen. Dies kann alternative Behandlungsoptionen, Veränderungen im Lebensstil oder andere Maßnahmen umfassen.
5. E wie Empathy (Empathie): Der Arzt zeigt während des gesamten Gesprächs Empathie und Verständnis für die Gefühle und Bedenken des Patienten, indem er aktiv zuhört, beobachtet statt bewertet und Geduld sowie Sensibilität zeigt. Dies fördert eine offene Kommunikation, stärkt das Vertrauen in der Arzt-Patienten-Be-

---

273 Chengappa et al. (2020)

ziehung und lindert die Symptome nachhaltig. Viele Probleme sind bereits mit dieser Grundhaltung aus der Welt geschafft.

Ärzte können so eine fundierte Diagnose stellen und individuell angepasste Behandlungspläne entwickeln. Die Methode fördert auch die Arzt-Patienten-Kommunikation und das Vertrauen zwischen Arzt und Patient. Im deutschsprachigen Kontext wird die BATHE-Methode als »ELSE« zusammengefasst, mit großen Überschneidungen. Innerhalb von maximal 10 Minuten werden fünf Fragen gestellt. Zunächst werden die Emotionen und Empfindungen während der Situation erfragt (E). Dann erklärt der Patient, was für ihn das Schlimmste an der Situation war (L für »Lass mich das Schwerste wissen«), um effizient auf das Wesentliche zu fokussieren. Das S steht für »Standhaft bleiben« und lenkt das Gespräch auf die vorhandenen Ressourcen des Patienten, wie Beziehungen und Freizeitaktivitäten. Das abschließende E für Empathie ermöglicht es dem Arzt, seine Empfindungen während des Gesprächs zu teilen und Verständnis für die Situation zu vermitteln.

Eine Grenze dieser Methode ist, dass die emotionale Kompetenz des Arztes entscheidend ist für den Erfolg der Methode. Kann der Arzt also zuhören? Kann er die Problematik des Patienten effizient aufgreifen, erspüren? Kann er sich gleichsam einfühlen und distanzieren, um sich selbst außen vor zu lassen? Ärzte sollten, sofern es ihre Kompetenzen übersteigt, häufiger an Psychotherapeuten verweisen.[274,275]

Aus meiner eigenen Forschung[276,277] zu diesem Thema geht hervor, dass Allgemeinmediziner ihre Patienten insbesondere bei Hormon-

---

274 Ruppert & Banzhaf (2017)
275 Schubert & Amberger (2016)
276 Lovis-Schmidt (2021)
277 Lovis-Schmidt, Schilling, Pudschun & Rindermann (2022)

Was bedeutet es, emotionale Kompetenz im Gesundheitssystem zu etablieren?

störungen, die sich über Hautprobleme äußern wie Neurodermitis oder Akne, bei Atemwegsproblemen und Verdauungsproblemen sowie bei neurologischen Symptomen wie Migräne und bei Rückenschmerzen an Psychologen und Psychotherapeuten überweisen sollten. Bleibt eine Überweisung aus, können sich vernachlässigte psychologische Faktoren verfestigen, was das Risiko zur Persistenz der Krankheit erhöht. Zudem sollte nicht allein das Symptom im Fokus der Behandlung stehen, sondern eher der Mensch als Ganzes.[278]

Niedrigschwellige Programme, wie Trainings zur Stärkung emotionaler Kompetenzen oder Stressmanagement, bieten den Vorteil, viele Menschen zu erreichen, Gruppeneffekte zu nutzen und einen breiten Zugang zu ermöglichen. Dennoch sind sie am Ende des Tages wohl weniger effektiv als Psychotherapie, sofern sie weniger individualisiert sind und weniger tiefgründig arbeiten (Ressourcenaufbau statt Biographiearbeit). Psychotherapie ist in den letzten Jahren immer wichtiger geworden, auch für die Heilung von körperlichen Krankheiten.[279] Einige Psychotherapeuten[280,281] arbeiten zunehmend und scheinbar erfolgreich an der Heilung von Traumata und körperlichen Krankheitssymptomen mit patientenzentrierten Interventionen. Doch auch hier ist anzumerken, dass Psychotherapie nicht gleich Psychotherapie ist und der Erfolg von vielen Dingen abhängt. Selbst erfahrene Psychotherapeuten haben oft Schwierigkeiten, die zugrundeliegenden Probleme zu erfassen, insbesondere, weil zwischen dem Problem und der Inanspruchnahme der Hilfe eine unbestimmte Zeit liegt.[282] Es werden demnach nicht nur kompetente Ärzte, sondern auch kompetente Psychotherapeuten benötigt, was aufgrund der Art der Ausbildung immer noch nicht als selbstverständlich angesehen werden kann.[283]

---

278 Schubert & Amberger (2016)
279 Schubert & Amberger (2016)
280 Ruppert & Banzhaf (2017)
281 Turner (2015)
282 Felitti et al. (1998)
283 Schubert & Amberger (2016)

Die Rolle emotionaler Kompetenz in der Psychotherapie

Psychotherapie ist eine wichtige Methode zur Selbsterfahrung und Bewältigung persönlicher Krisen, besonders wenn es allein nicht mehr geht. Jeder dritte Erwachsene leidet jährlich an psychischen Problemen, doch nur jeder Fünfte sucht professionelle Hilfe. Manche zögern, da sie ihre Gefühle nicht verstehen oder keine Schwäche zeigen wollen. Sie stellen womöglich an sich selbst den Anspruch, immer funktionieren zu müssen, im Berufs- oder Privatleben nicht ausfallen zu dürfen und denken, dass sich ihre Probleme mit der Zeit von allein lösen, wenn sie diese beiseiteschieben. Andere fürchten eine Pathologisierung oder zweifeln an der Wirksamkeit. Die eine wirksame Therapie für alle Menschen gibt es nicht. Damit einhergehend sollte man eine weitere Therapie nicht deshalb verweigern, weil man bereits eine gemacht hat. Menschen, die mit einer Therapie weniger gute Erfahrungen gemacht haben, sehen oft größere Hürden, erneut Hilfe zu suchen. Ebenfalls scheitern Personen an den zu langen Wartezeiten für einen Termin. Hier ist es essenziell, gute Überbrückungsmöglichkeiten anzubieten. 2022 gründete ich eine Plattform namens »Fühlerei« auf der ich digitale Übungen zur Steigerung emotionaler Kompetenz zur Verfügung stelle. Erste Evaluationsstudien zeigen deren Wirksamkeit für Einzelpersonen wie auch für Eltern und Kleingruppen.[284] Es zeigte sich weiterhin, dass die Bearbeitung der digitalen Übungen wirksamer war als Psychoedukation, was wohl darauf zurückzuführen ist, dass die Aktivierung der Person maßgeblich über deren Erfolg entscheidet.[285] In psychotherapeutischen Fachzeitschriften wird bereits auf diese Übungen verwiesen, um während der Wartezeit seltener nur auf Psychoedukation zu verweisen und häufiger auf konkrete und aktivierende Übungen, die Abhilfe schaffen können und digital zur Verfügung stehen.[286]

---

284 Lovis-Schmidt, Scheler & Rindermann (2024)
285 Lovis-Schmidt (2025)
286 Lovis-Schmidt, Scheler & Rindermann (2024)

Was bedeutet es, emotionale Kompetenz im Gesundheitssystem zu etablieren?

Oft ist gar nicht klar, was über den Erfolg einer Psychotherapie entscheidet, diskutiert werden beispielsweise die Beziehung zwischen Therapeut und Patient oder die Therapieform. Meine Antwort: emotionale Kompetenz, denn sie ist auf vielen Ebenen ausschlaggebend für den Psychotherapieerfolg. Die erste Ebene ist die emotionale Kompetenz des Klienten, also eigene Emotionen wahrzunehmen, zu benennen, zu verstehen und konstruktiv zu verarbeiten. Viele Klienten haben Schwierigkeiten, ihre Gefühle klar auszudrücken oder die Ursachen ihrer Emotionen zu erkennen, was zum Leidensdruck beitragen kann. Ein zentrales Therapieziel ist daher, diese Kompetenz zu stärken, um dem Klienten zu helfen, seine Emotionen besser zu verstehen und zu regulieren, was langfristig zu mehr emotionalem Wohlbefinden führt.

Die zweite Ebene betrifft die emotionale Kompetenz des Therapeuten. Ein guter Therapeut muss seine eigenen Emotionen regulieren und sich deren Einfluss auf die therapeutische Beziehung bewusst sein. Zudem sollte er die Emotionen des Klienten sensibel wahrnehmen und angemessen reagieren, ohne sich selbst überwältigen zu lassen oder eigene Emotionen unbewusst einzubringen. Wichtige Fähigkeiten sind das wertfreie Beobachten der Emotionen des Patienten und das Abwägen der zugrundeliegenden Bedürfnisse. Diese Kompetenz ist entscheidend, um eine vertrauensvolle und sichere Atmosphäre zu schaffen, in der sich der Klient öffnen kann. Auf Vertrauen basierende Therapien ermöglichen Kooperation und Durchhaltevermögen des Klienten.

Die dritte Ebene bezieht sich auf die Etablierung von Emotionen in den Sitzungen und das Miteinander. Emotionen erhalten Raum und Wertschätzung, während der Therapeut einen sicheren Rahmen schafft, in dem sie ohne Bewertung oder Verurteilung ausgedrückt werden können. In diesem Kontext lernt der Klient, dass Emotionen toleriert und als wertvoll angesehen werden, da sie Hinweise auf Bedürfnisse und Bedeutungen geben. Diese Atmosphäre ermutigt den Klienten, sich mit seinen Gefühlen auseinanderzusetzen und sie als wichtigen Teil seiner Identität zu akzeptieren. Gleichzeitig ermöglicht es dem Therapeuten, den emotionalen Ausdruck des Klienten als Zugangspunkt für tiefere therapeutische Arbeit zu nutzen.

Insgesamt ist emotionale Kompetenz auf allen drei Ebenen – bei Klient, Therapeut und im Kontext der Therapie – entscheidend für den Erfolg der Psychotherapie. Jede Ebene beeinflusst die andere und gemeinsam schaffen sie eine dynamische Interaktion, die den therapeutischen Prozess bereichert und transformative Veränderungen ermöglicht.

Emotionale Kompetenz und Heilung: Interview mit einem Psychotherapeuten

Ein Interview mit Dr. Steffen Oelsner, Verhaltenstherapeut in Berlin, Prenzlauer Berg, mit über 30 Jahren Berufserfahrung als Therapeut, Supervisor und Ausbilder. Zur weiterführenden und vertiefenden Literatur empfehle ich sein Buch *Fühlendes Erkennen: Theorie und Praxis emotionaler Heilung*[287].

Avelina: In der Literatur und verschiedenen Forschungsarbeiten finden wir unterschiedliche Definitionen emotionaler Kompetenz. Welche Bedeutung misst du der emotionalen Kompetenz in deiner Arbeit als Psychotherapeut bei?

Steffen: Emotionen sind zentrale Signale, die uns über unsere Bedürfnisse und den Kontext informieren, in dem diese Bedürfnisse auftreten. Sie sind die Brücke zwischen unserem inneren Erleben und der äußeren Welt. Emotionale Kompetenz umfasst die Fähigkeit, diese emotionalen Signale zu erkennen, zu respektieren und angemessen auf sie zu reagieren. In der Psychotherapie soll diese emotionale Kompetenz entwickelt werden. Der Mensch soll lernen, sich selbst besser zu verstehen, um so angemessen auf eigene und fremde Emotionen zu reagieren.

Avelina: An welchem Modell der emotionalen Kompetenz orientierst du deine Arbeit und wie spaltet sich die emotionale Kompetenz darin

---

287 Oelsner (2022)

Was bedeutet es, emotionale Kompetenz im Gesundheitssystem zu etablieren?

auf?

Steffen: Ein zentraler Ansatz, der in der Psychotherapie häufig verwendet wird, um emotionale Kompetenz zu fördern, ist Leslie Greenbergs Vier-Stufen-Prozessmodell der Emotionsfokussierten Therapie. Dieses Modell beschreibt den Prozess, wie Menschen lernen können, mit ihren Emotionen umzugehen. Es beginnt mit der Wahrnehmung von Emotionen – ein Schritt, der oft schwieriger ist, als man zunächst annimmt. Viele Menschen haben Schwierigkeiten, ihre eigenen Emotionen zu identifizieren, weil sie gelernt haben, ihre Gefühle zu unterdrücken oder zu ignorieren. Nach der Wahrnehmung geht es darum, die Emotionen zu respektieren – sie als legitime und bedeutungsvolle Reaktionen auf innere und äußere Umstände anzuerkennen. Das ist oft eine Herausforderung, weil viele Menschen gelernt haben, bestimmte Emotionen als negativ oder unangebracht zu bewerten. Doch es ist entscheidend, diese Gefühle zu akzeptieren und zu verstehen, dass sie eine Funktion haben.

Im nächsten Schritt, dem Deuten, geht es darum, die Botschaft der Emotionen zu verstehen. Was will mir mein Gefühl sagen? Warum empfinde ich das gerade? Hierbei ist es wichtig, sowohl den aktuellen Kontext als auch den historischen Bezug der Emotionen zu betrachten. Viele unserer emotionalen Reaktionen sind tief in unserer Biografie verwurzelt und spiegeln Erfahrungen wider, die wir in der Vergangenheit gemacht haben. Ich spreche in diesem Bezug von *unerledigten* Emotionen.

Schließlich kommt die Lösung – der angemessene Umgang mit der Emotion. Das bedeutet, die richtigen Maßnahmen zu ergreifen, um das zugrundeliegende Bedürfnis, das in der Emotion zum Ausdruck kommt, zu befriedigen. Manchmal kann das auch bedeuten, dass wir lernen müssen, neue Bewältigungsstrategien zu entwickeln oder alte, ungesunde Muster zu durchbrechen.

Avelina: Wie zeigt sich das in der Praxis? Gibt es konkrete Beispiele für »unerledigte Emotionen«, die Menschen in die Therapie bringen?

Steffen: Ich kann gern ein Beispiel geben. Ein Familienvater bringt nach einem frustrierenden Arbeitstag angestauten Ärger mit nach Hause. Ein kleiner Auslöser, wie lautes Toben der Kinder oder eine fallende Tasse, lässt den Ärger unverhältnismäßig stark ausbrechen. Hier zeigt sich, wie unterdrückte Emotionen zu überzogenen Reaktionen führen können. Emotionen wirken oft im Unbewussten und können über lange Zeiträume latent bleiben, bis sie durch ähnliche Trigger erneut aktiviert werden. Solche unerledigten Emotionen sind wie offene Wunden, die bei der kleinsten Berührung schmerzen. Sie beeinträchtigen nicht nur das aktuelle Verhalten, sondern auch die Art und Weise, wie wir unsere Umgebung wahrnehmen und interpretieren.

Avelina: Wie bearbeitest du solche Emotionen im therapeutischen Setting? Gibt es spezielle Techniken oder Ansätze, die sich dafür besonders eignen?

Steffen: In der Therapie geht es zunächst darum, diese Emotionen ins Bewusstsein zu bringen, sodass der Klient sie erkennen und benennen kann. Nur so kann der Klient verstehen. Viele Menschen haben so eine Art emotionale Blindheit. Die Aufgabe des Therapeuten ist es, den Klienten behutsam zu begleiten, um diese blinden Flecken sichtbar zu machen.

Avelina: Das klingt nach einem wichtigen, aber auch herausfordernden Schritt. Was passiert nach dieser Bewusstmachung?

Steffen: Nachdem die Emotionen erkannt wurden, geht es darum, sie zu deuten – also zu verstehen, welche Bedürfnisse sie ausdrücken und wie sie mit der eigenen Biografie verbunden sind. Oft haben aktuelle Emotionen Wurzeln in früheren Erlebnissen, etwa in ungelösten Konflikten oder unerfüllten Bedürfnissen aus der Kindheit. Die Therapie stellt diese Emotionen in den heutigen Kontext und zeigt, wie sie das gegenwärtige Verhalten prägen. So lernt der Klient, den Zusammenhang zwischen Vergangenheit und Gegenwart zu erkennen, seine Reaktionen zu hinterfragen und gesündere Verhaltensweisen zu entwickeln.

Avelina: Wie kann ein Klient lernen, mit diesen intensiven Gefühlen umzugehen, besonders, wenn sie aus alten, tief verwurzelten Erfahrungen stammen?

Steffen: Ein wichtiger Aspekt dabei ist, dem Klienten zu helfen, seine Emotionen zu regulieren. Viele Menschen haben Schwierigkeiten,

Was bedeutet es, emotionale Kompetenz im Gesundheitssystem zu etablieren?

mit intensiven Gefühlen umzugehen, und reagieren entweder über oder unterdrücken sie. Wie also kann der Klient seine Emotionen auf eine gesunde Weise ausdrücken und regulieren? Das kann durch verschiedene therapeutische Techniken geschehen, wie zum Beispiel Imaginationsübungen, Körperarbeit oder Gesprächstherapien, die darauf abzielen, das emotionale Erleben zu integrieren und zu verarbeiten.

Avelina: Was passiert, wenn Bedürfnisse über einen langen Zeitraum nicht erfüllt werden? Welche Folgen hat das für den Betroffenen?

Steffen: Wenn Bedürfnisse langfristig nicht erfüllt werden, kann dies zu tiefen emotionalen Wunden führen, die das Verhalten und das emotionale Erleben eines Menschen auf fundamentale Weise beeinflussen. Diese Wunden entstehen meist in der frühen Kindheit, wenn das Kind auf die Unterstützung und Zuwendung seiner Eltern oder Bezugspersonen angewiesen ist. Wenn diese Unterstützung nicht gegeben wird – sei es aufgrund von Vernachlässigung, Missbrauch oder emotionaler Kälte – entwickelt das Kind Überlebensstrategien, um mit dem Mangel an Bedürfnisbefriedigung umzugehen.

Avelina: Kannst du ein konkretes Beispiel für eine solche Überlebensstrategie geben?

Steffen: Ein Beispiel hierfür sind blockierte Emotionen. Blockierte Emotionen entstehen, wenn ein Kind immer wieder die Erfahrung macht, dass seine emotionalen Bedürfnisse ignoriert oder abgewertet werden. Das Kind lernt, dass es keinen Sinn macht, seine Emotionen zu zeigen, weil sie ohnehin nicht beachtet oder wertgeschätzt werden. Später neigen diese Menschen dazu, ihre Emotionen zu unterdrücken und Situationen zu vermeiden, die sie triggern könnten. Dies kann die Person mitunter erheblich einschränken im Alltag. In der Therapie geht es dann darum, diese blockierten Emotionen zu lösen und dem Klienten zu helfen, seine Gefühle wieder zu spüren und auszudrücken.

Avelina: Was ist deine Erfahrung, wie solche blockierten Emotionen in der Therapie gelöst werden können?

Steffen: Die Lösung dieser blockierten Emotionen erfordert oft einen tiefen therapeutischen Prozess. Hier arbeite ich meistens mit einem dreistufigen Heilungsmodell, das sehr von der Arbeit von Albert Pesso inspiriert wurde. Auf der ersten Stufe geht es erst einmal darum, ein Bewusstsein für das Problem und dessen historischen Bezug zu entwickeln. Dabei versuchen wir, den Klienten in Kontakt mit diesen ungelösten Emotionen zu bringen, zum Beispiel mit Hilfe von imaginativen Techniken, Stühlearbeit oder symbolischen Aufstellungen. In dieser Phase geht es darum, die alten, oft verdrängten Emotionen wieder zu erleben – das, was Pesso als Katharsis bezeichnet hat. In einer solchen Katharsis geht es nicht nur darum, die alten Wunden in einem geschützten Rahmen noch einmal zu durchleben, sondern auch darum, zu verstehen, was damals gefehlt hat.

Avelina: Katharsis – das übersetze ich für mich als Seelen-Reinigung, in der eine starke Erkenntnis erlebt wird. Das klingt nach einem intensiven und möglicherweise auch schmerzhaften Prozess. Wie reagieren die Klienten darauf?

Steffen: Ja, nun werden in der Therapie die oft jahrzehntelang unterdrückten Gefühle zugelassen, wie zum Beispiel Trauer, Wut oder Angst, die sie einst nicht zeigen durften oder auf die niemand reagiert hatte. Doch nun kommt es darauf an, diesen Gefühlen und den ihnen zugrundeliegenden Bedürfnissen ihre ureigene Berechtigung wiederzugeben und sie auf diese Weise zu würdigen und zu rehabilitieren. Viele erleben das als eine Art Erlösung, bei der sie quasi die emotionale Ladung, die sie so lange unterdrücken mussten, dort zum Ausdruck bringen, wo sie einst hingehörte.

Avelina: Wie sieht ein solcher Prozess in der Praxis aus? Kannst du ein Beispiel geben?

Steffen: In der Praxis sieht das meistens so aus, dass der reife und vernünftige Erwachsenenanteil ihrer Persönlichkeit den einstigen Unterdrückern oder Verantwortlichen in der imaginierten Gegenüberstellung mitteilt, was damals für das Kind richtig gewesen wäre. Ich hatte einen Klienten in der Imaginationsübung, der als Kind von seinem Vater körperliche Gewalt erfahren hat. Während der Imagination und während der Klient die Hilflosigkeit und Ohnmacht von damals spürt, tritt der vernünftige Erwachsene zwischen das Kind

Was bedeutet es, emotionale Kompetenz im Gesundheitssystem zu etablieren?

und den übergriffigen Vater und weist ihn kompetent in seine Schranken. Er bietet dem Kind somit Sicherheit und Schutz – Bedürfnisse, die damals starker Mangel waren. Damit wird der Vater entmachtet. Die in der Tiefe liegenden Emotionen, wie die Hilflosigkeit und Ohnmacht, können erlöst werden.
Avelina: Ist der Prozess damit abgeschlossen? Was geschieht nach der Katharsis?
Steffen: Wir haben erst die zweite Stufe erreicht. Nun lernt der Klient, die Verantwortung für seine Bedürfnisse zu übernehmen. Er erkennt, dass er durch seine Bewältigungsmuster selbst zum »Unterdrücker« seiner Bedürfnisse geworden ist. Das bedeutet, dass er durch die Verinnerlichung der alten, negativen Erfahrungen selbst irgendwann einmal damit begonnen hat, seine unbeachteten Bedürfnisse zu ignorieren oder abzuwerten – ganz ähnlich, wie es vielleicht die Eltern oder andere wichtige Bezugspersonen früher getan haben.
Avelina: Wie sieht dieser Prozess aus, wenn die eigene Verantwortung anerkannt und übernommen wird?
Steffen: In dieser Phase geht es darum, die eigenen negativen Glaubenssätze zu identifizieren und zu entmachten. Das sind Glaubenssätze wie »Ich bin nicht gut genug« oder »Ich darf keine Bedürfnisse äußern«. Durch diesen Prozess kann der Klient beginnen, eine neue, positive Selbstwahrnehmung zu entwickeln. Der Therapeut hilft dem Klienten dabei, diese negativen Glaubenssätze zu erkennen und sie durch gesündere, positivere Überzeugungen zu ersetzen.
Avelina: Das klingt nach einem umfassenden Wandel in der Selbstwahrnehmung. Was passiert in der dritten Stufe des Heilungsmodells?
Steffen: Die dritte Stufe des Heilungsmodells bezieht sich auf die Gegenwart und die Zukunft. Es geht darum, die emotionale Kompetenz zu entwickeln, historische, also in der Kindheit entstandene Emotionen von aktuell angemessenen Emotionen zu unterscheiden und angemessen auf die gegenwärtigen Herausforderungen zu reagieren. Der Klient lernt, die alten Muster zu erkennen, wenn sie wieder auftauchen, und kann dann bewusst entscheiden, anders zu

reagieren – mit mehr Mitgefühl für sich selbst und einem klaren Verständnis der eigenen Bedürfnisse.
Avelina: Wie können Klienten lernen, diese neuen Reaktionsmuster im Alltag zu integrieren?
Steffen: Gehen wir noch einmal zu unserem Beispiel mit dem Vater, der nach einem frustrierenden Tag von der Arbeit nach Hause kommt. Der Vater wäre nun in der Lage, zu erkennen, dass sein Frust nichts mit den aktuellen Handlungen seiner Kinder zu tun hat, sondern vielmehr mit den unerfüllten Bedürfnissen und Frustrationen, die sich im Laufe des Tages angestaut haben. Er kann nun bewusst entscheiden, wie er mit diesen Gefühlen umgehen will, anstatt sie unkontrolliert an seinen Kindern auszulassen, bspw. indem er sich einen Moment der Erholung gönnt und die Zeit mit seinen Kindern genießt.
Avelina: Nun frage ich mich gerade, was dieses Heilungsmodell mit emotionaler Kompetenz zu tun hat. Wie siehst du die Beziehung zwischen diesen beiden Konzepten?
Steffen: Emotionale Kompetenz und Heilung sind in der Psychotherapie untrennbar miteinander verbunden. Heilung bedeutet, die unerlösten Bedürfnisse und Emotionen aus der Vergangenheit zu integrieren und so Ganzheit und Selbstliebe zu erreichen. Ohne emotionale Kompetenz wäre dieser Heilungsprozess nicht möglich, da sie das notwendige Werkzeug ist, um die eigenen Gefühle zu verstehen und zu regulieren.
Avelina: In deinem Buch sprichst du von verschiedenen Anteilen in der Person: dem Koko-Anteil und dem Ego. Kannst du uns mehr darüber erzählen?
Steffen: Gerne. Das Koko-Modell steht für den »konstruktiv-kooperativen Verstand« und ist ein zentraler Bestandteil meiner therapeutischen Arbeit. Es geht dabei um eine innere Instanz, die darauf ausgelegt ist, mit den emotionalen Bedürfnissen unseres »inneren Kindes« auf eine gesunde und konstruktive Weise umzugehen. Das innere Kind steht für die bedürftigen, oft verletzten Teile unserer Persönlichkeit, die in der Kindheit geprägt wurden und häufig unbewusst unser Verhalten steuern.

Was bedeutet es, emotionale Kompetenz im Gesundheitssystem zu etablieren?

Koko ist der Gegenspieler zum Ego, das in meiner Arbeit als der Teil des Verstandes gesehen wird, der aus negativen, oft schädlichen Glaubenssätzen besteht. Diese Glaubenssätze entstehen meist in der Kindheit als Reaktion auf schmerzhafte Erfahrungen und dienen ursprünglich dazu, uns zu schützen. Sie können jedoch zu starren, destruktiven Mustern führen, die uns im Erwachsenenalter eher behindern als schützen, beispielsweise Drogen oder Vermeidungsverhalten.
Avelina: Wie genau interagieren Koko- und Ego-Verstand?
Steffen: Man kann sich die Interaktion zwischen Koko und Ego als inneren Dialog vorstellen. Dabei entkräftet Koko die negativen Überzeugungen des Egos und bietet konstruktive Alternativen. Das Ego könnte bei Herausforderungen mit Gedanken wie »Ich schaffe das nicht« oder »Ich bin nicht gut genug« reagieren – Gedanken, die oft aus alten Verletzungen stammen und eine strenge, bewertende Haltung einnehmen. Diese Gedanken erzeugen oft Emotionen wie Angst, Scham oder Wut. Koko begegnet diesen Gedanken mit Mitgefühl und Alternativen, etwa: »Ich verstehe, dass du Angst hast. Gemeinsam können wir die Herausforderung wohlwollend angehen.«
Avelina: In welcher Beziehung steht Koko zur emotionalen Kompetenz?
Steffen: Koko ist der Schlüssel zur emotionalen Kompetenz, da er hilft, emotionale Prozesse zu klären und zu regulieren. Zuerst fördert Koko die Wahrnehmung der Emotionen, die das Ego oft als unangemessen oder negativ einstuft. Koko betrachtet jedoch alle Emotionen als wertvolle Hinweise. Im nächsten Schritt hilft Koko, die Emotionen zu respektieren, indem er die strengen Urteile des Egos abmildert und Akzeptanz fördert. Anschließend unterstützt Koko das Verstehen der Emotionen, indem er deren Botschaften entschlüsselt. Zum Beispiel könnte das Ego Wut als negativ abtun, während Koko fragt: »Welche Grenze wurde hier überschritten?« Diese Reflexion hilft, die Bedürfnisse hinter den Emotionen zu erkennen. Schließlich leitet Koko zu einer angemessenen Reaktion an. Wo das Ego mit Abwehr reagiert, schlägt Koko eine konstruktive, auf Problemlösung gerichtete Antwort vor – etwa ruhig zu bleiben, die eigenen Gefühle klar

auszudrücken und offen auf den anderen einzugehen.
Avelina: Wie sieht dieser innere Dialog zwischen Koko und dem Ego in der Praxis aus?
Steffen: Stellen wir uns vor, jemand erfährt Kritik bei der Arbeit. Das Ego könnte sofort mit Gedanken reagieren wie: »Das beweist, dass ich nicht gut genug bin« oder »Ich werde nie akzeptiert werden.« Das Ego neigt dazu, in solchen Momenten die alten Verletzungen und Ängste wieder hervorzuholen und die Situation als Bestätigung der negativen Selbstwahrnehmung zu interpretieren.
Koko hingegen würde innehalten und die Situation anders bewerten. Koko könnte fragen: »Was kann ich aus dieser Kritik lernen? Gibt es Aspekte, die ich verbessern kann? Wie kann ich diese Rückmeldung nutzen, um zu wachsen?« Koko ermutigt dazu, die Situation als Lernmöglichkeit zu sehen und nicht als Angriff auf das eigene Selbstwertgefühl. Der Person kann dieser Dialog dabei helfen, emotional adäquater zu reagieren.
Avelina: Wie können Klienten lernen, diesen Dialog in ihrem täglichen Leben zu führen?
Steffen: Ein wichtiger Schritt ist das Bewusstsein dafür, wie unsere Gedanken unsere Emotionen beeinflussen. Klienten können lernen, ihre inneren Dialoge bewusst zu beobachten und zu hinterfragen, anstatt ihnen automatisch zu folgen. Übungen wie das Führen eines Gedanken- oder Emotionsprotokolls können dabei helfen, diese inneren Prozesse zu reflektieren und die Muster des Egos zu erkennen. Ein weiterer Schritt ist die aktive Einbeziehung von Koko in den Alltag. Das kann bedeuten, sich in schwierigen Situationen bewusst zu fragen: »Wie würde Koko darauf reagieren?« oder »Was ist eine konstruktive und kooperative Art, mit dieser Emotion umzugehen?« Diese Reflexion hilft, die automatischen Reaktionen des Egos zu unterbrechen und Raum für eine bewusstere, gesündere Reaktion zu schaffen.
Avelina: Sehr gut. Koko steht auf meiner To-Do. Wir haben nun schon über den Klienten gesprochen, über den Therapeuten und seine Unterstützungsmöglichkeiten. Welche Rolle spielt dabei die Beziehung zwischen Therapeuten und Patienten?

Was bedeutet es, emotionale Kompetenz im Gesundheitssystem zu etablieren?

Steffen: Die therapeutische Beziehung ist absolut zentral für den Heilungsprozess. Vertrauen ist die Grundlage, auf der alles andere aufbaut. Der Klient muss Vertrauen in den Therapeuten, in die Methode und letztlich auch in sich selbst entwickeln. Viele Klienten kommen in die Therapie mit dem Wunsch, dass ihr Leidensdruck gemindert wird, sind sich aber oft nicht bewusst, dass dies bedeutet, sich den schmerzhaften Erfahrungen ihrer Vergangenheit erneut zu stellen. Ohne ein starkes Vertrauensverhältnis wäre es kaum möglich, dass sich ein Klient so weit öffnet und sich auf diesen tiefgreifenden Prozess einlässt. Der Therapeut ist verantwortlich für eine stabile und vertrauenswürdige Atmosphäre, in der der Klient sich sicher fühlt, um sich mit den alten Wunden und den damit verbundenen intensiven Emotionen auseinanderzusetzen, was für einen nachhaltigen Heilungsprozess notwendig ist.

Avelina: Kannst du konkrete Beispiele nennen, wie diese vertrauensvolle Beziehung in der Praxis gestaltet wird?

Steffen: Vertrauen entwickelt sich in der Therapie durch eine Kombination aus Empathie, Geduld und der Fähigkeit des Therapeuten, sich wirklich auf die Bedürfnisse des Klienten einzulassen. Es ist wichtig, dass der Klient spürt, dass der Therapeut ihn nicht bewertet oder verurteilt, sondern dass er als Person mit all seinen Facetten und Problemen akzeptiert wird.
Ein Beispiel dafür ist, wenn ein Klient über ein sehr schmerzhaftes Erlebnis spricht und der Therapeut aufmerksam zuhört, ohne das Erlebte zu bewerten. Stattdessen geht der Therapeut auf die Gefühle des Klienten ein, bestätigt diese und hilft ihm, sie zu benennen.

Avelina: Das klingt nach einem lang andauernden Prozess. Gibt es auch Fälle, in denen kurzfristige Erfolge erzielt werden können?

Steffen: Ja, manchmal können in der Therapie erstaunlich kurzfristige Erfolge erzielt werden. Das geschieht vor allem dann, wenn der Klient schon eine lange Leidensgeschichte hinter sich hat und offen für Veränderung ist. Auch eine bereits etablierte emotionale Kompetenz schafft eine gute Basis für Veränderung. Dann kann eine tiefgreifende Imagination oder eine Aufstellung in kurzer Zeit eine enorme Erleichterung bringen.

Avelina: Abschließend: Was würdest du Therapeuten raten, die sich mit emotionaler Kompetenz beschäftigen wollen?
Steffen: Therapeuten sollten sich zunächst erst einmal mit den biografischen Besonderheiten ihrer Klienten auseinandersetzen. Ich finde, das Heilungsmodell, das ich in meinem Buch beschreibe, bietet sich verfahrensübergreifend an. Es geht darum, nicht nur die Symptome zu behandeln, sondern die tieferen emotionalen Wunden zu erkennen und zu heilen. Emotionale Kompetenz ist ein wesentlicher Bestandteil dieser Arbeit, da sie den Klienten befähigt, mit den eigenen Emotionen auf eine gesunde und konstruktive Weise umzugehen. Es ist auch wichtig, dass Therapeuten sich ihrer eigenen emotionalen Kompetenz bewusst sind und daran arbeiten, diese zu stärken. Denn nur wenn der Therapeut selbst emotional kompetent ist, kann er diese Fähigkeit auch an seine Klienten weitergeben. Das bedeutet, dass Therapeuten sich kontinuierlich weiterbilden und reflektieren sollten, um ihre eigene emotionale Kompetenz und ihre Fähigkeit zur Empathie und zum Mitgefühl zu entwickeln.
Avelina: Es scheint, als ob die Arbeit an der emotionalen Kompetenz ein lebenslanger Prozess ist, sowohl für Klienten als auch für Therapeuten. Würdest du dem zustimmen?
Steffen: Absolut. Emotionale Kompetenz ist nicht etwas, das man einmal erlernt und dann für immer beherrscht. Es ist ein fortlaufender Prozess, der sich oft über das gesamte Leben hinweg entwickelt. Sowohl Klienten als auch Therapeuten sind ständig in einer Lernphase, in der sie ihre emotionale Kompetenz weiterentwickeln und vertiefen können.
Avelina: Vielen Dank für dieses inspirierende Gespräch und die tiefen Einblicke in deine Arbeit. Es war sehr aufschlussreich, mehr über die Bedeutung der emotionalen Kompetenz und die verschiedenen Aspekte deines Heilungsmodells zu erfahren.

Ein paar Worte zum Schluss

Wir haben in diesem Buch über emotionale Kompetenz gesprochen, über deren Facetten und deren Bedeutung für verschiedene Lebensbereiche. Emotionale Kompetenz umfasst zentrale Fähigkeiten, die uns helfen, mit unseren Gefühlen bewusst und effektiv umzugehen, und sie kann uns helfen, soziale Kompetenzen, Denkfähigkeiten und Gesundheit zu stärken.

Emotionale Kompetenz ist ein Abenteuer. Sie baut sich stufenweise auf und mündet schließlich in der Fähigkeit zur Emotionsregulation, die uns hilft, angenehme Gefühle wie Stolz und Dankbarkeit zu pflegen und unangenehme Gefühle wie Angst oder Wut zu bewältigen. Stell dir vor, was passiert, wenn immer mehr Menschen emotionale Kompetenz entwickeln. Dieser Gedanke ist wie eine kleine Biene. Sie trägt die Pollen (der emotionalen Kompetenz) von einer Blume zur nächsten. Es entsteht eine Art Kettenreaktion: Konflikte werden konstruktiver gelöst, Missverständnisse abgebaut und eine Kultur des Verständnisses wächst.

Diese Kompetenz ist mehr als eine individuelle Fähigkeit – sie hat das Potenzial, unsere Gesellschaft zu verändern. Das Wissen hat nicht nur im persönlichen Leben Bedeutung, sondern auch in Führungsetagen und bei politischen Entscheidungen. Wenn Menschen lernen, ihre Emotionen zu verstehen und verantwortungsvoll mit ihnen umzugehen, kann das nicht nur das eigene Wohlbefinden, ja, den inneren Frieden fördern, sondern auch unsere Gemeinschaften und die Gesellschaft als Ganzes bereichern und somit auch Frieden im Außen schaffen.

Emotionale Kompetenz ist demnach kein Luxus, sondern eine Notwendigkeit für eine Welt, in der Menschen nicht nur nebeneinander, sondern miteinander leben. Aus meiner Sicht unterliegt das Erlernen der emotionalen Kompetenz keiner Freiwilligkeit. Es ist unabdingbar. Auch Veränderungen passieren unweigerlich und ohne deine Kontrolle. Wir alle werden früher oder später mit der Notwendigkeit in Kontakt kommen, kompetent mit Gefühlen umzugehen, seien es die eigenen oder die unserer Liebsten: unseres Partners, unserer Kinder oder engster Freunde. Insbesondere bei Herausforderungen ist es die emotionale Kompetenz, die über Erfolg oder Misserfolg, Liebe oder Angst, Gesundheit oder Krankheit entscheidet.

Vielleicht fragst du dich, ob dieses Buch diejenigen erreicht, die es am dringendsten brauchen – Menschen, die kaum Zeit oder Mut finden, sich mit einem Buch wie diesem bzw. ihren eigenen Unzulänglichkeiten auseinanderzusetzen. Wozu also ein Buch darüber schreiben? War es meine Mühe wert? Natürlich! Ich möchte dir hier einen Gedanken mitgeben: Das, was du in diesem Buch gelernt hast, kannst du auch an andere weitergeben. Und zwar nicht nur durch Gespräche, sondern auch durch die Art und Weise, wie du ihnen begegnest. Gerade den Menschen, die unfreundlich oder distanziert wirken, kannst du durch Freundlichkeit und Offenheit zeigen, was

Ein paar Worte zum Schluss

emotionale Kompetenz bedeutet. Diese Menschen haben es oft am schwersten und verbergen ihre Unsicherheiten hinter Abwehr oder Härte. Ein ehrliches Lächeln, ein Moment der Geduld oder ein kleiner Ausdruck von Verständnis können wie kleine Funken wirken. Indem du das tust, trägst du zu genau jener Kettenreaktion bei, die emotionaler Kompetenz einen Raum schafft, selbst dort, wo sonst niemand sie zu pflanzen versucht.

Stell dir eine Welt vor, in der sich die Menschen in zwei Gruppen teilen. Die eine Gruppe hat sich auf die Reise der emotionalen Kompetenz begeben, hat gelernt, Gefühle als Wegweiser zu nutzen und empathische Verbindungen zu anderen zu schaffen. Diese Menschen wachsen an sich selbst und miteinander. Die andere Gruppe hingegen hat den Weg der emotionalen Kompetenz als unnötig oder zu schwierig abgetan. Vielleicht haben sie sich auf andere Dinge konzentriert, sich in ihre Arbeit gestürzt, ohne auf ihre Bedürfnisse zu achten. Vielleicht haben sie versucht, ihre Gefühle zu unterdrücken oder zu ignorieren, um scheinbar stark und unverwundbar zu wirken. Ihre Beziehungen bleiben oberflächlich, Missverständnisse häufen sich, und die Herausforderungen des Lebens scheinen oft überwältigend. Nun lade ich dich ein, für einen Moment innezuhalten und dir vorzustellen, du stehst an einer Weggabelung. Links führt der Weg zur emotionalen Kompetenz, mit all ihren Herausforderungen und Wachstumschancen. Rechts liegt der bequemere Weg des Gewohnten, ohne Auseinandersetzung mit den eigenen Gefühlen. Die Entscheidung liegt bei dir: Welchen Weg wählst du?

Literatur

Ainsworth, M. D. S., & Bowlby, J. (1991). An ethological approach to personality development. *American Psychologist, 46*, 331–34

Akula, M., Kulikova, A., Khan, D. A., & Brown, E. S. (2018). The relationship between asthma and depression in a community-based sample. *Journal of Asthma, 55*(12), 1271–1277. https://doi.org/10.1080/02770903.2017.1418885

Aldao, A., Nolen-Hoeksema, S., & Schweizer, S. (2010). Emotion-regulation strategies across psychopathology: A meta-analytic review. *Clinical Psychology Review, 30*(2), 217–237. https://doi.org/10.1016/j.cpr.2009.11.004

Antonovsky, A. (1979). *Health, stress and coping.* London: Jossey-Bass.

Appelhans, B. M. & Luecken, L. J. (2006). Heart rate variability as an Index of regulated emotional responding. *Review of General Psychology, 10*(3), 229–240. https://doi.org/10.1037/1089-2680.10.3.229

Baer, R. A., Smith, G., Hopkins, J., Krietemeyer, J., & Toney, L. (2006). Using self-report assessment methods to explore facets of mindfulness. *Assessment, 13*, 27–45. https://doi.org/10.1177/1073191105283504

Bandura, A. (1976). *Lernen am Modell. Ansätze zu einer sozial-kognitiven Lerntheorie.* Stuttgart: Klett.

Barrett, L. F. (2017). *How emotions are made: The secret life of the brain.* Houghton Mifflin Harcourt.

Bell, S. M., & Ainsworth, M. D. (1972). Infant crying and maternal responsiveness. *Child Development, 43*(4), 1171–1190. https://doi.org/10.2307/1127506

Bérubé, A., Turgeon, J., Blais, C., & Fiset, D. (2023). Emotion recognition in adults with a history of childhood maltreatment: A systematic review. *Trauma, Violence & Abuse, 24*(1), 278–294. https://doi.org/10.1177/15248380211029403

Birkenbihl, V. F. (2010). *Kommunikationstraining: zwischenmenschliche Beziehungen erfolgreich gestalten.* mvg Verlag.

Boehm, J. K., Chen, Y., Qureshi, F., Soo, J., Umukoro, P., Hernandez, R., Lloyd-Jones, D., & Kubzansky, L. D. (2020). Positive emotions and favorable cardiovascular health: A 20-year longitudinal study. *Preventive Medicine, 136*, 106103. https://doi.org/10.1016/j.ypmed.2020.106103

Bonaz, B., Bazin, T., & Pellissier, S. (2018). The vagus nerve at the interface of the microbiota-gut-brain axis. *Frontiers in Neuroscience, 12*, Article 49. https://doi.org/10.3389/fnins.2018.00049

Bourgeois, P., & Hess, U. (2008). The impact of social context on mimicry. *Biological Psychology, 77*(3), 343–352. https://doi.org/10.1016/j.biopsycho.2007.11.008

Bower, G. H. (1981). Mood and memory. *American Psychologist, 36*(2), 129–148. https://doi.org/10.1037/0003-066X.36.2.129

Boyatzis, R. E., Goleman, D., & Rhee, K. (2000). Clustering competence in emotional intelligence: Insights from the emotional competence inventory (ECI). In R. Bar-On & J. D. A. Parker (Hrsg.), *Handbook of emotional intelligence* (S. 343–362). Jossey-Bass.

Bright, K., Dube, L., Hayden, K. A., & Gordon, J. L. (2020). Effectiveness of psychological interventions on mental health, quality of life and relationship satisfaction for individuals and/or couples undergoing fertility treatment: A systematic review and meta-analysis protocol. *BMJ Open, 10*(7), e036030. https://doi.org/10.1136/bmjopen-2019-036030

Burton, C. M., & King, L. A. (2008). Effects of (very) brief writing on health: The two-minute miracle. *British Journal of Health Psychology, 13*(1), 9–14. https://doi.org/10.1348/135910707X250910

Carney, D. R., Cuddy, A. J., & Yap, A. J. (2010). Power posing: Brief nonverbal displays affect neuroendocrine levels and risk tolerance. *Psychological Science, 21*(10), 1363–1368. https://doi.org/10.1177/0956797610383437

Chapman, G., & Campbell, R. (2016). *The 5 Love Languages/5 Love Languages for Men/5 Love Languages of Teenagers/5 Love Languages of Children*. Moody Publishers.

Chen, E., Brody, G. H., & Miller, G. E. (2017). Childhood close family relationships and health. *American Psychologist, 72*(6), 555–566. https://doi.org/10.1037/amp0000067

Chengappa, N., Rajkumar, H. P. C., David, K., & others. (2020). Effect of BATHE interview technique on patient satisfaction in an ambulatory family medicine centre in South India. *Family Medicine and Community Health, 8*, e000327. https://doi.org/10.1136/fmch-2020-000327

Chida, Y., & Steptoe, A. (2009). The association of anger and hostility with future coronary heart disease: A meta analytic review of prospective evidence. *Journal of the American College of Cardiology, 53* (11), 936–946. https://doi.org/10.1016/j.jacc.2008.11.044

Ciarrochi, J., Deane, F. P., & Anderson, S. (2002). Emotional intelligence moderates the relationship between stress and mental health. *Personality and Individual Differences, 32*(2), 197–209. https://doi.org/10.1016/S0191-8869(01)00012-5

Cohen, G. L., Garcia, J., Apfel, N., & Master, A. (2006). Reducing the racial achievement gap: A social-psychological intervention. *Science, 313*(5791), 1307–1310. https://doi.org/10.1126/science.1128317

Cohen, S., Tyrrell, D. A., & Smith, A. P. (1991). Psychological stress and susceptibility to the common cold. *New England Journal of Medicine, 325*(9), 606–612. https://doi.org/10.1056/NEJM199108293250903

Coles, N. A., March, D. S., Marmolejo-Ramos, F., & Many Smiles Collaboration. (2022). A multi-lab test of the facial feedback hypothesis. *Nature Human Behaviour, 6*, 1731–1742. https://doi.org/10.1038/s41562-022-01458-9

Cowen, P. J., & Browning, M. (2015). What has serotonin to do with depression? *World Psychiatry, 14*(2), 158–160.

Cowen, A. S., & Keltner, D. (2017). Self-report captures 27 distinct categories of emotion bridged by continuous gradients. *Proceedings of the National Academy of Sciences, 114*(38), E7900-E7909. https://doi.org/10.1073/pnas.1702247114

Cristea, I. A., Tătar, A. S., & Lucacel, R. (2014). Differential effects of self-statements following a self-esteem threatening situation. *Journal of Evidence-Based Psychotherapies, 14*(1), 39–52.

Danner, D. D., Snowdon, D. A., & Friesen, W. V. (2001). Positive emotions in early life and longevity: Findings from the nun study. *Journal of Personality and Social Psychology, 80*(5), 804–813. https://doi.org/10.1037/0022-3514.80.5.804

Darwin, C. (2023). *The expression of the emotions in man and animals: Charles Darwin's seminal study on emotional expression*. Prabhat Prakashan.

Deci, E. L. (1971). Effects of externally mediated rewards on intrinsic motivation. *Journal of Personality and Social Psychology, 18*(1), 105–115. https://doi.org/10.1037/h0030644

Denham, S. A., Zinsser, K., & Bailey, C. S. (2022). Emotional intelligence in the first five years of life. In R. E. Tremblay, M. Boivin, & R. DeV. Peters M. Lewis (Hrsg.), *Encyclopedia on early childhood development*. https://www.child-encyclopedia.com/emotions/according-experts/emotional-intelligence-first-five-years-life

DeWall, N. C., Lambert, N. M., Pond, R. S., Jr, Kashdan, T. B., & Fincham, F. D. (2012). A grateful heart is a nonviolent heart: Cross-sectional, experience sampling, longitudinal, and experimental evidence. *Social Psychological and Personality Science, 3*(2), 232–240. https://doi.org/10.1177/1948550611416675

Dizén, M., Berenbaum, H., & Kerns, J. (2005). Emotional awareness and psychological needs. *Cognition and Emotion, 19*(8), 1140–1157. https://doi.org/10.1080/02699930500260468

Döpfner, M., & Lehmkuhl, G. (2002). Evidenzbasierte Therapie von Kindern und Jugendlichen mit Aufmerksamkeitsdefizit-/Hyperaktivitätsstörung (ADHS).

Praxis der Kinderpsychologie und Kinderpsychiatrie, 51(6), 419–440. https://doi.org/10.25656/01:929

Dutton, D. G., & Aron, A. P. (1974). Some evidence for heightened sexual attraction under conditions of high anxiety. *Journal of Personality and Social Psychology, 30*(4), 510–517. https://doi.org/10.1037/h0037031

Eich, E., Macaulay, D., & Ryan, L. (1994). Mood dependent memory for events of the personal past. *Journal of Experimental Psychology, 123*(2), 201–215. https://doi.org/10.1037//0096-3445.123.2.201

Eisenberg, N., Cumberland, A., & Spinrad, T. L. (1998). Parental socialization of emotion. *Psychological Inquiry, 9*(4), 241–273. https://doi.org/10.1207/s15327965pli0904_1

Eklund, H., J., & Meranius, S. M. (2021). Toward a consensus on the nature of empathy: A review of reviews. *Patient Education and Counselling, 104*(2), 300–307. https://doi.org/10.1016/j.pec.2020.08.022

Ekman, P. (1989). The argument and evidence about universals in facial expressions. *Handbook of social psychophysiology, 143*, 164.

Ekman, P. (2016). *Gefühle lesen: Wie Sie Emotionen erkennen und richtig interpretieren.* Springer.

Ekman, P., & Friesen, W. V. (1975). *Unmasking the face: A guide to recognizing emotions from facial clues.* Prentice-Hall.

Enders, G. (2014). *Darm mit Charme: Alles über ein unterschätztes Organ.* Ullstein.

Engel, G. L. (1977). The need for a new medical model: A challenge for biomedicine. *Science, 196*(4286), 129–136. https://doi.org/10.1126/science.847460

England-Mason, G., Andrews, K., Atkinson, L. & Gonzalez, A. (2023). Emotion socialization parenting interventions targeting emotional competence in young children: A systematic review and meta-analysis of randomized controlled trials. *Clinical Psychology Review, 100*, 102252. https://doi.org/10.1016/j.cpr.2023.102252

Fabes, R. A., Eisenberg, N. & Eisenbud, L. (1993). Behavioral and physiological correlates of children's reactions to others in distress. *Developmental Psychology, 29*(4), 655–663. https://doi.org/10.1037/0012-1649.29.4.655

Felitti, V. J., Anda, R. F., Nordenberg, D., Williamson, D. F., Spitz, A. M., Edwards, V., Koss, M. P., & Marks, J. S. (1998). Relationship of childhood abuse and household dysfunction to many of the leading causes of death in adults. *American Journal of Preventive Medicine, 14*(4), 245–258. https://doi.org/10.1016/S0749-3797(98)00017-8

Fond, G., Loundou, A., Hamdani, N., Boukouaci, W., Dargel, A., Oliveira, J., Roger, M., Tamouza, R., Leboyer, M. & Boyer, L. (2014). Anxiety and depression comorbidities in irritable bowel syndrome (IBS): A systematic review and meta-analysis. *European Archives of Psychiatry and Clinical Neuroscience, 264*(8), 651–660.

Franken, U. (2004). *Emotionale Kompetenz: Eine Basis für Gesundheit und Gesundheitsförderung* [Doctoral Dissertation, University of Bielefeld]. University of Bielefeld Archive. https://pub.uni-bielefeld.de/record/2303721

Freudenthaler, H. H., & Neubauer, A. C. (2007). Measuring emotional management abilities: Further evidence of the importance to distinguish between typical and maximum performance. *Personality and Individual Differences, 42*(8), 1561–1572.

Fritsch, G. R. (2012). *Der Gefühls- und Bedürfnisnavigator: Gefühle & Bedürfnisse wahrnehmen. Eine Orientierungshilfe für Psychosomatik- & Psychotherapiepatienten.* Junfermann.

Gallo, J. J. (1997). Emotions and medicine: What do patients expect from their physicians? *Journal of General Internal Medicine, 12*(7), 453–454. https://doi.org/10.1046/j.1525-1497.1997.00079.x

Garner, P. W. (2010). Emotional competence and its influences on teaching and learning. *Educational Psychology Review, 22*(3), 297–321. https://doi.org/10.1007/s10648-010-9129-4

Geoghegan, S.E., Clarke, E., Byrne, D., Power, D., Moneley, D., Strawbridge, J., & Williams, D. J. (2017). Preparedness of newly qualified doctors in Ireland for prescribing in clinical practice. *British Journal of Clinical Pharmacology, 83*(8), 1826–1834. https://doi.org/10.1111/bcp.13273

Goldberg, J. S., & Carlson, M. J. (2014). Parents' relationship quality and children's behavior in stable married and cohabiting families. *Journal of Marriage and Family, 76*(4), 762–777. https://doi.org/10.1111/jomf.12120

Goleman, D. (2018). What makes a leader? In *Military Leadership* (pp. 39–52). Routledge.

Gollwitzer, P. M., & Sheeran, P. (2006). Implementation intentions and goal achievement: A meta-analysis of effects and processes. In M. P. Zanna (Hrsg.), *Advances in Experimental Social Psychology* (S. 69–119). Elsevier Academic Press. https://doi.org/10.1016/S0065-2601(06)38002-1

Gouin, J.-P., & Kiecolt-Glaser, J. K. (2011). The impact of psychological stress on wound healing: methods and mechanisms. *Immunology and Allergy Clinics of North America, 31*, 81–93. https://doi.org/10.1016/j.iac.2010.09.010

Greenberg, L. S. (2002). *Emotion-focused therapy: Coaching clients to work through their feelings.* American Psychological Association.

Greenstein, F. I. (2009). *The presidential difference: Leadership style from FDR to Barack Obama.* Princeton University Press.

Grol, R., & Grimshaw, J. (2003). From best evidence to best practice: Effective implementation of change in patients' care. *Lancet, 362*, 1225–1230. https://doi.org/10.1016/S0140-6736(03)14546-1

Hadshiew, I. M., Foitzik, K., Arck, P. C., & Paus, R. (2004). Burden of hair loss: stress and the underestimated psychosocial impact of telogen effluvium and androgenetic alopecia. *Journal of Investigative Dermatology, 123*(3), 455–457.

Hamm, J. M., Wrosch, C., Barlow, M. A., & Kunzmann, U. (2021). A tale of two emotions: The diverging salience and health consequences of calmness and excitement in old age. *Psychology and Aging, 36*(5), 626–641. https://doi.org/10.1037/pag0000512

Hammerstein, S., König, C., Dreisörner, T., & Frey, A. (2021). Effects of COVID-19-related school closures on student achievement–a systematic review. *Frontiers in Psychology, 12*, 746289. https://doi.org/10.3389/fpsyg.2021.746289

Hane, A. A., & Fox, N. A. (2006). Ordinary variations in maternal caregiving influence human infants' stress reactivity. *Psychological Science, 17*(6), 550–556. https://doi.org/10.1111/j.1467-9280.2006.01742.x

Hattie, J. (2018). *Lernen sichtbar machen für Lehrpersonen: deutschsprachige Ausgabe »Visible Learning for Teachers«, besorgt von Wolfgang Beywl und Klaus Zierer*. Schneider.

Heider, F. (1958). *The psychology of interpersonal relations*. John Wiley & Sons Inc. https://doi.org/10.1037/10628-000

Hembree, R. (1988). Correlates, causes, effects, and treatment of test anxiety. *Review of Educational Research, 58*(1), 47–77. https://doi.org/10.2307/1170348

Hess, J. D., & Bacigalupo, A. C. (2011). Enhancing decisions and decision-making processes through the application of emotional intelligence skills. *Management Decision, 49*(5), 710–721. https://doi.org/10.1108/00251741111130805

Hodzic, S., Scharfen, J., Ripoll, P., Holling, H., & Zenasni, F. (2018). How efficient are emotional intelligence trainings: A meta-analysis. *Emotion Review, 10*(2), 138–148. https://doi.org/10.1177/1754073917708613

Humphrey, R. (2013). The benefits of emotional intelligence and empathy to entrepreneurship. *Entrepreneurship Research Journal, 3*(3), 287–294. https://doi.org/10.1515/erj-2013-0057

Hüther, G. (2016) *Biologie der Angst. Wie aus Streß Gefühle werden* (13. Aufl.). Vandenhoeck & Ruprecht.

Iacoboni, M., & Dapretto, M. (2006). The mirror neuron system and the consequences of its dysfunction. *Nature Reviews Neuroscience, 7*, 942–951.

Isen, A. M., & Patrick, R. (1983). The effect of positive feelings on risk taking: When the chips are down. *Organizational Behavior & Human Performance, 31*(2), 194–202. https://doi.org/10.1016/0030-5073(83)90120-4

Izard, C., Fine, S., Schultz, D., Mostow, A., Ackerman, B., & Youngstrom, E. (2001). Emotion knowledge as a predictor of social behavior and academic competence in children at risk. *Psychological Science, 12*(1), 18–23. https://doi.org/10.1111/1467-9280.00304

Jordan, P. J., & Troth, A. C. (2009). Managing emotions during team problem solving: Emotional intelligence and conflict resolution. *Human Performance, 17*(2), 195–218.

Joseph, D. L., Chan, M. Y., Heintzelman, S. J., Tay, L., Diener, E., & Scotney, V. S. (2020). The manipulation of affect: A meta-analysis of affect induction procedures. *Psychological Bulletin, 146*(4), 355–375. https://doi.org/10.1037/bul0000224

Kannappan, S., Manju, S., Raman, M. S., & Anjani, P. (2023). Workplace stress and employee organizational commitment in non-governmental organizations: Resilience as a mediator. *Journal of Organizational Behavior, 32*(1), 159–170. https://doi.org/10.5281/zenodo.7982480

Keefer, L., & Blanchard, E. B. (2001). The effects of relaxation response meditation on the symptoms of irritable bowel syndrome: Results of a controlled treatment study *Behaviour Research and Therapy, 39*(7), 801–811.

Kensinger, E. A., & Corkin, S. (2003). Memory enhancement for emotional words: Are emotional words more vividly remembered than neutral words? *Memory & Cognition, 31*(8), 1169–1180. https://doi.org/10.3758/BF03195800

Kiecolt-Glaser, J. K., McGuire, L., Robles, T. F., & Glaser, R. (2002). Psychoneuroimmunology: Psychological influences on immune function and health. *Journal of Consulting and Clinical Psychology, 70*(3), 537–547. https://doi.org/10.1037//0022-006x.70.3.537

Koh, C. B., & O'Higgins, E. (2018). Relationships between emotional intelligence, perceived and actual leadership effectiveness in the military context. *Military Psychology, 30*(1), 27–42. https://doi.org/10.1080/08995605.2017.1419021

Konturek, P. C., Brzozowski, T., & Konturek, S. J. (2011). Stress and the gut: pathophysiology, clinical consequences, diagnostic approach and treatment options. *Journal of Physiology and Pharmacology, 62*(6), 591–599.

Kosfeld, M., Heinrichs, M., Zak, P. J., Fischbacher, U., & Fehr, E. (2005). Oxytocin increases trust in humans. *Nature, 435*(7042), 673–676.

Kosonogov, V., Vorobyeva, E., Kovsh, E., & Ermakov, P. (2019). A review of neurophysiological and genetic correlates of emotional intelligence. *International Journal of Cognitive Research in Science, Engineering and Education, 7*(1), 137–142. https://doi.org/10.5937/IJCRSEE1901137K

Kotsou, I., Nelis, D., Grégoire, J., & Mikolajczak, M. (2011). Emotional plasticity: Conditions and effects of improving emotional competence in adulthood. *Journal of Applied Psychology, 96*(4), 827–839. https://doi.org/10.1037/a0023047

Labott, S. M., Ahleman, S., Wolever, M. E., & Martin, R. B. (1990). The physiological and psychological effects of the expression and inhibition of emotion. *Behavioral Medicine, 16*(4), 182–189. https://doi.org/10.1080/08964289.1990.993460

Lazarus, R. S., & Folkman, S. (1987). Transactional theory and research on emotions and coping. *European Journal of Personality, 1,* 141–169. https://doi.org/10.1002/per.2410010304

Lazarus, R. S. (1993). From psychological stress to the emotions. *Annual Review of Psychology, 44*(1), 1–22. https://doi.org/10.1146/annurev.ps.44.020193.000245

LeDoux, J. E. (2000). Emotion circuits in the brain. *Annual Review of Neuroscience, 23,* 155–184. https://doi.org/10.1146/annurev.neuro.23.1.155

Lepper, M. R., Greene, D., & Nisbett, R. E. (1973). Undermining children's intrinsic interest with extrinsic rewards: A test of the »overjustification« hypothesis. *Journal of Personality and Social Psychology, 28*(1), 129–137. https://doi.org/10.1037/h0035519

Lerner, J. S., & Keltner, D. (2001). Fear, anger, and risk. *Journal of Personality and Social Psychology, 81*(1), 146–159. https://doi.org/10.1037/0022-3514.81.1.146

Liedloff, J. (2013). *Auf der Suche nach dem verlorenen Glück. Gegen die Zerstörung unserer Glücksfähigkeit in der frühen Kindheit.* C. H. Beck.

Lindquist, K. A., Wager, T. D., Kober, H., Bliss-Moreau, E., & Barrett, L. F. (2012). The brain basis of emotion: A meta-analytic review. *The Behavioral and Brain Sciences, 35*(3), 121–143. https://doi.org/10.1017/S0140525X11000446

Lovis-Schmidt, A. (2025, bisher unveröffentlicht). *Förderung emotionaler Kompetenz für verschiedene Zielgruppen* (Habilitation). Technische Universität Chemnitz.

Lovis-Schmidt, A. (2021). *Emotional development, training of emotional competence and physical diseases (Doctoral Dissertation).* Technische Universität Chemnitz.

Lovis-Schmidt, A., Scheler, E. & Rindermann, H. (2024). Psychotherapie gezielt ergänzen: Digitale Übungen zur Stärkung emotionaler Kompetenz. *Psychotherapeutenjournal, 3,* 277–288.

Lovis-Schmidt, A., Tavener, D., Oestreich, J. & Rindermann, H. (2024). The role of emotional competence in romantic and non-romantic relationships: A meta-analysis. *Personality and Individual Differences, 230,* 112813. https://doi.org/10.1016/j.paid.2024.112813

Lovis-Schmidt, A., Ackermann, L., Wascher, S., & Rindermann, H. (2023). Programme zur Förderung emotionaler Kompetenzen in der mittleren Kindheit: Eine Metaanalyse. *Zeitschrift für Pädagogische Psychologie.* 1–16. https://doi.org/10.1024/1010-0652/a000371

Lovis-Schmidt, A., Bilz, L., Pahlke, K. & Rindermann, H. (2022). Physical health complaints in adolescents: Findings from the 2018 Brandenburg HBSC Study. *European Journal of Health Psychology, 29*(3), 121–133. https://doi.org/10.1027/2512-8442/a000090

Lovis-Schmidt, A., Schilling, J., Pudschun, C., & Rindermann, H. (2022). Adverse childhood experiences and physical diseases in adulthood: A summary of meta-analyses. *Traumatology, 30*(2), 164–177. https://doi.org/10.1037/trm0000412

MacDonald, G., & Leary, M. R. (2005). Why does social exclusion hurt? The relationship between social and physical pain. *Psychological Bulletin, 131*(2), 202–223. https://doi.org/10.1037/0033-2909.131.2.202

Makwana, A. P. (2023). *Exploring the role of emotional intelligence in prejudice and intergroup relations.* University of Kent (United Kingdom). https://kar.kent.ac.uk/100648/

Marin, R. S. (1991). Apathy: a neuropsychiatric syndrome. *The Journal of Neuropsychiatry and Clinical Neurosciences, 3*(3), 243–254. https://doi.org/10.1176/jnp.3.3.243

Martins, A., Ramalho, N., & Morin, E. (2010). A comprehensive meta-analysis of the relationship between emotional intelligence and health. *Personality and Individual Differences, 49,* 554–564. https://doi.org/10.1016/j.paid.2010.05.0

Maslow, A., H. (1962). *Toward a psychology of being.* D Van Nostrand. https://doi.org/10.1037/10793-000

Matthews, M., Webb, T. L., Shafir, R., Snow, M., & Sheppes, G. (2021). Identifying the determinants of emotion regulation choice: A systematic review with meta-analysis. *Cognition and Emotion, 35*(6), 1056–1084. https://doi.org/10.1080/02699931.2021.1945538

Mauss, I. B., & Robinson, M. D. (2009). Measures of emotion: A review. *Cognition and Emotion, 23,* 209–237. https://doi.org/10.1080/02699930802204677

Meaney, M. J. (2001). Maternal care, gene expression, and the transmission of individual differences in stress reactivity across generations. *Annual Review of Neuroscience, 24,* 1161–1192. https://doi.org/10.1146/annurev.neuro.24.1.1161

Meichenbaum, D. (1977). *Cognitive-behavior modification: An integrative approach.* New York: Plenum. http://dx.doi.org/10.1007/978-1-4757-9739-8

Mekhael, A. A., Bent, J. E., Fawcett, J. M., Campbell, T. S., Aguirre-Camacho, A., Farrell, A. et al. (2023). Evaluating the efficacy of oxytocin for pain management: An updated systematic review and meta-analysis of randomized clinical trials and observational studies. *Canadian Journal of Pain, 7*(1). 2191114. https://doi.org/10.1080/24740527.2023.2191114

Mikolajczak, M., Avalosse, H., Vancorenland, S., Verniest, R., Callens, M., van Broeck, N., Fantini-Hauwel, C., & Mierop, A. (2015). A nationally representative study of emotional competence and health. *Emotion, 15*(5), 653–667. https://doi.org/10.1037/emo0000034

Mikolajczak, M., Petrides, K. V., & Hurry J. (2009). Adolescents choosing self-harm as an emotion regulation strategy: the protective role of trait emotional intelligence. *British Journal of Clinical Psychology, 48*, 181–193. https://doi.org/10.1348/014466508X386027

Miller, G. E., Chen, E., & Parker, K. J. (2011). Psychological stress in childhood and susceptibility to the chronic diseases of aging: Moving toward a model of behavioral and biological mechanisms. *Psychological Bulletin, 137*(6), 959–997. https://doi.org/10.1037/a0024768

Mitmansgruber, H. (2013). *Kognition und Emotion.* Medizinische Universität Innsbruck. https://doi.org/10.17877/DE290R-6122

Mischel, W., Shoda, Y., & Peake, P. K. (1988). The nature of adolescent competencies predicted by preschool delay of gratification. *Journal of Personality and Social Psychology, 54*(4), 687–696. https://doi.org/10.1037//0022-3514.54.4.687

Morris, Z. S., Wooding, S., & Grant, J. (2011). The answer is 17 years, what is the question: Understanding time lags in translational research. *Journal of the Royal Society of Medicine, 104*, 510–520. https://doi.org/10.1258/jrsm.2011.110180

Morris, A. S., Silk, J. S., Steinberg, L., Myers, S. S. & Robinson, L. R. (2007). The role of the family context in the development of emotion regulation. *Social Development, 16*(2), 361–388. https://doi.org/10.1111/j.1467-9507.2007.00389.x

Mund, M., & Mitte, K. (2012). The costs of repression: A meta-analysis on the relation between repressive coping and somatic diseases. *Health Psychology, 31*(5), 640–649. https://doi.org/10.1037/a0026257

Neff, K. (2003). Self-compassion: An alternative conceptualization of a healthy attitude towards oneself. *Self and Identity, 2*, 85–101. https://doi.org/10.1080/15298860390129863

Neumann, M., Bensing, J., Mercer, S., Ernstmann, N., Ommen, O., & Pfaff, H. (2009). Analyzing the »nature« and »specific effectiveness« of clinical empathy: A theoretical overview and contribution towards a theory-based research agenda. *Patient Education and Counseling, 74*(3), 339–346. https://doi.org/10.1016/j.pec.2008.11.013

Nidiaye, S. (2017). *Gefühle sind zum Fühlen da: Das Handbuch vom positiven Umgang mit negativen Emotionen.* Integral.

Niles, A. N., Haltom, K. E., Mulvenna, C. M., Lieberman, M. D., & Stanton, A. L. (2014). Randomized controlled trial of expressive writing for psychological and physical health: The moderating role of emotional expressivity. *Anxiety, Stress, and Coping, 27*(1), 1–17. https://doi.org/10.1080/10615806.2013.802308

Nummenma, L., Glerean, E., Hari, R., & Hietanen, J. K. (2013). Bodily maps of emotions. *Proceedings of the National Academy of Sciences of the United States of America, 111*(2), 646–651. https://doi.org/10.1073/pnas.1321664111

O'Boyle, E. H., Humphrey, R. H., Pollack, J. M., Hawver, T. H., & Story, P. A. (2011). The relation between emotional intelligence and job performance: A meta-analysis. *Journal of Organizational Behavior, 32*(5), 788–818. https://doi.org/10.1002/job.714

Odgers, C. L., Caspi, A., Russell, M. A., Sampson, R. J., Arseneault, L., & Moffitt, T. E. (2012). Supportive parenting mediates neighborhood socioeconomic disparities in children's antisocial behavior from ages 5 to 12. *Development and Psychopathology, 24*(3), 705–721. https://doi.org/10.1017/S0954579412000326

Oelsner, S. (2022). *Fühlendes Erkennen: Theorie und Praxis emotionaler Heilung.* Frank und Timme.

Ong, A. D., & Steptoe, A. (2020). Association of positive affect instability with all-cause mortality in older adults in England. *JAMA Network Open, 3*(7), e207725. https://doi.org/10.1001/jamanetworkopen.2020.7725

Oppermann, E., Cohen, F., Wolf, K., Burghardt, L., & Anders, Y. (2021). Changes in parents' home learning activities with their children during the COVID-19 lockdown – The role of parental stress, parents' self-efficacy and social support. *Frontiers in Psychology, 12*, 682540. https://doi.org/10.3389/fpsyg.2021.682540

Ortony, A., Clore, G., & Collins, A. (1988). *The cognitive structure of emotions.* Cambridge: Cambridge University Press. http://dx.doi.org/10.1017/CBO9780511571299

Pandey, R., & Choubey, A. (2010). Emotion and health: An overview. *SIS Journal of Projective Psychology and Mental Health, 17*, 135–152.

Papp, L. M., & Witt, N. L. (2010). Romantic partners' individual coping strategies and dyadic coping: Implications for relationship functioning. *Journal of Family Psychology, 24*(5), 551–559. https://doi.org/10.1037/a0020836

Pennebaker, J. W., & Beall, S. K. (1986). Confronting a traumatic event. toward an understanding of inhibition and disease. *Journal of Abnormal Psychology, 95*(3), 274–81. https://doi.org/10.1037/0021-843X.95.3.274

Petermann, F., & Wiedebusch, S. (2016). *Emotionale Kompetenz bei Kindern.* Hogrefe.

Petruccelli, K., Davis, J., & Berman, T. (2019). Adverse childhood experiences and associated health outcomes: A systematic review and meta-analysis. *Child abuse & neglect, 97*, 104127. https://doi.org/10.1016/j.chiabu.2019.104127

Pettigrew, F., Tropp, L. R., Wagner, U., & Christ, O. (2011). Recent advances in intergroup contact theory. *International Journal of Intercultural Relations, 35*(3), 271–280.

Phelps, C., & Sperry, L. L. (2020). Children and the COVID-19 pandemic. *Psychological Trauma: Theory, Research, Practice, and Policy, 12*(S1), 73–75. https://doi.org/10.1037/tra0000861

Phillips, J. M., & Gatchel, R. J. (2000). Extraversion–introversion and chronic pain. In R. J. Gatchel & J. N. Weisberg (Eds.), *Personality characteristics of patients with pain* (pp. 181–202). American Psychological Association. https://doi.org/10.1037/10376-008

Pinquart, M. (2017). Associations of parenting dimensions and styles with externalizing problems of children and adolescents: An updated meta-analysis. *Developmental Psychology, 53*(5), 873–932. https://doi.org/10.1037/dev0000295

Pizarro, D., Inbar, Y., & Helion, C. (2011). On disgust and moral judgment. *Emotion Review, 3*(3), 267–268. https://doi.org/10.1177/1754073911402394

Premack, D., & Woodruff, G. (1978). Does the chimpanzee have a theory of mind? *Behavioral and Brain Sciences, 1*(4), 515–526. https://doi.org/10.1017/S0140525X00076512

Rein, G., Atkinson, M., & McCraty, R. (1995). The physiological and psychological effects of compassion and anger. *Journal of Advancement in Medicine, 8*(2), 87–105.

Reinhold, M., Bürkner, P.-C., & Holling, H. (2018). Effects of expressive writing on depressive symptoms: A meta-analysis. *Clinical Psychology Science and Practice, 25*(5:e12224). https://doi.org/10.1111/cpsp.12224

Rindermann, H. (2009). *Emotionale-Kompetenz-Fragebogen (EKF). Einschätzung emotionaler Kompetenzen und emotionaler Intelligenz aus Selbst- und Fremdsicht.* Hogrefe.

Rizzolatti, G., Fadiga, L., Fogassi, L., & Gallese, V. (1999). Resonance behaviors and mirror neurons. *Archives Italiennes de Biologie, 137*(2–3), 85–100.

Roemer, L., Williston, S. K., & Rollins, L. G. (2015). Mindfulness and emotion regulation. *Current Opinion in Psychology, 3,* 52–57. https://doi.org/10.1016/j.copsyc.2015.02.006

Rooney, K. L., & Domar, A. D. (2016). The impact of stress on fertility treatment. *Current Opinion in Obstetrics and Gynecology, 28*(3), 198–201. https://doi.org/10.1097/GCO.0000000000000261

Rosenberg, M. B. (2016). *Gewaltfreie Kommunikation: Eine Sprache des Lebens.* Junfermann.

Rosenberg, S. (2018). *Der Selbstheilungsnerv: So bringt der Vagus-Nerv Psyche und Körper ins Gleichgewicht.* VAK.

Literatur

Rudolph, U., Schulz, K., & Tscharaktschiew, N. (2013). Moral emotions: An analysis guided by Heider's naive action analysis. *International Journal of Advances in Psychology, 2*(2), 69–92. https://doi.org/10.1177/1754073914534507

Ruppert, F. (2010). *Trauma, Bindung und Familienstellen: seelische Verletzungen verstehen und heilen* (4. Aufl.). Klett-Cotta.

Ruppert, F., & Banzhaf, H. (2017). *Mein Körper, mein Trauma, mein Ich: Anliegen aufstellen–aus der Traumabiografie aussteigen.* Kösel.

Russell, J. A. (1980). A circumplex model of affect. *Journal of Personality and Social Psychology, 39*(6), 1161–1178. https://doi.org/10.1037/h0077714

Ryan, R. M., & Deci, E. L. (1985). *Intrinsic motivation and self-determination in human behavior.* Plenum Press. https://doi.org/10.1007/978-1-4899-2271-7

Ryan, R. M., & Deci, E. L. (2000). Self-determination theory and the facilitation of intrinsic motivation, social development, and well-being. *American Psychologist, 55*(1), 68–78. https://doi.org/10.1037/0003-066X.55.1.68

Saarni, C. (1999). *The development of emotional competence.* Guilford Press.

Salovey, P., & Mayer, J. D. (1990). Emotional intelligence. *Imagination, Cognition and Personality, 9*(3), 185–211. https://doi.org/10.2190/DUGG-P24E-52WK-6CDG

Sarrionandia, A., & Mikolajczak, M. (2019). A meta-analysis of the possible behavioural and biological variables linking trait emotional intelligence to health. *Health Psychology Review, 14*(2), 220–244. https://doi.org/10.1080/17437199.2019.1641423

Schachter, S., & Singer, J. (1962). Cognitive, social, and physiological determinants of emotional state. *Psychological Review, 69*(5), 379–399. https://doi.org/10.1037/h0046234

Seibt, B., Mühlberger, A., Likowski, K. U., & Weyers, P. (2015). Facial mimicry in its social setting. *Frontiers in Psychology, 6,* Article 1122. https://doi.org/10.3389/fpsyg.2015.01122

Scherer, K. R. (2022). Theory convergence in emotion science is timely and realistic. *Cognition & Emotion, 36*(2), 154–170. https://doi.org/10.1080/02699931.2021.1973378

Schillinger, F. L., Mosbacher, J. A., Brunner, C., Vogel, S. E., & Grabner, R. H. (2021). Revisiting the role of worries in explaining the link between test anxiety and test performance. *Educational Psychology Review, 33*(4), 1887–1906. https://doi.org/10.1007/s10648-021-09601-0

Smith, T. W., Glazer, K., Ruiz, J. M., & Gallo, L. C. (2004). Hostility, anger, aggressiveness, and coronary heart disease: An interpersonal perspective on personality, emotion, and health. *Journal of Personality, 72*(6), 1217–1270. https://doi.org/10.1111/j.1467-6494.2004.00296.x

Schubert, C., & Amberger, M. (2016). *Was uns krank macht, was uns heilt: Aufbruch in eine neue Medizin*. Fischer & Gann.

Sedlmeier, P., Eberth, J., Schwarz, M., Zimmermann, D., Haarig, F., Jaeger, S., & Kunze, S. (2012). The psychological effects of meditation: A meta-analysis. *Psychological Bulletin, 138*(6), 1139–1171. https://doi.org/10.1037/a0028168

Sedlmeier, P., Loße, C., & Quasten, L. C. (2018). Psychological effects of meditation for healthy practitioners: An update. *Mindfulness, 9*(2), 371–387. https://doi.org/10.1007/s12671-017-0780-4

Servan-Schreiber, D. (2006). *Die neue Medizin der Emotionen: Stress, Angst, Depression*. Goldmann.

Sloan, D. M., & Marx, B. P. (2004). Taking Pen to Hand: Evaluating Theories Underlying the Written Disclosure Paradigm. *Clinical Psychology: Science and Practice, 11*(2), 121–137. https://doi.org/10.1093/clipsy.bph062

Sparfeldt, J. R., Rost, D. H., Baumeister, U. M., & Christ, O. (2013). Test anxiety in written and oral examinations. *Learning and Individual Differences, 24*, 198–203. https://doi.org/10.1016/j.lindif.2012.12.010

Stahl, S. (2015). *Das Kind in dir muss Heimat finden: Der Schlüssel zur Lösung (fast) aller Probleme*. Kailash.

Stahl, S. (2017). *Jeder ist beziehungsfähig*. Kailash.

Steffen, P. R., Austin, T., DeBarros, A. & Brown, T. (2017). The impact of resonance frequency breathing on measures of heart rate variability, blood pressure, and mood. *Frontiers in Public Health, 5*. https://doi.org/10.3389/fpubh.2017.00222

Steinmetz, A. (2016). *Nonverbale Interaktion mit demenzkranken und palliativen Patienten*. Springer. https://doi.org/10.1007/978-3-658-11334-6

Stock, C., & Badura, B. (1995). Fördern positive Gefühle die physische Gesundheit? — Eine Forschungsnotiz. *Zeitschrift für Gesundheitswissenschaften, 3*, 74–89. https://doi.org/10.1007/BF02959947

Stöber, J. (2003). Self-pity: Exploring the links to personality, control beliefs and anger. *Journal of Personality, 71*(2), 183–220.

Suarez, A., Lee, D. Y., Rowe, C., Gomez, A. A., Murowchick, E. & Linn, P. L. (2014). Freedom project: nonviolent communication and mindfulness training in prison. *SAGE Open, 4*(1), 1–10. https://doi.org/10.1177/2158244013516154

Tay, L., & Diener, E. (2011). Needs and subjective well-being around the world. *Journal of Personality and Social Psychology, 101*(2), 354–365. https://doi.org/10.1037/a0023779

Taylor, R. D., Oberle, E., Durlak, J. A., & Weissberg, R. P. (2017). Promoting positive youth development through school-based social and emotional learning interventions: A meta-analysis of follow-up effects. *Child Development, 88*(4), 1156–1171. https://doi.org/10.1111/cdev.12864

Temoshok, L. (1987). Personality, coping style, emotion and cancer: Towards an integrative model. *Cancer Surveys, 6,* 545–567.

Tezuka, K., Kubota, Y., Ohira, T., Shimizu, Y., Yamagishi, K., Umesawa, M., ... & Iso, H. (2020). Anger expression and the risk of cardiovascular disease among urban and rural Japanese residents: the Circulatory Risk in Communities Study. *Psychosomatic medicine, 82*(2), 215–223.

Tolmunen, T., Heliste, M., Lehto, S. M., Hintikka, J., Honkalampi, K., & Kauhanen, J. (2011). Stability of alexithymia in the general population: An 11-year follow-up. *Comprehensive Psychiatry, 52*(5), 536–541. https://doi.org/10.1016/j.comppsych.2010.09.007

Tucker, A. M., Feuerstein, R., Mende-Siedlecki, P., Ochsner, K. N., & Stern, Y. (2012). Double dissociation: circadian off-peak times increase emotional reactivity; aging impairs emotion regulation via reappraisal. *Emotion, 12*(5), 869–874. https://doi.org/10.1037/a0028207

Turner, K. A. (2015). *Radical remission: Surviving cancer against all odds.* HarperOne.

Uhlig, S., Meylan, A. & Rudolph, U. (2020). Reliability of short-term measurements of heart rate variability: Findings from a longitudinal study. *Biological Psychology, 154,* 107905. https://doi.org/10.1016/j.biopsycho.2020.107905

Vaida, S., & Opre, A. (2014). Emotional intelligence versus emotional competence. *Journal of Psychological and Educational Research, 22*(1), 26–33.

Vazhappilly, J. J., & Reyes, M. E. S. (2017). Non-violent communication and marital relationship: Efficacy of ›emotion-focused couples‹ communication program among Filipino couples. *Psychological Studies, 62*(3), 275–283. https://doi.org/10.1007/s12646-017-0420-z

Vedes, A., Hilpert, P., Nussbeck, F. W., Randall, A. K., Bodenmann, G., & Lind, W. R. (2016). Love styles, coping, and relationship satisfaction: A dyadic approach. *Personal Relationships, 23*(1), 84–97. https://doi.org/10.1111/pere.12112

Viner, R., Russell, S., Saulle, R., Croker, H., Stansfield, C., Packer, J. et al. (2022). School closures during social lockdown and mental health, health behaviors, and well-being among children and adolescents during the first COVID-19 wave: A systematic review. *JAMA Pediatrics, 176*(4), 400–409. https://doi.org/10.1001/jamapediatrics.2021.5840

Vitasari, P., Abdul Wahab, M. N., Othman, A., Herawan, T., & Sinnadurai, S. K. (2010). The relationship between study anxiety and academic performance among engineering students. *Procedia – Social and Behavioral Sciences, 8,* 490–497. https://doi.org/10.1016/j.sbspro.2010.12.067

Volland, C., & Trommsdorff, G. (2003). Mütterliche Feinfühligkeit und die Entwicklung von mitfühlend-prosozialem Verhalten bei Vorschulkindern: Eine Beobachtungsstudie. *Zeitschrift für Entwicklungspsychologie und Pädagogische Psychologie, 35*(1), 2–11. https://doi.org/10.1026/0049-8637.35.1.2

Vollmar, H. C., Santos, S., de Jong, A., & et al. (2017). Wie gelangt Wissen in die Versorgung? *Bundesgesundheitsblatt – Gesundheitsforschung – Gesundheitsschutz, 60*(10), 1139–1146. https://doi.org/10.1007/s00103-017-2612-z

Von Thun, F. S. (2013). *Miteinander reden 1: Störungen und Klärungen: Allgemeine Psychologie der Kommunikation.* Rowohlt.

Wacker, R., & Dziobek, I. (2016). Preventing empathic distress and social stressors at work through Nonviolent Communication Training: A field study with health professionals. *Journal of Occupational Health Psychology, 23*(1), 141–150. https://doi.org/10.1037/ocp0000058

Weinert, F. E. (2001). Concept of competence: A conceptual clarification. In D. S. Rychen & L. H. Salganik (Eds.), *Defining and selecting key competencies* (pp. 45–65). Hogrefe & Huber Publishers.

Wong, Y. J., Owen, J., Gabana, N. T., Brown, J. W., McInnis, S., Toth, P., & Gilman, L. (2016). Does gratitude writing improve the mental health of psychotherapy clients? Evidence from a randomized controlled trial. *Psychotherapy Research, 28*(2), 192–202. https://doi.org/10.1080/10503307.2016.1169332

Wood, J. V., Perunovic, W. Q., & Lee, J. W. (2009). Positive self-statements: Power for some, peril for others. *Psychological Science, 20*(7), 860–866. https://doi.org/10.1111/j.1467-9280.2009.02370.x

Xie, J., Yang, H., Xia, X., & Yu, S. (2018). The influence of medical professional knowledge on empathy for pain: evidence from fNIRS. *Frontiers in Psychology, 9*, 1089.

Yano, J. M., Yu, K., Donaldson, G. P., Shastri, G. G., Ann, P., Ma, L. et al. (2015). Indigenous bacteria from the gut microbiota regulate host serotonin biosynthesis. *Cell, 161*(2), 264–276. https://doi.org/10.1016/j.cell.2015.02.047

Young, J. E., Klosko, J. S., & Weishaar, M. E. (2008). *Schematherapie: Ein praxisorientiertes Handbuch.* Junfermann.

2., aktual. Auflage 2020
169 Seiten mit 11 Abb. Kart.
€ 29,–
ISBN 978-3-17-036812-5

Der Begriff der Selbstverwirklichung wird heute inflationär verwendet und ist nahezu sinnentleert. Die Analytische Psychologie (AP) C. G. Jungs bietet mit dem Konzept der Individuation einen fundierten und zeitgemäßen Ansatz, sich mit dem auseinanderzusetzen, was die Verwirklichung der eigenen Persönlichkeit auf einem individuellen Lebensweg ausmacht.
Das Buch führt in die Grundlagen und Konzepte der AP C. G. Jungs ein und gibt mit seinen acht „Erkenntnisaufgaben" jedem Leser eine Art Checkliste an die Hand, um die Dimensionen der eigenen Individuation zu erforschen und Impulse sinnvoll umzusetzen. Die spezifische Ideenwelt der AP wird fachlich auf hohem Niveau und gleichzeitig anschaulich, mit praktischen Alltagsbeispielen, dargestellt.

Dieter Schnocks ist Dipl.-Psychologe und Psychologischer Psychotherapeut, Psychoanalytiker, Dozent, Supervisor und Lehranalytiker.

Auch als E-Book erhältlich.
Leseproben und weitere Informationen: **shop.kohlhammer.de**

3., überarb. Auflage 2022
331 Seiten mit 24 Abb. und
3 Tab. Kart.
€ 36,–
ISBN 978-3-17-034170-8

Dieses Standardwerk zur Introvision zeigt auf der Basis wissenschaftlicher Ergebnisse detailliert und anhand von vielen Praxisbeispielen, wie man lernen kann, beispielsweise Ängste und Aggressionen ebenso wie mentale Blockaden und innere Konflikte aufzulösen, um so auch in schwierigen Situationen gelassen und handlungsfähig zu bleiben.
Das Buch wird vielfach in Aus- und Weiterbildungsseminaren eingesetzt.

Univ.-Prof. Dr. Angelika C. Wagner (†) war Professorin für Pädagogische Psychologie an der Universität Hamburg und die Begründerin der Methode der Introvision. Sie leitete über 40 Jahre lang ein Langzeitforschungsprogramm zur Entstehung und Auflösung innerer Konflikte in der mentalen Selbstregulation.

Auch als E-Book erhältlich.
Leseproben und weitere Informationen: **shop.kohlhammer.de**

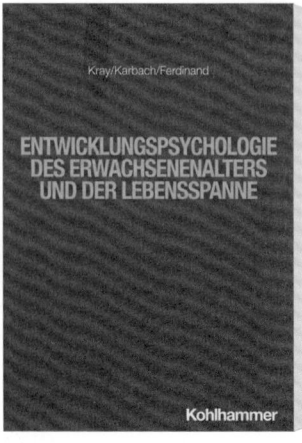

2024. 205 Seiten mit 75 Abb.
und 8 Tab. Kart.
€ 39,–
ISBN 978-3-17-038424-8
Kohlhammer Standards
Psychologie

Wie entwickeln sich Menschen über die Erwachsenenlebensspanne hinweg betrachtet? Die menschliche Entwicklung ist ein lebenslanger Prozess, der nicht nach dem Jugendalter beendet ist. Gerade die Entwicklungspsychologie des Erwachsenen- und Seniorenalters hat in den letzten Jahrzehnten einen rasanten Aufschwung genommen. In diesem Lehrbuch werden Theorien und empirische Befunde zur kognitiven, emotionalen und motivationalen Entwicklung bis ins hohe Alter, deren Beeinflussung durch neuronale und kulturelle Faktoren sowie deren Veränderbarkeit durch kognitive Interventionen dargestellt. Neben den historischen, theoretischen und methodischen Grundlagen wird der Fokus auf die Entwicklung ab dem frühen Erwachsenenalter gelegt.

Jutta Kray ist Professorin für Entwicklung von Sprache, Lernen und Handlung an der Universität des Saarlandes, Saarbrücken.
Julia Karbach ist Professorin für Entwicklungspsychologie und Pädagogische Psychologie an der Universität Kaiserslautern-Landau (RPTU).
Nicola K. Ferdinand ist Professorin für Psychologie mit dem Schwerpunkt Neurokognitive Entwicklung und Verhaltensregulation an der Bergischen Universität Wuppertal.

Auch als E-Book erhältlich.
Leseproben und weitere Informationen: **shop.kohlhammer.de**